陈伟，1967 生于福州市，北京大学法学学士、硕士、法学院兼职导师，北京仲裁委仲裁员，中国贸促会调解员，高级经济师，具有律师、房地产估价师、物业管理师执业资格和从业经历。从事物业管理工作 17 年，主编《物业管理基本制度与政策》，参与《物权法》（第六章）、《物业管理条例》等物业管理法律政策的制定工作。曾任北京久筑物业管理公司常务副总、中国物业管理协会秘书长，现任住房城乡建设部房地产市场监管司物业管理处处长。

The Essence of Property Management

物业管理的本质

陈伟 著

中国市场出版社
China Market Press

图书在版编目（ＣＩＰ）数据

物业管理的本质 / 陈伟著. -- 北京：中国市场出版社, 2014.10

ISBN 978-7-5092-1306-3

Ⅰ.①物… Ⅱ.①陈… Ⅲ.①物业管理 Ⅳ.F293.33

中国版本图书馆CIP数据核字(2014)第202408号

物业管理的本质

著　　者	陈 伟			
出版发行	中国市场出版社			
社　　址	北京月坛北小街2号院3号楼		邮政编码	100837
电　　话	编辑部　（010）68034190		读者服务部	（010）68022950
发 行 部	（010）68021338　68020340　68053489			
	68024335　68033577　68033539			
总编室（盗版举报）	（010）68020336			
邮　　箱	1252625925@qq.com			
经　　销	新华书店			
整体设计	书田工作室			
印　　刷	河北鑫宏源印刷包装有限责任公司			
规　　格	170mm×240mm　16开本		版　次	2014年10月第1版
印　　张	25.5		印　次	2016 年 1 月第 4 次印刷
字　　数	350千字		定　价	77.00 元

谨以此文集纪念中国物业管理改革发展**30**周年

谨以此文集纪念《物业管理条例》实施**10**周年

谨以此文集纪念笔者从事物业管理工作**17**周年

英國特許房屋經理學會

ernational Housing Conferen

Contemporary Housing M
Beyond the Bound

「當代房屋管理 — 創新

24 November 2006 二零零

作者在国际房屋会议上与同行交流

序

物业管理是改革的实践。一方面，作为我国经济制度和社会制度转型的产物，物业管理模式改革了我国传统的房屋管理体制，将房屋维修养护活动由遵循国家计划调整为按市场规则办事，对居者而言，由政府决定的福利制的房屋管理转变为由业主决定的市场化的物业服务，这符合现代社会中市场配置资源的原则。另一方面，物业管理与人们的生产和生活密切相关，是现代服务业的重要组成部分，在改善人居环境、增加社会财富积累、维护社区和谐稳定、提高城市管理水平、促进节能减排和推进社会建设等方面的作用日益显现，物业管理作为我国经济发展和社会进步的一个重要标志，已经逐渐成为人们的共识。

在物业管理活动中，由于角色的不同和利益的冲突，加上知识背景和思维方式的差距，不同主体对物业管理的认识存在差异。本书作者拥有律师和仲裁员的执业经历，在物业服务企业、中国物业管理协会和国家行政主管部门长期从事相关管理工作，能够从不同维度观察和思考物业管理这一社会现象，为《物业管理的本质》一书提供了独特的视角。

在这本文集中，作者借鉴经济学、法学和行政管理学理论，综合运用建筑物区分所有权、公共产品、市场失灵和政府转型等理论工具，从宏观的政策阐释到微观的实务操作，从抽象的理论研究到具体的管理实践，从理性的分析论证到感性的经验体会，向读者展示了作者长期以来关于物业管理的深入思考。

当前，我国正处于全面深化改革的关键历史时期，物业管理中的许多问题亟待解决，相信这本文集的出版，能够在物业管理理论研究、制度建设和实务操作等方面给予读者有益的启示。

住房和城乡建设部副部长

二〇一四年十月

自序一 / 行业的尊严与社会的尊重

古罗马的操场上，一位将军望着一群生龙活虎的年轻士兵，忽然泪流满面，热泪化作一声感慨：百年之后，他们都将化为一堆枯骨！

此刻的书桌旁，我看着这本即将付梓的崭新文集，默然掩卷沉思，思绪凝成一个惶惑：30年后，我的文集是否如同一沓废纸？

然而，如同个体的得失不能等同于历史的功过一样，个人的自知同样不能代替行业的自信。在物业管理改革发展30年庆典的大幕刚刚落下，在《物业管理条例》颁布实施10周年的日子已经到来，在我投身物业管理工作第17个年头之际，短暂的惶惑终究没能抑制住由来已久的冲动：不管见地还是见证，不分纪念还是记录，不论洛阳纸贵还是敝帚自珍，我都要将17年来关于物业管理的所为、所思、所感、所悟奉献给大家。

是物业管理行业给了我勇气和信心。30年时间里，年轻的物业管理行业走过了不平凡的历程，经历了创业的蹒跚学步、成长的艰难曲折、改革的困窘阵痛和收获的欢欣喜悦。我们已经拥有世界上最大的管理规模、最快的增长速度、最广的客户群体、最多的物业服务企业和最庞大的从业人员队伍。随着物业管理逐渐覆盖不动产管理的所有领域，物业服务业成为现代服务业的重要组成部分；随着物业管理重大作用的日益显现，物业管理核心价值不断被认可，物业管理观念渐入人心，物业管理在树立行业自信的同时，也赢得了社会的尊重。

这也许远远超出了当初拓荒创业者的期待。市场机制薄弱和公共意识缺失的先天不足，必然带来物业管理行业成长的烦恼。房地产业链末端的天然缺陷、劳动密集型的行业定位和从业人员低素质的公共认知，是重压在新生的物业管理行业身上的三座大山。面对开发单位的强势、公用部门的垄断、司法裁判的不公、业主的误解、媒体的偏见……物业管理行业的每一个进步，都是以许多物业管理人无怨无悔的超值付出为代价的。看得见的辛苦、看不见的委屈、体力上的透支、精神上的迷惘、并不丰厚的回报、难以获得的认同，在如此局限的条件下，是什么激发物业管理人笑对傲慢与偏见，攻坚克难，化腐朽为神奇？是物业管理行业的尊严。

正是行业的尊严，潜移默化地积淀成行业的文化。与其说行业的尊严造就了行业的文化，不如说尊严就在每个物业管理人的心中。正是行业的尊严，长年累月地转化成社会的尊重。与其说人们从社会的尊重中看到行业的尊严，不如说行业的尊严赢得社会的尊重。难以想象一个无法获得社会尊重的行业具有尊严，同样难以想象一个没有尊严的行业能够获得社会的尊重。物业管理正是以行业的尊严获得了社会的尊重！

即使如此，行业所取得的尊重，并不构成我们停止思考的理由，更不能构成我们放弃尊严的借口。应当清醒地看到，物业管理行业受尊重的程度与其对社会的贡献并不匹配。当下的物业管理市场，正在经历着三个不同的时代变迁：从"企业中心"时代向"业主中心"时代转换、从"拓荒淘金"时代向"减法经营"时代演变、从"价格竞争"时代向"价值竞争"时代进化。随着市场竞争的加剧和社会监督的强化，必将对物业管理行业提出更高的要求。未来物业管理行业的尊严，应当建立在什么基础之上？这是一个不容回避的问题。

窃以为，物业管理行业的尊严，应当建立在行业的共同体认之上。行业的共同体认，是经过实践检验的行业普世价值和核心理念，是奠定物业管理行业尊严的底线。如果我们能够：坚守科学发展的底线，做先进理论的探索者；坚守市场规律的底线，做社会财富的创造者；坚守法律政策的底线，做遵纪守法的践行者；坚守契约精神的底线，做诚实信用的履约者；坚守职业道德的底线，做业主利益的维护者；坚守公序良俗的底线，做物管理念的启蒙者；坚守专业价值的底线，做物业价值的实现者；坚守行业自律的底线，做公平竞争的参与者；坚守行业信心的底线，做永不言败的挑战者。如果我们还能够：善待每一位客户，在管理中体现服务，在服务中实现管理，让每一位客户拥有尊严；善待每一位员工，企业与员工共命运，员工与企业共成长，让每一位员工拥有尊严。那么，有什么能够阻挡我们拥有行业的尊严？又有什么能够阻挡我们得到社会的尊重呢？

写到这里，不禁反躬自问：**靠什么体现自我的尊严？是17年执迷不悔地奔波游走于多个不同角色的职业追求，还是50篇绞尽脑汁地字斟句酌于几种不同文体的精当表述？凭什么赢得同行的尊重？是摆脱自欺欺人的无病呻吟，立足于解构行业本质的理论探索，还是摒弃徒劳无功的隔靴搔痒，致力于解决行业问题的制度构建？**我不得而知。

但是，至少两点可以坚信：

如果7年的北京大学学习生活，绘就了我生命中永不消退的底色，那么17年的物业管理从业经历，则构成了我人生中浓墨重彩的主画面。

如果这本文集在30年后依然能够立在物业管理经典的书架之上，可能仅仅是我所奢望的同行的尊重，那么曾经为物业管理的理论探索和制度建设所付出的艰辛和执著，则注定是我所珍视的自我的尊严。

行业尊严，社会尊重。文章千古，得失寸心。

自序二 / 多元视角下的物业管理

"一千个观众眼中有一千个哈姆雷特",用莎士比亚这句名言来形容现实中人们对物业管理的认识,是再恰当不过的。在开发企业眼中,物业管理是一种售后服务或者营销手段;在物业公司眼中,物业管理是一种商业活动或者产业形态;在从业人员眼中,物业管理是一种服务方式或者管理实践;在业主租户眼中,物业管理是一种财产权利或者生活方式;对于政府来说,可能更倾向于在不动产服务市场和管理制度的层面关注物业管理;对于法院来说,可能更侧重于从物权行使和契约关系的角度剖析物业管理……。这种认识上的差异,使得对于物业管理的诸多问题,大到法律制度、产业规划,小到服务评价、收费标准,各方主体众说纷纭、莫衷一是(2003年国务院法制办在1个月内收到4000多条关于《物业管理条例(征求意见稿)》的意见便是明证)。从物业管理诞生至今,我们似乎一直无法摆脱"盲人摸象"的困境。

如何克服只见树木、不见森林的认识上的局限性?如何透过纷繁复杂的表象认识物业管理的本质?秉承客观中立的原则,超越多数人的主观生活感受、从业者的微观操作体验和决策者的宏观价值判断,凝聚来自多个主体的目光,兼容出自不同立场的观点,无疑最能够接近事物的真相,最有利于认识事物的本质,已经被实践证明是一种科学有效的研究方法。有幸的是,十七年来,不停游走于企业、行业、教学、行政和司法等领域的得天独厚的从业经历,为我近距离观察物业管理提供了多元的视角;不断转换于经理、教师、律师、协会和官员等角色的得心应手的多重身份,为我全方位批判物业管理提供了先进的武器。多重的角色转换和丰富的实践经验,赋予我开展全方位、多视角理论研究的先天优势,奠定了《物业管理本质》独特的方法论基础。

　　无论探讨宏观的发展战略，中观的商业模式，还是微观的专业价值，都离不开对行业本质的准确把握。在这本文集中，为了全面、客观、深刻地揭示物业管理的本质特征，我分别从不同视角，给出了物业管理的三个定义：一、在政府视角下，物业管理是由业主和物业服务企业按照物业服务合同约定，对房屋及配套的设施设备和相关场地进行维修、养护、管理，维护物业管理区域内的环境卫生和相关秩序的活动（参见《物业管理条例》第二条）。二、在业主视角下，物业管理是业主以私有财产（专有部分所有权）为核心，以公共财产（共有部分共有权）为纽带，以公共契约（管理规约和业主大会议事规则）为基础形成的自我管理不动产的行为（参见《物业管理的理论基础》一文）。三、在企业视角下，物业管理是物业服务企业从事的以物业（不动产）为基础，以业主（客户）需求为导向，以管理为手段，以准公共性服务为核心产品的商业活动（参见《物业管理的行业本质》一文）。对比分析以上三个定义，不难发现：政府视角下的物业管理，以国家（公权）为本位，以行政管控为目标，偏重于物业管理外在表象的列举；业主视角下的物业管理，以个人（私权）为本位，以业主自治为核心，偏重于物业管理权利来源的基础；企业视角下的物业管理，以市场为本位，以契约自由为原则，偏重于物业管理商业活动的特征。同是物业管理，三个定义，见仁见智，角度不同，结论各异。相比于单一视角下的平面观察，通过多维度的立体剖析，所得出的结论似乎更加接近事物的本质，对于读者也更有说服力，这正是我将这本文集命名为《物业管理的本质》的原因。

　　我一直认为，物业管理的实践探索，应当追求三种价值：效率、公平和公益。业主与物业服务企业之间的契约关系，决定了物业管理活动必须遵循等价有偿的市场法则，单纯依靠行政手段，无法解决服务资源优化配置的问题，势必影响物业管理市场的效率。普遍存在的市场失灵现象，决定了物业管理活动需要政府适度的行政干预，单纯依靠价格机制，无法解决不完全竞争和不完全信息的问题，势必破坏物业管理市场的公平。业主共同参与管理事务的行权方式，决定了物业管理活动必须遵循公益优先的多数原则，单纯依靠私权自治，无法解决业主共同利益最大化的问题，势必损害多数业主的公益。与此相对应，物业管理的理论研究，应当借助三种工具：经济学、法律学和行政管理学。为了提高物业管理市场的效率，应当掌握公共选择等经济学理论；为了实现物业管理市场的公平，应当理解建筑物区分所有权等法学理论；为了维护物业管理活动的公益，应当运用平衡论等行政管理学理论。不仅如此，我之所以将这本文集的体例结构设置为理论、法释、实务、管理和随感五个篇章，是因为我笃信：科学理论的指导、法律制度的规范、专业服务的推动、精细管理的支撑和敬业精神的奉献，是推进物业管理事业缺一不可的五种合力。兼顾效率、公平和公益三种价值，综合经济学、法律学和行政学等多学科的研究成果，汇聚理论、法律、实务、管理和职业五种合力，是我编著《物业管理的本质》所遵循的三条逻辑主线。

我深深地知道，尽管这本文集以"本质"命名，但我的许多思考依然停留在肤浅的表象；尽管这篇自序强调"多元"的视角，但我的许多观察不可能没有盲区。在探究物业管理本质这一哈姆雷特式的历史长剧中，我愿意做第一千零一个观众。

与其说行业的尊严造就了行业的文化，不如说尊严就在每个物业管理人的心中。与其说人们从社会的尊重中看到行业的尊严，不如说行业的尊严赢得社会的尊重。难以想象一个无法获得社会尊重的行业具有尊严，同样难以想象一个没有尊严的行业能够获得社会的尊重。物业管理正是以行业的尊严赢得了社会的尊重！

作者与北京大学法学院研究生课后留影

目 录

I 理论篇

001～139

II 法释篇

141～238

理 论 篇

理论探索如果不为解决现实问题，

就无异于自欺欺人的无病呻吟；

制度建设如果不能做到对症下药，

就等同于徒劳无功的隔靴搔痒。

作者的部分手稿

物业管理的理论基础[1]

2005年

物业管理仅是简单的实践，并无理论可言，似乎是一种普遍存在的思维定式，以至于行业内举办的各种论坛和职业教育，总是伴随着质疑和不解。当年在物业管理师执业资格考试培训教材的策划和编写过程中，笔者就一直在思考一个问题：物业管理有何理论依据？如今中国物业管理协会成立行业发展研究中心，重提这一问题似乎恰逢其时。笔者认为，物业管理在中国产生和发展二十多年后的今天，认真研究和探讨物业管理的理论基础问题，不仅有利于进一步认识行业本质和解决现实难题，而且有助于下一步物业管理的制度创新和专业建构。

一、建筑物区分所有权理论——物业管理的法律学基础

（一）理论要点及现实问题

建筑物区分所有权理论以区分所有建筑物的权利来源、权利构成、行权规则和侵权处置为研究内容，是现代不动产物权理论的重要组成部分。建筑物区分所有权是指数个业主（即区分所有权人）共同拥有一个建筑物时，业主对建筑物专有部分享有所有权，对专有部分以外的共有部分享有共有和共同管理的权利。作为现代工业化和城市化背景下产生的新的不动产所有权形式，建筑物区分所有权为大多数国家的法律制度所确认。2007年3月，《中华人民共和国物权法》出台，其中第六章规定了"业主的建筑物区分所有权"，标志着我国建筑物区分所有权制度的确立。研究建筑物区分所有权理论，能够为我们廓清物业管理权利本源和权利行使等重大现实问题带来诸多的启示。

理论要点之一

业主的建筑物区分所有权由三部分构成：专有部分所有权、共有部分共有

---

[1]   本文写于2005年，修改于2007年。

权和共同管理权。其中，专有部分所有权是基础权利，业主转让建筑物专有部分所有权的，其对共有部分的共有权和共同管理权一并转让。业主可自行管理建筑物及其附属设施，也可委托物业服务企业或其他管理人管理。

现实问题

一方面，物业管理是业主管理区分所有建筑物及其附属设施的一种形式，业主既是物业管理的权利主体，也是物业管理的责任主体。物业服务企业根据业主的委托管理建筑物及其附属设施，其管理权基于物业服务合同的授予，其管理行为应当接受业主的监督，所以业主不能认为物业管理是物业服务企业强加的，物业服务企业也不能以"管理者"自居。对建设单位聘请的物业服务企业或者其他管理人，业主有权依法更换。

另一方面，业主在物业管理中所享有的权利和应履行的义务，与其拥有专有部分所有权的份额相对应，在没有约定或约定不明时，建筑物共有部分及其附属设施的费用分摊、收益分配以及专项维修资金缴存份额等事项，按照业主专有部分所占建筑总面积的比例确定，与业主公共性服务的消费数量并无对应关系，这正是我们通常以业主所拥有的住宅和经营性用房的建筑面积确定其承担物业服务费数额的依据。

理论要点之二

业主行使专有部分所有权和共有部分共有权，不得危及建筑物的安全，不得侵害公共利益和其他业主的合法权益。业主不得以放弃共有权利为由，拒不履行共同义务。

现实问题

一方面，业主的建筑物区分所有权并不具备传统意义上所有权的绝对性和排他性，单个业主所有权的行使是有条件限制的。业主对专有部分的占有、使用、收益和处分，必须按照其本来的用途和使用目的，不得妨碍建筑物的安全，不得影响建筑物的正常使用功能，不得破坏建筑物的外观，并且负有相互容忍的义务。业主违章装修、擅自改变房屋用途等行为，属不当行使专有部分所有权。业主对共有部分仅具有按约定使用的权利，而不得以共有为名擅自占有、收益和处分；业主任意弃置垃圾、侵占通道、排放大气污染物、施放噪声、违章搭建等行为，属不当行使共有部分共有权，均应承担相应的法律责任。限制业主滥用物权，约束少数业主不当行使建筑物区分所有权的行为，是"物业管理"题中应有之义，也是破解长期以来"物业管理"与"物业服务"正名之争的关键。

另一方面，业主对建筑物专有部分以外的共有部分享有共有权利的同时，必须承担相应的共同义务，业主有权选择放弃共有权利，但该种权利的放弃并不意味着相应义务的免除。在物业管理活动中，强调业主共同履行交费义务，反对个别业主以放弃享受物业服务以及享受物业服务较少为借口拒绝履行相应的付费义务,正是基于这一理论依据。

理论要点之三

建筑物的共同管理权由全体业主共同行使。业主通过业主大会和业主委员会行使共同管理权，业主大会以产权及人数多数表决原则决定共同管理的重大事项。业主大会和业主委员会有权处理损害业主共同利益的行为，业主大会和业主委员会的决定，对全体业主具有约束力。

现实问题

一方面，根据建筑物区分所有权理论，虽然每个业主对建筑物的共有部分都有共同管理的权利，但并不意味着每个业主都有权直接决定物业管理事项，该管理权是一种间接的权利，具体表现为业主委员会委员的选举权、被选举权以及重大事项的提议权和表决权。其中业主委员会委员的被选举权是基于业主的身份而由所有业主平等享有，而业主委员会委员的选举权、重大事项的提议权和表决权的大小，则取决于各个业主拥有的专有部分的面积和业主的人数。单个业主通过行使选举权和被选举权实现自身管理权利的让渡，确认业主大会和业主委员会的代表地位；通过行使提议权和表决权实现共同管理事务的参与，影响物业管理重大事项的决策。

另一方面，业主大会有权对制定和修改管理规约和业主大会议事规则、选举业主委员会或者更换业主委员会委员、选聘和解聘物业服务企业、筹集和使用专项维修资金、改建和重建建筑物及其附属设施等重大事项做出决定，业主大会和业主委员会有权代表全体业主要求侵害业主共同利益的行为人停止侵害、消除影响、排除妨害和赔偿损失，乃至根据法定程序提起诉讼。由此可见，业主大会和业主委员会是业主共同管理物业的基本组织形式。

理论要点之四

业主大会议事规则是业主大会议事方式和表决程序的约定，管理规约是业主使用、维护和管理建筑物及其附属设施的约定。业主大会应当制定并执行业主大会议事规则和管理规约，业主应当遵守业主大会议事规则和管理规约。

现实问题

一方面，从程序性规则看，业主物业管理权的有效行使，必须以相应的共同规则为依据，业主大会议事规则从业主投票权确定、业主委员会组成、议事方式和表决程序等方面规范了业主大会的组织运作，决定了业主大会决议是否合法有效。实践中大量出现的业主与业主委员会、业主委员会与业主大会的矛盾冲突以及对业主大会决议有效性的质疑等现象，大多是由于缺乏业主大会议事规则或者业主大会议事规则得不到严格执行造成的。

另一方面，从实体性规范看，管理规约在物业管理活动中，主要承载两方面的功能：一是明确权利让渡规则。业主通过签署管理规约承诺书，将物业共有部分的管理权让渡给业主大会，业主大会据此有权代表业主选聘物业服务企业并签订物业服务合同，因而物业服务合同的效力自然及于每位业主，个别业主以非物业服务合同的签约人为由，否认物业服务合同的约束力有悖法理。二是明确业主内部自律规则。业主行使建筑物区分所有权的基本规则，应事先通过管理规约的形式予以明确，以便能够在业主内部形成自我监督机制，凭借多数业主的善良意志约束个别业主的不当行为，缓解物业服务企业与业主的矛盾和冲突，进而纠正以往物业服务企业代行制定业主居住与管理规则的弊端。

（二）物业管理业主自治的理论基础

基于区分所有的建筑物而产生的建筑物区分所有权，之所以成为现代物权法律制度所设立的一项特殊的不动产所有权形式，其根本原因是在建筑物区分所有的情况下，业主拥有和行使权利的复杂性远非传统的"一物一权"理论所能涵盖，所以在不否认广义的物业管理应包括单一业主对其建筑物及其附属设施维护和管理的前提下，我们可以从本质上将物业管理视为多业主区分所有建筑物的管理。这是2003年国务院颁布的《物业管理条例》的前瞻性之所在，虽然该行政法规并未采用"区分所有建筑物管理"的表述，而2007年全国人大制定并颁布实施的《物权法》在第六章中对"业主的建筑物区分所有权"的相关规定，则意味着国家在法律层面上对这一定性的肯定。

建筑物区分所有权理论告诉我们：物权是物业管理权的基础，物业管理作为业主自我管理不动产的权利，是业主实现其财产权的自发需求和重要手段，在物业管理活动中，业主与物业服务企业双方任何形式的错位和越位，均是对双方正常法律关系的扭曲并最终无益于业主宪法权利（财产权）的保护。建筑物区分所有权理论还告诉我们：无论是体现集体决策和多数表决的业主大会和业主委员会，还是反映权利来源和自律规则的管理规约和业主大会议事规则，都是业主自我管理共有财产不可或缺的基本组织和基础契约。如果不仅仅从市场本位的视角看待物业管理，而是从权利本源的基础认识物业管理，那么根据建筑物区分所有权理论，我们可以将"物业管理"重新作如下定义：**物业管理是业主以私有财产（专有部分所有权）为核心，以公共财产（共有部分共有权）为纽带，以公共契约（管理规约和业主大会议事规则）为基础形成的自我管理不动产的行为。**正是在这个意义上，建筑物区分所有权理论，构筑了物业管理业主自治的理论基础。

二、公共产品与公共选择理论——物业管理的经济学基础

（一）公共产品理论要点与现实问题

公共产品理论是公共经济学理论框架的核心内容和逻辑起点。公共产品是相对于私人产品而言的，是指用于满足社会公共需要的产品和服务。传统意义上，政府是提供公共产品的主体，随着经济和社会的发展，公共产品的提供者出现多元化的趋势，非营利组织、私人企业、民间社会团体等都成为公共产品的提供者。以公共产品理论为出发点，我们就不难理解物业管理收费问题的特殊性和产生根源。

理论要点之一

公共产品具有非排他性。公共产品的消费是集体共同进行的，公共产品一旦被提供出来，就不可能排除任何人对它的不付代价的消费，容易产生"搭便车"问题。所谓"搭便车"，是指某些人虽然参与公共产品的消费，却不愿意支付公共产品的生产成本，完全依赖于他人对公共产品生产成本的支付。

现实问题

物业管理服务的消费同样会产生"搭便车"现象。物业管理服务是向物业管理区域内的全体业主提供的，物业服务企业无法因为个别业主不交物业费而阻止其享受服务，当不交费业主能够享受到与交费业主同样的（甚至更多的）服务的时候，人们基于自利本性自然倾向于"搭便车"。具有非排他性，无法像在一对一的买卖中那样将不交费业主排斥在消费群体之外，是物业管理收费难的根本原因。

理论要点之二

公共产品具有非竞争性。公共产品一旦被提供，增加一定数量的消费者不会减少原有消费者的受益，也不会增加相应的生产成本，其新增消费者使用该产品的边际成本接近于零。

现实问题

物业服务企业提供的秩序维护、保洁、绿化、公共设施维护等公共性服务，其服务成本相对固定，业主（非业主使用人）的增加或者减少，对服务成本的影响相对较小。因此，一定的区域规模和入住规模有利于物业服务效益的最大化，而且物业服务企业不能依据业主对物业服务实际享有量来增减应支付的服务费（即对价），业主不能以未实际居住作为拒交管理费的理由，这是《物业管理条例》第四十二条规定"已竣工但尚未出售或者尚未交给物业买受人的物业，物业服务费用由建设单位交纳"的理论依据，同时也是《物权法》第七十二条规定"业主不得以放弃权利不履行义务"的经济学基础。

理论要点之三

公共产品具有不可收费性。由于公共产品的非排他性，导致产品的提供者向消费者收费不易，或者导致收费本身所需成本过高，因而公共产品的提供，只能通过非市场的手段进行。

现实问题

公共产品在传统上是由政府无偿提供的，国家通过强制性的税收实现公共产品的价值补偿。物业管理服务具有公共产品的非排他性和非竞争性，却必须通过市场手段由业主（即受益者）提供服务成本。在物业管理过程中，服务成本的核算、价格信息的传递以及业主人数的分散，不仅提高了收费的成本，而且增加了收费的难度，从而导致物业服务收费的矛盾和冲突。

理论要点之四

公共产品具有外部性。公共产品的生产和消费会使生产者和消费者以外的社会成员获得利益或遭受损失，而获益者和受损者却无须为此支付成本或受到补偿。

现实问题

物业管理服务同样具有外部性。从服务提供的角度，楼宇外观的美化和整洁，有利于城市环境的优化；小区公共秩序的维护，有利于城市治安环境的改善。从服务消费的角度，业主遵守居住规则、合理节制地消费物业服务，有利于延长物业使用寿命，降低物业服务成本；业主不当使用物业，对公共设施的不合理损耗和破坏，则会造成物业使用寿命的缩短和管理成本的提高。物业管理服务的外部性，不仅有利于我们全方位、多视角地把握物业管理的成本和收益，而且有助于我们加深对物业管理和城市管理之间密不可分关系的认识。

（二）公共选择理论要点与现实问题

公共选择理论是公共产品理论的自然派生。公共选择是指与个人选择相区别的集体选择，也就是通过集体行动和投票程序来决定资源在公共产品之间如何分配。公共产品的存在决定了公共选择的必要性，决定公共产品的数量和生产方式的过程，本身就是一个公共选择的过程。公共选择理论的核心，是对投票及其相关决策程序的研究，透过公共选择理论，我们可以清晰地了解现阶段业主大会和业主委员会机制的症结之所在。

理论要点之一

公共选择的低效率。与个人选择不同，由于公共选择的集体性质，个人参与公共选择的成本与收益之间并不存在一一对应的关系，公共选择与个人选择之间也没有必然联系，在公共选择过程中，个人选择只有与多数人的选择一致时才能转化为公共选择。

现实问题

出于个人参与小区公共事务管理的成本和收益的严重不对称，无论是业主委员会委员的选举和被选举，还是业主大会关于重大管理事项的表决，大多数业主的理性选择就是不作为，这就导致了业主大会和业主委员会运作的低效率（经济发达的北京，也仅有不到30%的小区成立业主大会）。同时，由于《物权法》和《物业管理条例》规定了全体业主直接参与的多数表决原则，物业管理重大事项的表决，往往会因为参与投票的业主人数太少或专有面积不足而无法达成决策。

理论要点之二

公共选择的强制性。公共选择中，投票人在投票表达自己意见时，不得不遵从少数服从多数的原则，在这种情况下，人们所接受的公共产品，并不一定符合他们的个人偏好，公共选择存在着一定程度的"多数人对少数人的强制"。

现实问题

物业管理重大事项的表决，几乎无法出现全体业主一致同意的结果，这本属于正常的情况。但问题在于，当部分业主在个人偏好和个人选择与多数业主或业主委员会的意见不一致时，通常不是无条件地服从，或者采取合法的程序改选业主委员会，而是拒绝履行业主大会和业主委员会的决定。正是由于部分业主对公共选择强制性的违反，常常使得"业主大会或者业主委员会的决定对全体业主具有约束力"的法律规定流于形式。

值得注意的是，《物权法》第七十八条关于"业主大会或者业主委员会做出的决定侵害业主合法权益的，受侵害的业主可以请求人民法院予以撤消"的规定，在充分赋予业主诉讼救济权利的同时，可能起到支持个别业主违反公共选择强制性的作用，而个别业主滥用诉权的后果，将加大公共选择的不确定性，削弱公共决策的权威性。最高人民法院根据这一规定，在《关于审理涉及建筑物区分所有权纠纷案件具体应用法律若干问题的解释（征求意见稿）》中对业主如何行使诉权做了进一步明确的规定，相关法律规定及其实际适用效果，我们将拭目以待。

理论要点之三

公共选择的"代理人"问题。为了提高公共选择的效率，公共选择经常采用间接民主的代表制，由公众选举的代表人或代理人代为进行公共选择活动，但由于代表人或代理人在公共选择中追求自身利益，容易导致公众利益被忽视和被损害。

现实问题

在物业管理活动中，为了增强业主大会的可操作性，通常做法是选举出业主委员会作为执行机构，处理日常事务。在履行职责过程中，因缺乏必要的监督，业主委员会滥用职权谋取自身利益、损害业主共同利益的情况时有发生。业主委员会的"代理人"问题，远非推行业主大会制度就能解决，需要多管齐下，综合治理。近年来，为解决"代理人"问题，一些地方在政策规定和操作实践中，尝试建立业主监督委员会（业主监事会）等组织，以期对业主委员会进行必要监督，但这种做法的法理基础、组织成本和实际作用均有待论证。

（三）物业管理政府规制的理论基础

应当看到的是，与公共产品相比，物业管理服务所具有的非排他性和非竞争性是不完全的，我们可以称之为"准公共产品"。同时，由于物业管理产品表现形式为无形服务而非有形物品，我们可以更准确地称之"准公共服务"。同理，与公共选择相比，业主大会机制不具有政府机制的政治性和广泛性，我们可以称之为"准公共选择"或"准公共决策"。

虽然如此，观察物业管理的现实状况，我们就会发现，公共产品提供和公共选择决策中的相关问题，无一例外反映在物业管理实践中。在政府不承担私人群体共有物业维修养护责任的情况下，由私人企业（物业服务企业）提供准公共性的物业管理服务，如何克服业主的"搭便车"惯性，如何通过强制性专项维修基金政策等手段，保证物业管理服务的有效供给和价值补偿？在物业管理与现代城市管理密不可分的情况下，如何通过有效的办法增加物业管理服务的正外部效应，减少其负外部效应？在缺乏公共权利义务观念和公共监督机制的情况下，如何建立相应的程序规则引导激励业主主动参与公共事务？如何设计相应的制度框架制约业主代表机构的权利滥用？……现阶段所有这些与市场失灵相关问题的有效解决，都有赖于政府公权的适度介入，都离不开政策法规的调整控制。正是在这个意义上，**公共产品与公共选择理论，构筑了物业管理政府规制的理论基础。**

三、制度创新与专业建构——物业管理基础理论研究的双重价值

（一）基础理论研究是物业管理制度创新的指针

根据以上分析，从理论的角度来看，物业管理问题的特殊性决定了制度规范的独特作用。不仅如此，从实践的角度来看，我国物业管理实践与经济体制转轨的同步进行，物业管理初级阶段"政府主导、企业推动"的中国特色，同样决定了制度建设的先导作用。2003年《物业管理条例》和2007年《物权法》的颁行，是物业管理的法制建设的里程碑，但绝不意味着物业管理的制度建设就此画上了休止符。物业服务产品的独特性、法律关系的复杂性、相关矛盾的尖锐性，都要求我们适时进行制度的优化和创新，这不仅有益于解决当前物业管理面临的新情况、新问题，也是我们进行物业管理理论研究的现实价值所在。以物业管理基础理论为指针，以改善行业生态环境为目标，笔者认为，近期物业管理的制度创新，可以从以下几个方面入手：

1.规范业主行权方式，防止个体滥用权利

在公共事务中，基于人的自利本性，个体的理性往往容易导致集体的非理性，从而损害公共利益并最终危及个体利益。建筑物区分所有权理论对传统所有权理论发展创新的一个重要方面，就是打破所有权绝对性的神话。《物权法》中对业主行使专有部分所有权和共有部分共有权的规范，对业主改变房屋用途的前提条件限制，虽有利于防止单个业主滥用实体权利，但要使相关法律规定落到实处，还需要配套的法规政策，对业主的行权方式和禁止行为予以进一步的细化。在程序权利上，《物权法》第七十八条和第八十三条分别赋予单个业主对"侵害业主合法权益"的决定和行为提起诉讼的权利，但如何理解"侵害业主合法权益"，当个别业主利益与多数业主利益均为合法但彼此冲突时，是否可以认为有利于多数业主利益的决定和行为属于侵权？如果我们无条

件允许个别业主以"侵害合法权益"为名对抗多数业主的共同利益，无疑与建筑物区分所有权的"权利让渡"理论相违背，容易导致业主滥用诉权，激化矛盾，加大公共成本。令人遗憾的是，最高人民法院在《关于审理物业服务纠纷案件具体应用法律若干问题的解释（征求意见稿）》中，依然赋予单个业主在物业服务合同违约之诉中的诉权，这种制度设计不仅不利于物业服务合同的稳定，而且可能造成大量累诉，浪费宝贵的司法资源，建议应当参照北京、上海等地司法部门已有的成熟做法予以修正。

2.明确共有部分物权，界定权利义务边界

公共产品理论告诉我们，如果一种资源没有排他性的所有权，必然导致人们对这种资源的过度使用，进而产生"公有地的悲剧"；相反，产权界限越明确的物品，越有利于其有效利用和价值保护。由于我国共有产权登记制度的缺失，建设单位、物业服务企业和业主之间因共用部位和共用设施设备的所有权和使用权发生冲突屡见不鲜，《物业管理条例》第二十七条规定的可操作性遭到质疑。虽然《物权法》中对建筑规划区域内的绿地、道路、物业管理用房和车库、车位等共有物权作了原则规定，但除此之外的"公共场所"和"公用设施"应包含哪些内容？如果将"供电、供水、供气、有线电视设施"等认定为"公用设施"，相关公用部门是否可以"业主共有"为由拒绝承担维修养护责任，进而使《物业管理条例》第五十二条的规定流于形式，等等。在我国长期以来"专有部分"和"共有部分"划分相当模糊混乱，缺乏权利登记依据的背景之下，这些问题的解决，都需要立法和执法部门在实事求是的基础上，创造性地明确相关主体权利义务边界，并以制度的形式予以确定和巩固。

3.推行临时管理规约备案制度，强化业主大会议事规则功能

在业主大会成立之前，制定临时管理规约并要求业主承诺遵守，不仅是建设单位的法定权利，也是其应尽义务，符合物权自治的法理。但是，由于建设单位与房屋买受人的潜在利益冲突，加上前期物业管理阶段业主共同利益代表人的缺位，以及业主与建设单位的信息不对称，使得建设单位存在着利用临时管理规约的制定权逃避应尽责任和获取不当利益的可能性，因此从平衡利益、保护弱者的角度出发，应提倡适度的公权介入，推行临时管理规约的备案制度。市场经济发展成熟的香港地区的"大厦公契"备案制度的既有做法，值得我们认真借鉴。同时，业主大会议事规则作为业主大会召开、议事、表决的程序性文件，其重要性不亚于管理规约，但在"重实体、轻程序"的传统观念下，一直未受到应有的重视，这是实践中业主委员会的合法性和业主大会决议的有效性屡遭质疑的根本原因。考虑到多数业主相关知识和信息的欠缺，应尽快制定全国性业主大会议事规则示范文本，以供参照援引。强调政府主管部门对临时管理规约的适度监管，强化业主大会议事规则的指导功能，是从源头上解决物业管理问题的事半功倍的举措。

4. 建立业主委员会激励机制，加大违法违约执法力度

在现行的业主大会制度下，业主委员会委员被设计成别无他求的公共利益追求者，业主委员会委员的工作纯属义务，没有任何报酬，这就容易产生公共选择理论中的"代理人"问题。为了鼓励广大业主参与公共选择，有必要理性务实地建立业主委员会激励机制，明确业主委员会主要成员（主任、秘书）的取酬权。当然，为了防止业主委员会委员在公共事务中滥用职权，还应建立相应的失职问责制度，追究造成公共利益重大损失的直接责任人的赔偿责任。同时，业主任意弃置垃圾、侵占通道、违章搭建和拒付管理费等行为，都是对管理规约或业主大会决议的违反，应加大对此类违约行为的惩罚力度，适度加大违约者的损失成本，才能维护管理规约和业主大会决议的严肃性。当然，目前基于政治考量和社会管理等诸多原因，在业主大会和业主委员会的社团法人地位无法确立的前提下，业主委员会的激励和惩戒功能尚无法得以充分发挥，但是根据《物权法》的相关规定，通过司法解释等明确业主大会和业主委员会在物业管理纠纷中的诉讼主体地位，不失为一种务实有效的做法。

5.推行物业管理保障机制，促进行业持续健康发展

物业管理的准公共性、外部性，物业管理与城市管理的密切关系，以及我国长期福利制住房消费的背景，都决定了政府不能一蹴而就地实行完全市场化的物业管理服务供给体制。对于产权关系复杂的老旧小区，对于经济适用房和廉租房，对于商品房小区中的贫困业主，政府应因地制宜、实事求是地提供物业管理支出的相应补贴和救助。物业管理保障机制应是住房保障体制的重要组成部分，它不仅可以体现社会公平、提高城市管理水平，而且可以鼓励物业服务企业参与老旧小区、经济适用房和廉租房的管理服务。只有当服务于不同类型物业和不同收入业主的物业服务企业都有各自的生存空间，都能通过等价交换实现企业自身的良性循环时，物业管理行业全面、健康和可持续的发展才能成为现实。

（二）基础理论研究是物业管理专业建构的基石

分析我国短暂的物业管理发展历程，有一个基本判断：经过二十多年的努力，我们已经走过了"要不要搞物业管理"的起步阶段，进入了"如何搞好物业管理"的初级阶段。如果说《物权法》、《物业管理条例》乃至《城市新建住宅小区管理办法》确立了物业管理行业的法律地位的话，那么物业管理行业在社会主义市场经济中的专业地位并未得到同步确立。与物业管理制度建设的快速和高效相比，物业管理专业形象的树立和提升则相对滞后，制度上的高度肯定和现实中的负面评价所构成的巨大反差，从长远来看，必将影响制度的执行力并最终制约物业管理的可持续发展。因此，提升行业的专业素质和塑造行业的专业形象，是处于变革时期物业管理行业的当务之急。如果说基础理论研究对物业管理的制度创新具有现实性的指导价值的话，那么它对物业管理的专业建构同样具有前瞻性的思想价值。当前，物业管理行业的专业建构，无论是外向型的行业宣传，还是内向型的专业教育，都必须建立在对物业管理基础理论的深刻理解和娴熟应用之上，只有这样，方能做到有的放矢、对症下药，心存高远、脚踏实地。

1.行业宣传应当运用基础理论研究取得的成果

中国物业管理从诞生到今天，一个始终困扰我们的问题，就是行业的公信力不足，这固然与部分媒体过分夸大物业管理负面影响的舆论导向有关，但更根本的原因则是全社会对物业管理行业专业性的质疑。多年以来，虽然一直试图改善行业舆论环境，但是，这样的努力大多表现为浅层次的请求呼吁舆论导向，工作大多数停留在表象上的好人好事正面宣传，缺乏理论的高度和专业的素养，其说服力自然大打折扣。只有强调行业宣传的专业性，才能保证其科学性、客观性和公正性，进而切实提高物业管理行业的影响力和公信力。

如何提高行业宣传的专业性？一个重要的方法，就是不失时机地运用物业管理基础理论研究取得的成果进行宣传报道。我们要通过各种途径帮助媒体乃至大众了解建筑物区分所有权的法律属性，了解物业管理服务准公共产品的非排他性、非竞争性和外部性，了解公共选择的低效率、强制性和代理性；我们要采取多种形式引导媒体乃至大众从财产、契约、消费角度理解物业管理服务，在社会性、服务性基础上认识物业管理的商业性，透过日常物业管理活动的表象了解物业管理行业的规律和特征……只有这样，才能够消除社会上对物业管理固有的偏见和误解，才能够树立起物业管理行业的专业形象，而只有建立在专业认同基础上的公信力，才会是坚实长久的。

2.专业教育应当改变基础理论研究缺失的现状

物业管理在我国是一个新兴的行业，物业管理理论研究在我国也刚刚起步，虽然一些大学里设置了物业管理专业甚至个别授予了研究生学历，但我们无法否认物业管理基础理论研究缺位的现状。无论是经济学还是法律学，无非是从不同的视角观察物业管理这一社会现象，也都为研究物业管理提供了理论分析工具，除此之外，物业管理理论研究还应吸收其他学科的优秀理论成果。

本文虽然仅仅是个尝试，但笔者始终认为，我国物业管理的问题，不仅是制度问题，更是人的素质问题。在培养从业人员素质的专业教育工作中，除了强调知识技能的训练，基础理论的灌输同样不容忽视。从业人员掌握了反映行业发展内在规律的基础理论，是物业管理从业人员专业地位的一个标志，而专业地位的确立，不仅标志着物业管理从业人员职业资格制度的实至名归，而且意味着物业管理行业核心竞争力的名副其实。

物业管理的行业本质

2008年

行业本质决定专业价值　专业价值决定商业模式

商业模式决定竞争策略　竞争策略决定发展战略

当下物业管理行业似乎面临着自诞生以来前所未有的困境，寻求切实可行的因应之策被普遍认为是当务之急，在这种大背景之下讨论物业管理行业本质之类的理论问题，也许有"坐而论道"之嫌。但笔者认为，无论探讨宏观的发展战略，中观的商业模式，还是微观的专业价值，都离不开对行业本质的准确把握。行业本质决定专业价值，专业价值决定商业模式，科学的行业发展战略必须建立在对行业本质深刻认识的基础之上。在这个意义上，物业管理的行业本质问题，是研究物业管理行业所有现实问题的逻辑起点。

行业本质是行业本身所固有的，决定行业状态、性质和发展的根本属性。认清物业管理的行业本质，应当从分析物业管理活动的独特规律入手。透过纷繁复杂的物业管理活动的表象，我们可以发现物业管理的八大基本特征。

一、现代物业具有生活资料、生产资料和投资产品三重属性

传统的物业管理服务是以作为生活资料的住宅为主要对象的，无论是物业管理发源地的英国，还是源自计划体制下房屋管理模式变革的中国式物业管理，都发轫于居住物业的管理服务，乃至于西方许多国家至今仍以《住宅法》作为规范物业管理活动的基本法律，而中国的《物权法》和《物业管理条例》在偏重于住宅物业管理服务的制度设计方面，同样具有明显的针对性。但是，这种现象仅仅意味着过去，自20世纪后半期以来，人类的生产方式和生活方式发生了巨大的变化，物业（或称不动产）已经远远超越了传统意义上的遮风避

雨的生活资料功能，更多地以生产资料和投资产品的面目出现在我们面前。据统计，50%的欧美企业拥有不动产，英国800家大企业的资产构成中，有30%以上的比例为不动产。随着房地产业的兴起、金融业的创新，越来越多的人们以拥有的不动产作为投资手段，物业（不动产）也日益成为与现代金融业息息相关的投资产品。

从生活资料到生产资料进而到投资产品，物业功能的多元化和物业价值的高端化，为物业管理的多层次、全方位发展注入了丰富的内涵，同样也为我们重构物业管理的商业模式提供了深远的想象空间。在传统居住物业管理的基础上，物业管理行业向工业物业、商业物业、公用物业等不动产管理的所有领域的纵深发展，正是顺应物业功能和物业价值变化的大势所趋。

二、作为物业管理权利人和责任人的业主决定了物业管理的价值需求

物业管理行业的客户群体是物业的主人——业主，业主在物业管理中的地位，不仅仅体现在《物权法》中建筑物区分所有权人的法律定位，作为物业管理的权利人和责任人，在物业管理商业活动中，业主更是物业管理服务的原始需求者和最终评价者。中国物业管理发展的独特道路，决定了"政府主导、企业推动"的物业管理模式在初期阶段的必然性，但是随着业主权利意识的增强和企业市场竞争的加剧，物业管理行业已逐步实现从"企业时代"向"业主时代"的转换和变迁。业主或客户需要什么样的物业管理服务，是摆在物业管理行业乃至每一个物业服务企业面前的一个必须直面的根本问题。

对于物业管理行业来讲，如何识别业主这一特殊客户群体的价值需求，正确认识物业管理与其他服务业的本质区别，进而挖掘和实现物业管理的独特商业价值，取得与其他服务业的差别优势并形成行业的核心竞争能力？又如何根据宏观经济形势和行业发展的不同阶段，制定符合客观规律的行业发展战略？

这些都决定了物业管理行业专业地位的确立和生存发展的可持续。对于物业服务企业来讲，在服务质量趋同化和资质品牌膨胀化的背景下，面对不同的业主群体，如何针对他们不同的价值需求，根据自身的素质和特点，在客户细分的前提下选择最适合的客户，做自己最擅长的业务，提供最优质的物业管理服务？面对同类的业主群体，如何识别他们的共性需求和个别需求，有效需求和无效需求，主要需求和次要需求，显性需求和潜在需求？在满足客户的共性、基本和有效需求的同时，如何引导客户的合理需求，挖掘客户的潜在需求，兼顾客户的个性需求，最大限度为客户创造价值？都考验着企业的内在功力，决定着企业的品牌效益。

三、物业管理产品是一种综合性、持续性、长期性和稳定性的服务

物业管理产品的主要表现形式是无形的服务，这是其区别于有形产品的一个重要特征。有形产品的生产、流通和消费环节逐一递进且相互独立，而无形服务一般没有流通环节，生产和消费处于同一过程，具有同步性；有形产品一般都有一定的使用期限，在其合理寿命周期内可以被反复消费使用，而无形服务属一次性消费品，服务一经生产即被消费，具有不可储存性；有形产品在工业化时代背景下大多按严格流程和工艺生产出品，品质、型号、外观、性能等具有高度的同一性，而无形服务主要通过人的行为来完成，不同的服务者即使经过最严格的挑选和培训，按照最严密的流程提供服务，也难免有不同的风格和效果，即所谓服务的差异性。如何克服服务产品的无形性、同步性、不可储存性和差异性，以保证服务品质的稳定、可感知和高评价，始终是服务行业面临的永恒难题。

除此之外，物业管理作为一种无形服务还具有自身的一些特点：(1)综合性。物业管理服务不仅包括物业共用部位和共用设施设备的维修养护，而且包括对物业管理区域内绿化、清洁、交通和公共秩序维护等内容。(2)持续性。与一次性服务不同，物业管理服务的提供是一个持续的不间断的过程，物业服务企业必须保证物业共同部位的长时间完好和共用设施设备的全天候运行。(3)长期性。物业管理服务的持续性和更换物业管理企业的巨大成本，使得物业服务合同的期限一般较长，这有利于服务质量的改进和客户关系的改善。(4)稳定性。严格的不动产登记制度和物业产权变更的高昂成本，使得物业服务业与其他服务业相比，客户（业主）具有相对稳定的特点（这一点在居住物业管理中尤为明显），服务群体的相对稳定，在要求物业服务企业必须长时间接受客户的监督和考验的同时，也有利于维系客户的忠诚度和契约的稳定性。

四、物业管理产品是基于物业共有部分而提供的准公共性服务

人类拥有建筑物的历史长达几千年，物业管理之所以在一百多年前才得以诞生，其根本原因是城市化背景下多业主区分所有建筑物的产生。当不同的业主共同拥有一个建筑物时，物业产权的多元化要求每一个业主分散自行管理其专有部分，共用设施的社会化却要求集中统一管理共有部分，近代物业管理正是为了解决物业产权多元化和共用设施社会化的矛盾应运而生的。因此，尽管我们认为广义的物业管理应当充分包容单一业主的管理服务活动，尽管我们鼓励物业服务企业根据业主的个性需求进行服务的延展和创新，但是我们始终不能忘记物业管理的存在本源和核心价值——基于物业共有部分的准公共性服务。

提供物业共有部分的准公共性服务，是物业管理的难点之所在，也是物业管理的专业价值之所在。认识物业管理的准公共性，我们就可以运用公共产品和公共选择理论分析当前物业管理面临的诸多现实难题，我们就不难理解物业管理收费问题的特殊性和产生根据，我们就不难理解目前业主大会和业主委员

会机制的缺陷和症结。认识物业管理的准公共性，我们就可以领悟物业管理的外部性与城市管理密不可分，进而认可政府公权对物业私权适度介入的必要性和必然性，我们同样可以减少行业自身定位和社会定位的偏差，理性接受社会性和服务性的外在定位和价值评判。

五、物业服务目标的实现必须辅助以管理的手段

服务是为满足他人的需求或实现他人的利益而开展的工作，具有顺从性；管理则是为实现一定的目标而约束或限制他人的行为，具有强制性。两种彼此矛盾和对立的行为在物业管理活动中得到了统一。与其他服务行业相比，物业管理行业的准公共性，决定了不同的业主（客户）对物业服务具有不同的理解和不同的偏好，个别需求和偏好可能影响多数业主的利益实现，为了满足多数业主的共性需求，就必须约束和限制少数（或个别）业主的个性需求和偏好，在这种情况下，管理就成为物业服务的一个特殊而必备的手段。

从物业管理的权利本源看，物业管理权来源于业主的建筑物区分所有权，建筑物区分所有权并不具备传统所有权的绝对性和排他性，单个业主所有权的行使是有条件限制的，业主对专有部分行使所有权，不得妨碍建筑物的安全，不得影响建筑物的使用功能，不得破坏建筑物的外观；业主对共有部分仅具有按约定使用的权利，不得以共有为名擅自占有、收益和处分；业主不得从事任意弃置垃圾、侵占通道、排放大气污染物、施放噪声和违章搭建等行为。限制业主滥用物权，约束少数业主不当行使建筑物区分所有权的行为，是物业服务之中的"管理"内涵。从物业管理的权利让渡看，物业服务企业根据物业服务合约取得物业管理权，为实现合约目标，业主通常在物业服务合同中明确约定，物业服务企业有权采取必要措施制止业主和物业使用人违反管理规约和物业管理规章制度的行为。最高人民法院在《关于审理物业服务纠纷案件具体应用法律若干问题的解释（征求意见稿）》的司法解释中，明确规定"业主委员会或者业主实施妨害物业服务企业对建筑区划内的建筑物及其附属设施和业主共同生活秩序进行服务和管理的行为，物业服务企业请求排除妨害，消除危险，恢复原状或者赔偿损失的，应予支持"，这同样印证了物业服务中管理内容的司法判断。

六、物业服务目标的实现受制于建设单位和业主的素质

物业服务目标的客户表述就是业主满意，而实现业主满意的前提条件是高质量的服务水平。物业服务水平主要取决于物业服务企业的素质，但很大程度上受到建设单位和业主素质的影响。首先，物业管理是在物业硬件设施基础上的软性服务，物业硬件设施条件的优劣直接影响物业服务的顺利开展，而开发企业的素质决定物业设施设备的品质，很难想象在低水平的开发建设基础之上实现管理服务高水平的可能性；其次，物业管理环境与业主（客户）的日常工作生活环境高度重叠，业主（客户）使用物业的文明程度和对公共管理规则的遵守程度直接影响物业服务的效果，很难想象在缺乏高素质的业主配合之下实现管理服务高水平的可能性。高水平的物业服务是优秀的物业服务企业、负责任的开发建设单位和遵守公共道德的业主三方面共同努力的结果，这可以称之为"物业管理服务的互动性"，也可以称之为"物业管理三方决定论"。

既然物业服务目标的实现受制于开发建设单位的素质，行业主管部门就要从源头上规范开发建设单位的行为，这是《物业管理条例》对"前期物业管理"做出专章规定的主要理由，而物业承接查验制度的全面落实，则是明确开发建设单位责任和减少开发遗留问题的基本手段；既然物业服务目标受制于业主的素质，物业服务企业在承诺服务指标时就应当更多考虑业主的配合程度，更多地从过程标准和客观标准规范自身行为，在结果标准和主观标准的约定上

采取审慎的态度，同时对个别业主的败德行为进行及时充分的披露，以规避不应承担的管理责任，并争取多数业主的理解。"物业管理三方决定论"还可以提醒我们：物业服务企业在进入物业服务市场时，应当在综合考量开发建设单位和业主素质的基础上做出理性的选择。

七、物业服务企业的人合特征决定其核心竞争力是人力资本

物业管理行业的劳动密集型特征，主要表现在两个方面，一是物业服务企业主要是通过投入提供服务的劳动力来生产产品（服务）和创造产值（服务费）；二是劳动力成本在物业服务总成本中占很大的比例（一般达到50%~70%）。劳动密集型的特征表明，资金这一生产要素在物业管理行业中并非起着决定性的作用。同样，分析大多数赢利的物业服务企业的财务数据，我们会发现它们的净资产收益率都在40%~50%或50%以上，而且企业收入和利润的增长与企业的资金投入并无直接相关，多数企业在发展壮大过程中并无更多的增量资金投入，注册资本的投入大多数是为了满足资质评审和证明风险承担能力的需要，这同样表明，物业管理行业与其他行业相比，对资金的需求和依赖程度相对较低，因此，从本质上看，从事常规业务的物业服务企业是人合公司，而非资合公司。

物业服务企业的人合特征，决定了物业服务行业对劳动力成本的涨落极为敏感，《劳动合同法》实施后物业服务行业普遍面临的沉重压力即是佐证。在包干制收费模式下，成本控制，尤其是作为可变成本的劳动力成本控制，成为企业生存发展的决定性要素。物业服务企业的人合特征，是物业服务酬金制收费模式的理论依据，实施真实纯粹的酬金制收费模式，有利于转移物业服务企业的人员薪酬负担，消化不断上涨的劳动力成本，确保企业收益的稳定性。物业服务企业的人合特征，决定了企业的核心竞争力是人力资本。与货币资本相

比，人力资本是主动性资本，货币资本没有人力资本的推动无法运转，是不能保值、增值的。在物业管理行业中，人力资本主要是指高端的技术创新人才和职业经理人才，他们是企业生存发展的主要推动力。人力资本在物业管理企业中作为一种资本存在，将导致企业治理结构发生变化，使传统的"谁出资谁拥有企业"的产权理论得以修正。因此，树立人力资本在物业管理行业中核心竞争力的地位，不仅有利于认识物业管理师制度的重要性，而且有利于明晰以高层管理人员持股为特色的现代物业服务企业产权制度的改革方向。

八、物业管理活动是建立在等价有偿基础上的市场交易行为

尽管我们认识到物业管理服务的准公共性，尽管我们把握了物业服务的管理手段，尽管我们注意到物业服务目标的制约因素，尽管我们强调物业服务中人力资本的关键作用，但是如果忽视了物业管理服务的商业特征，那么以上所有的分析都失去了存在的价值。物业管理是建筑物管理市场化的产物，物业管理活动必须遵循市场规律，在等价有偿的基础上实现物业服务企业和业主之间的公平交易。物业服务企业的商业性和物业管理行业的市场化，是物业管理可持续发展的经济基础。

重视物业管理活动的商业性，就要求物业服务企业应以获取商业利润为基本价值追求，利润是维持企业生存的食粮，是促进企业发展的营养，是证明企业实力的标志，是回报企业客户的基础。一些依靠开发建设单位补贴支撑的物业服务企业，不仅存在以不正当竞争手段扰乱市场的嫌疑，其从属性的企业定位也在一定程度上矮化了行业地位，而且其自身最终也将不堪重负难以为继；一些不顾成本提供所谓超值服务的物业服务企业，其做法不仅扭曲了物业管理价格机制，违反了等价有偿的市场化本质属性，而且其误导市场的恶果也将最终殃及自身。重视物业管理活动的商业性，就要求物业服务企业通过扩大规

模、提高品质、树立品牌来做大企业的外部边界，做小企业的内部成本，扩大企业的利润来源进而增强企业的竞争能力。重视物业管理活动的商业性，就要求明确物业服务企业自由缔约和自由竞价的市场主体地位，减少政府对物业服务价格的过度干预，赋予物业服务企业足够的自主定价的权利；就要求放弃以往强加和转嫁给物业服务企业的各种不合理负担和责任，减轻物业服务企业的经营压力和风险；就要求改变长期以来以刚性法律规则和行政监管为主导的调控手法，挖掘物业管理行业自律和商业伦理的独特价值。

综合上述物业管理行业的八大特征，我们可以概括出构成物业管理行业根本属性的六大基本要素：第一，主体：物业服务企业；第二，客体：业主（客户）；第三，对象：物业（不动产）；第四，方法：管理手段；第五，性质：准公共性服务；第六、目标：商业利益。由此，我们得出以下的结论：

物业管理的行业本质，是一种物业服务企业从事的以物业（不动产）为基础，以业主（客户）需求为导向，以管理为手段，以准公共性服务为核心产品的商业活动。

物业管理的专业价值

2010年

从20世纪90年代中期开始，我们一直致力于物业管理外部生存环境的改善和内部竞争秩序的优化，成就斐然，至今突破2000亿元的产值和60%的覆盖率便是明证。但是，如果因此认为，只要继续从制度层面加以扶持和规范，物业管理行业就可以实现长治久安，可能又过于天真乐观。

2007年《物权法》出台，面对区分所有建筑物三种管理模式的制度设计，业内曾经发出"狼来了"的惊呼和警示，可是三年后的今天，业主自行管理和其他管理人管理并未形成气候，似乎证明那不过是一场虚惊，物业管理行业也因此更添一份自信和豪迈。然而，所有这一切，并不能成为我们停止思考的理由，无论从百尺竿头还是从居安思危的角度，我们都有必要认真探讨行业存续和兴衰的内在逻辑，于是便有了这样的追问：物业管理的生存和发展，除了依靠外部制度的庇护，是否更需要内在专业的支撑？

其实，对物业管理的专业偏见与生俱来并如影随形，以至于物业管理师制度建立六年之后，有些部门仍然质疑物业管理行业实施执业资格制度的必要性，物业管理师资格考试工作也由于种种原因至今未能启动。同样，物业管理劳动力的高投入和附加值的低产出，也时常成为人们诟病和攻击物业管理缺乏专业内涵的理由。根据2007年北京市劳动保障部门统计的数据，以每投入1元钱的工资可产出的营业收入计算，房地产业和物业服务业属于同一产业链，房地产业的投入产出比为1:141.46，而物业服务业仅为1:6.04，两者相差竟达到23倍之巨。同类事例不胜枚举，无不提醒着我们：物业管理行业在为社会做出重大贡献的同时，并未取得与其相称的专业地位。长此以往，势必有损于行业的专业形象，削弱行业的综合竞争能力，影响行业的可持续发展。从这个意义上说，物业管理的专业价值问题，事关行业的生存之本与发展之道。

笔者以为，物业管理的专业价值，应当建立在对客户需求准确把握的基础上，从解决专业难点入手，充分运用专业方法，逐步形成专业优势，并通过提供难以替代的物业服务产品得以最终体现。本文希望站在竞争性服务市场的角度，观察和梳理物业管理的专业价值，挖掘物业管理行业有别于其他服务行业的独特优势，重塑物业管理行业的核心竞争力。

专业价值之一：物业设施管理

物业管理，顾名思义，是以物业作为管理服务的对象和内容的。尽管与传统物业管理相比，现代物业管理的内涵和外延已大大超出了建筑物维修、养护和管理的范畴，但这依然不能动摇物业设施管理服务的核心价值地位。物业管理行业所有的业务发展和商业扩张，都是以物业设施为载体或者以物业设施为纽带的，离开物业设施管理这一基础性服务，任何物业管理服务的创新都无异于空中楼阁。物业设施管理，是物业管理行业固本守正的根基，是物业管理专业价值的基本定位。

从业主的角度，委托物业服务企业管理物业设施的目标，在于物业使用功能的最大化和物业价值贬损的最小化。为满足业主的需求，通常情况下，物业服务企业应当具备以下四个方面的专业能力：一是保证建筑物及其设施的安全使用；二是保证设施设备的正常运行；三是延长建筑物及其设施的使用寿命；四是节省建筑物及其设施的使用成本。在物业设施管理的实务中，物业服务企业的专业价值，不仅体现在前期物业管理阶段代理业主对物业共用部位、共用设施设备进行检查和验收；也体现在日常维修养护过程中选聘合格的服务提供商，监督检查维修养护工作以及对外包合同履约效果的专业评价；还体现在根据建筑物设施设备运行状况和生命周期，适时制定科学的保养、维修、改造和更新计划，以节省能源资源消耗和延长使用年限。

值得注意的是，随着科学技术的进步和社会经济的发展，当代物业呈现出两个显著的变化特征，也给物业设施管理带来新的专业难点：一是物业硬件的复杂化和物业设备的智能化。近几十年来建筑高度和体量的发展速度超过了以往任何时代，高层超高层建筑中所包含的硬件设施的复杂性也远远超过人们的想象。同时，物业设备的智能化程度不断提升，计算机信息、自动控制、网络通信、环保节能等技术设备在楼宇建筑中得以广泛应用。二是物业类型的多样化和物业功能的多元化。随着工业物业、办公物业、商业物业、文化休闲物业、公共交通物业的不断涌现，传统的以居住物业为主体的物业类型正呈现多样化的趋势。随着生产方式的改变和金融工具的创新，物业功能已突破生活资料的局限，不断向生产资料和投资产品领域扩展。面对以上变化，如何迅速提升物业设施管理的技术含量和专业能力，以适应物业硬件设备复杂化和智能化的要求？如何根据物业的不同属性提供专业化的物业设施管理服务，以满足不同类型物业多元化的功能需求？对物业管理行业来讲，是一个巨大的商机，更是一个严峻的考验。

专业价值之二：物业资产管理

物业除了有形物质的物理属性之外，还具有无形权益的资产属性。物业的不动产属性是物业资产管理的内在功因，与物业设施管理侧重于物业使用价值和消费功能的保障不同，物业资产管理更关注物业的商业价值和交换功能的实现。物业设施管理，在建筑物区分所有的情况下，业主通常仅委托物业服务企业对其物业共有部分（共用部位、共用设施设备）实施管理服务，而物业资产管理，一般情况下还包含物业专有部分甚至建筑物的整体委托。在目前发展阶段，如果说物业设施管理是所有物业服务企业都必须完成的"规定动作"的话，那么物业资产管理则是少数物业服务企业的"自选动作"，其市场主要面向具有较高商业价值的收益型物业。

从业主的角度，之所以委托物业服务企业管理经营其物业资产，主要出于商业价值最大化和财产风险最小化两个基本动机，而物业服务企业在满足业主这两个基本动机方面，具有得天独厚的天然优势。一方面，物业服务企业掌握物业管理区域及其周边物业供求信息，而且在向业主提供物业管理服务过程中建立起基本的企业信用，信息和信用的结合，有利于构建业主对物业服务企业基本的商业信任；另一方面，业主委托物业服务企业经营管理物业，不仅手续程序便捷，而且成本费用便宜，便捷与便宜的结合，有利于物业服务企业给业主带来优惠的商业便利。以商业信任和商业便利为基础，物业服务企业开展物业资产管理的专业优势是显而易见的。

发达国家和地区的物业资产管理已经先行一步，主要业务内容涉及不动产策划和顾问、房地产经纪和投资、企业不动产管理以及房地产金融等方面，其本质特征是：物业服务企业利用专业技能为客户不动产创造利润，客户向企业支付报酬，物业服务企业通过为客户创造不动产价值实现自身的商业价值。值得借鉴的是，与传统的不动产理财不同，荷兰Intech公司、美国Service Master公司等从事的企业不动产经营管理是一种更高形式的物业资产管理，它们已经摆脱了传统的固定酬金赢利模式，实现了与客户共担风险共享收益的产业转型。

与发达国家和地区相比，国内的物业资产管理目前尚处于起步阶段，虽有一批先锋物业服务企业在商业地产策划、不动产营销顾问以及收益型物业经营等领域进行了有益的探索，但由于受到观念、人才、资金和信用等方面条件的约束，业内对物业资产管理的认识大多停留在利用物业资源开展多种经营的层面，物业资产管理的专业价值依然有待于进一步评估、发掘和提升。

专业价值之三：客户关系管理

客户关系管理，是所有行业的商事主体都必须面对的营销问题，探讨物业管理行业客户关系管理的独特性，应当把握行业的以下特点：从产品特征看，有别于提供有形商品的行业，物业管理行业提供的产品是无形的服务；从服务模式看，有别于采用"一对一"服务模式的服务行业，在建筑物区分所有的情况下，物业管理行业提供的是"一对众"的准公共服务；从客户特征看，有别于合约客户和服务对象一体化的服务行业，物业管理行业的合约客户和服务对象大多数情况下并不一致，即使在单一业主的情况下，物业管理行业仍然存在合约客户和受益客户的分离以及目标客户和终端客户的分离。

以上行业特点，必然使得物业管理行业的客户关系管理有别于其他行业，在以区分所有建筑物为主要对象的现代物业管理背景之下，物权关系的复杂性和客户需求的多样化，决定了物业服务客户关系管理的专业难点在于：在不同客户的不同需求偏好下，如何最大限度地满足多数客户对公共性服务的共性需求，以实现客户满意度和客户忠诚度的最大化。对上述专业难点的克服和解决，正是物业管理的专业价值之所在。

为了准确把握群体客户的真实需求，物业服务企业应当建立起科学有效的客户沟通机制，善于透过纷繁复杂的信息和表象，正确识别共性需求和个别需求，有效需求和无效需求，主要需求和次要需求，显性需求和潜在需求；物业服务企业在把握客户共性、基本和有效需求的基础上，应当设计出能够集中反映客户共同意志的物业服务产品，引导客户的合理需求，挖掘客户的潜在需求，兼顾客户的个性需求。

为了实现多数客户的最大满意度，物业服务企业应当让细节成为规范，着力开展体现公共性服务特色的制度建设，真正做到标准化和个性化服务结合，预防性和应急性服务并重，切实提高物业服务品质；物业服务企业还应当让规范成为习惯，着力加强以专业素质为核心的员工队伍建设，通过提高员工素质以提升服务品质，通过提高员工满意以实现客户满意。为了消除少数不满意客户的不良影响，物业服务企业应当根据物业服务客户长期性、稳定性和互动性的特点，建立快速有效的客户关系危机处理机制，未雨绸缪，消除客户不满于萌芽，及时防患客户不满情绪在物业管理区域内传导和放大；物业服务企业还应当根据物业服务的无形性、同步性和不可储存性的特点，建立阳光透明的住户报告机制，防微杜渐，消除客户误解于初始，尽量利用沟通手段取得客户对物业服务产品差异性和不稳定性的谅解和包容。

客户个体认识的偏差，是物业服务客户关系管理面临的一个难题。一方面，由于财产权观念尚未深入人心，许多业主缺乏对物业资产保值增值的自发需求，抱着被动接受物业管理的心态，业主缺少主动参与物业管理的热情，自然不利于客户满意度的提高；另一方面，由于公众对物业服务产品的特殊性认识不够，在未充分考量客户满意的相对性、动态性、综合性和主观性的前提下，简单套用一般营销理论分析评价物业管理的客户满意状况，显然容易产生不切实际的满意苛求。

业主团体发育的滞后，是物业服务客户关系管理面临的另一个难题。一方面，由于业主大会成立数量相对较少，大多数没有业主组织的物业管理区域，物业服务企业只能依靠自身的资源和能力直接与业主个体进行交流沟通，在多数业主对物业服务标准、价格和质量不甚了解的情况下，业主个体的真实意思不能被完整表达，物业服务企业难以全面透彻地发现业主的真实需求；另一方面，由于业主委员会运作不够规范，个别业主委员会滥用权利，使得业主真实意思表达失真，甚至存在舆论误导和负面宣传，人为加大了物业服务企业开展客户关系管理的难度。物业管理行业必须正视现实中的困难和障碍，才能不断创新，建立独具特色的客户关系管理模式，充分体现物业管理行业的专业价值。

专业价值之四：客户行为管理

物业管理产品的准公共性，决定了不同的客户对物业服务具有不同的理解和不同的偏好，出于人类自利的本性，个别（或者少数）客户的需求和偏好可能与多数客户的共性需求产生冲突。为了维护全体客户的共同利益，根据公共选择的强制性原理，就必须约束和限制个别（或者少数）客户的个性需求和偏好，制止客户中少数"害群之马"的败德行为，而物业服务企业经过业主团体或者大多数业主的合法授权，就充任了业主共同利益捍卫者的角色。在这种情况下，管理就成为物业服务的一个特殊而必备的手段，物业服务是顺从性和强制性的统一，作为业主利益冲突的管理者，物业服务企业为了实现物业服务的目标，必须对客户行为进行统一规范和限制，客户行为管理也因此成为物业管理的又一个专业价值。

物业服务的客户行为管理，首先是限制和制止业主不当行使建筑物区分所有权的行为。经业主的有效授权，物业服务企业应当劝阻业主在行使专有部分所有权时妨碍物业安全、影响物业使用功能以及破坏物业外观的行为，应当限制业主擅自占有、收益和处分物业共有部分的行为，应当制止业主任意弃置垃圾、侵占通道、排放大气污染物、施放噪声和违章搭建等行为。在劝阻、限制和制止无效的情况下，物业服务企业应当及时向有关部门报告，也可以经过业主团体或者大多数业主的授权，代表全体业主向侵权者提起诉讼。

物业服务的客户行为管理，其次是引导和培养业主遵守居住规则和公共道德。物业服务企业应当发挥专业优势，协助业主制定管理规约，并在实践中指导督促业主遵守执行，应当通过社区文化建设等多种形式和手段，教育业主养成良好的生活习惯，宣传和示范维护公共道德的模范，营造爱护业主共同家园的社区氛围。

开展客户行为管理，物业服务企业必须正视客户公共意识普遍淡漠的客观现实。一方面，由于公共权利意识的缺失，客户普遍关注物业专有部分的所有权，忽视共有部分的权益和价值，对业主侵犯公共利益的行为习惯于视而不见，客户内部无法建立起有效自我监督机制，物业服务企业承担了规范业主行为的全部压力；另一方面，由于公共义务意识的淡漠，客户过度和不当使用物业共有部分的行为屡禁不止，加大了物业服务企业的管理成本，利用物业服务非竞争和非排他的特性"搭便车"，拒绝履行交纳物业服务费义务的情况屡见不鲜，减少了物业服务企业的管理资源。

开展客户行为管理，物业服务企业应当处理好管理和服务的关系。在客户将物业服务企业定位为服务提供者，而物业服务企业又必须采取管理手段实现服务目标的矛盾之下，物业服务企业既要摆正位置，又要有所作为，就应当提高服务技巧和管理艺术，切实做到"在服务中实现管理，在管理中体现服务"，和谐地处理好管理与服务之间的辩证关系。

专业创造价值。以物业设施管理为基础，以物业资产管理为方向，以客户关系管理为目标，以客户行为管理为手段，四大专业价值构筑的物业管理核心竞争力，是物业管理行业在竞争性服务市场中立于不败之地的四根支柱。

根据以上分析，我们可以看出：物业管理专业价值是客户需求和企业能力的高度统一，客户需求是动因，企业能力是保障；物业管理专业价值是客户价值和企业价值的高度统一，客户价值是主导，企业价值是派生。物业管理的专业价值，通过专业教育和专业培训可以内化为专业人员的专业素质；物业管理的专业价值，通过客户认可和客户忠诚可以外化为服务市场的专业优势。

　　物业管理行业的快速发展掩盖了许多深层次的问题，行业的专业地位和价值评判便是其中之一。在全社会转变经济发展方式的大潮之下，面对企业数量不断增长和平均利润率不断下降的行业生存环境，物业管理行业同样需要调整产业结构，转变经济增长模式，探索专业化的发展道路，而挖掘和提升物业管理的专业价值，正是创新物业管理商业模式、重塑物业管理竞争优势的奠基之举。

物业管理的商业模式

2012年

> 二十一世纪企业之间的竞争，不是产品的竞争，而是商业模式的竞争。
>
> ——彼德·德鲁克

商业模式的英文名称为Business Model，最初起源于20世纪60年代的美国。商业模式有广义和狭义之分，狭义的商业模式又称为盈利模式，广义的商业模式是指支持企业盈利模式的客户需求、产品价值、运营结构、合作伙伴以及关系资产等一系列商业要素的集成。无论如何定义，笔者以为，**从现象上看，商业模式是企业"卖什么"、"怎么卖"和"挣多少"的问题；从本质上看，商业模式是企业如何为客户创造价值以实现自身价值的问题。**

综合考量商业模式的现象和本质，结合物业管理行业的自身特点，本文做出如下界定：**物业管理的商业模式，是指物业服务企业运用专业能力，通过特定的业务流程，提供满足客户特定需求的物业服务产品，藉此获得其赖以生存和发展的价值回报的经营范式。商业模式是企业创造价值的核心逻辑，是"企业战略的战略"，它事关行业发展战略的定位、方向、原则和目标，这都决定了我们必须站在行业发展战略的高度来探讨物业管理的商业模式问题。**

在物权法明确规定了区分所有建筑物的三种管理形式，使得既有的市场化物业管理的制度优势不复存在的前提下；在物业服务企业的同质化竞争日趋激烈，使得物业管理行业的平均利润率不断下降的情况下；在初级简单服务提供者的行业定位日渐成为共识，使得物业管理行业的社会评价不尽人意的背景下，物业管理行业有必要重新审视现行的商业模式，认真探索成功商业模式的内在规律，并在充分挖掘物业管理专业价值的基础上，理性地设计和创新未来的商业模式，进而制定出科学务实的行业发展战略。

现有商业模式的剖析

虽然我国目前几万家物业服务企业的自身定位、市场规模、产品类型、运营体系和经济效益千差万别，但是从盈利模式的角度，大体可以将现有的物业服务企业的商业模式概括为三种类型。

模式一：物业服务提供商

物业服务提供商，又称基础服务模式，是目前占绝对优势地位的主流商业模式。其特征是，物业服务企业通过向业主及使用人提供物业管理区域内的保洁、绿化、秩序维护和房屋维修养护等综合性的基础服务，来获取物业服务费的收入。其实质是，物业服务企业直接向业主出售准公共性的物业服务产品。

物业服务提供商对应的收费模式为包干制（虽然也有少数企业名义上采用酬金制模式，但实践中依然采用包干制的费用核算方法），适用的客户类型多为缺乏专业素养的分散产权业主。该模式的优点是易于操作，简单便捷，有利于物业服务企业强化成本意识，提高内控水平；缺点是交易透明度不够，容易导致交易信息不对称，企业难以取得客户的信任，在收费率偏低的情况下，容易导致亏损，企业的经营风险较大。

模式二：物业顾问服务商

物业顾问服务商，又称不动产顾问服务模式，通常是具备丰富的不动产投资、开发、经营和管理经验的物业服务企业采用的商业模式，典型代表是成都嘉宝和国际"五大行"。其特征是，物业服务企业利用掌握的专业知识和专业技能开展顾问服务，通过向上游的开发企业提供投资咨询、前期策划和销售代理服务，向中游的物业服务企业提供管理方案设计、管理人员培训和管理现场指导服务，向下游的业主提供租务管理、投资建议和不动产理财服务，来获得物业顾问费用或佣金收入。其实质是，物业服务企业向客户出售专业化的房地产咨询和服务产品。

物业顾问服务商模式适用的客户类型主要有三种：高端产品的开发企业、缺乏经验的物业服务企业和投资型物业的业主。该模式的优点是资本投入少，企业收入稳定，经营风险低，专业形象好，房地产上中下游产业链的打通，有利于信息的利用和资源的整合；缺点是收入相对公开透明，企业利润难以快速增长，客户对企业的专业素质和品牌效应要求较高。

模式三：物业资源开发商

物业资源开发商，又称为多种经营模式，通常是具有地产开发背景且具备丰富的物业衍生资源的物业服务企业采用的商业模式，典型代表是浙江绿城和上海仁恒。其特征是，物业服务企业利用其管理的物业资源和客户资源开展多种经营，通过搭建物业平台的方式，直接向客户提供家居生活服务或者间接促成商家与客户之间的交易，来获得物业服务费用以外的收入。其实质是，物业服务企业开发物业资源边际效益的多元化经营。

物业资源开发商模式的商业逻辑是：物业服务企业的关注重心从业主的物业服务需求本身转向基于物业服务平台衍生的多元化需求。由于物业的不可移动性和物业服务的自然垄断性，决定了基于物业服务形成的消费平台的相对垄断性。相对于众多消费品的商家来说，物业服务企业的优势在于能够利用最为接近终端客户的地域优势，最为准确地为商家提供消费者的需求信息，最大限度地为商家降低服务成本，因此自然便于其利用与业主形成的物业服务关系搭建具有相对垄断地位的消费平台，最为便捷地促成商家与业主之间的交易撮合，并从中获得自身的商业利润。"物业搭台、商家唱戏、业主捧场"，当前一些企业试水的物业服务电子商务，正是运用最新网络信息技术探索平台收费商业模式的实践。

物业资源开发商模式适用的客户类型，多为具有经营价值的高端物业业主。该模式的优点是能够充分利用企业掌握的物业资源优势，实现经济效益的最大化，有利于物业服务企业增加收入，分散主业的经营风险；缺点是对物业资源的配置和经营人才的素质要求较高，多元经营考验企业的综合能力，容易稀释有限的管理资源并可能影响基础服务的品质。

虽然前面列举了三种商业模式，但无论是物业资源开发商模式，还是物业顾问服务商模式，都仅仅是少数物业服务企业的探索和实践。由于受到物业资源和企业能力的双重制约，我国当前绝大多数物业服务企业的角色定位仍然是物业服务提供商。物业服务提供商之所以成为主流商业模式，自有历史的必然性，其形成原因可以归结于以下几个方面：

一是将物业功能局限为生活资料（消费资料）的产品定性。无论是物业管理的最初发源，还是政府部门的政策导向，都是以居住物业为起点和重心的，现代物业的生产资料和投资产品的属性未被充分认识和挖掘，自然无法为物业管理的多层次和全方位发展注入更加丰富的内涵。

二是将物业管理局限为开发产品售后服务的传统定位。在物业管理的起步阶段，无论是作为前期物业服务合同甲方的建设单位还是乙方的物业服务企业，都不约而同地将物业管理定位为不动产产品的售后服务（延伸服务），以服务于地产销售和开发品牌为起点和归宿的价值追求，必然因为地产商短期的功利计算而忽视了业主的长期需求和长远利益。

三是作为市场买方的业主团体发育的不成熟。在基于区分所有建筑物形成的共同利益未能受到业主的普遍重视，在基于专业判断形成的酬金制模式无法得到业主专业素养的有力支撑的情况下，以包干制收费为特征的物业服务直销模式，是最为简单便捷的选择。

四是作为市场要素的专业队伍发展的不成熟。由于清洁、绿化、秩序维护和工程维修等专业分包市场同样处于起步阶段，由于当前专项服务的分包并不能有效地提高物业服务的品质和降低物业服务的成本，减少监管环节和交易成本的物业服务直销模式，是最为高效节约的选择。

五是政府公共服务提供的不足，造成了物业服务边界不清和物业服务范围扩大。现行的房地产综合开发模式，在要求建设单位承担开发区域内所有公共设施的建设任务的同时，也将物业管理区域的公共设施的维修养护责任转移给业主，接受业主委托的物业服务企业只能被动地接受政府预设的物业服务边界和内容，无条件地一揽子提供小区红线（围墙）内的兜底服务。

六是廉价劳动力供给的过剩，为企业直接开展各种物业服务提供了劳动要素的保障。在改革开放后相当长的时期里，农村和城市大量的剩余劳动力，源源不断地为企业提供了充足的一线操作人员，较低的薪酬水平有利于企业最大限度地控制物业服务成本。

我们应当清醒地认识到，物业服务提供商是物业管理的初级商业模式，明显存在着行业发展早期阶段固有的简单和粗放的特征，主要表现为：一是专业化程度低，准入门槛低，产业集中度低，可替代性强，无法形成行业规模效应；二是同质化程度高，容易形成恶性竞争，导致行业附加值降低和定价权丧失；三是交易透明度低，难以取得公信力，服务个性化不够，难以取得高满意度，在业主共同权利意识不断增强的趋势下，业主监督能力的逐步提高，必然导致企业市场压力不断增大；四是劳动力密集度高，技术含量低，在劳动法规不断完善和"人口红利"不断下降的趋势下，劳动力成本的刚性增长必然导致经营风险的日益加大。在新的法律环境和市场环境下，随着物权法确立的区分所有建筑物的三种管理模式普遍为人们所接受，随着物业服务下游产业专业化程度的提升，如果物业服务行业依然固守现有的物业服务提供商模式，可能面临来自两方面的潜在风险：一方面的风险来自客户，越来越多的业主可能选择自行管理以降低物业服务水平；另一方面的风险来自供应商，越来越专业的供应商可能越俎代庖直接向客户提供专项服务。

我们还应当清醒地认识到，即使是少数先锋企业开始尝试的物业顾问服务商模式和物业资源开发模式，在方向性和普及性上的局限也是显而易见的。从物业顾问服务商模式看，目前物业顾问服务的主要客户是房地产开发企业，大量的小业主尚未成为顾问服务的对象，开发商聘用物业顾问更多地从物业营销策略的角度出发，过于注重物业顾问的品牌效应和宣传效果，普遍忽视物业顾问的专业价值，这种偏差的价值取向，使得可能提供不动产顾问服务的仅局限于两类物业服务企业，即具有外资（港资）背景的品牌企业和具有关联关系的下属企业，绝大多数市场化的内地企业与物业顾问业务无缘。从物业资源开发商模式看，目前仅在具有物业资源平台优势的少数企业得以采用，平台优势主要指拥有雄厚的开发背景或者高端消费能力的客户，对于大多数从事普通居住物业管理的企业来说，并不具备搭建优质物业资源平台的客观条件。

正因为如此，对于近几年一些企业因生存困境而大力提倡并积极践行的以多种经营为特色的增值服务模式，同样要一分为二地看待。一方面，我们应当充分认识物业服务提供商模式的初级性和阶段性，反对固步自封、不思进取地固守现有的商业模式；另一方面，我们应当理性评估物业资源开发商和物业顾问服务商模式的普适性和局限性，反对舍本逐末、不切实际地扩大物业服务的边界。笔者认为，无论何种经营和增值服务，都必须建立在优质的基础服务之上，都必须建立在物业服务主业自身良性循环的基础之上，都不能淡化和抹杀物业管理的专业性和独特性。否则，面面俱到和无所不能的另一面，便是物业管理行业核心竞争力的丧失。

成功商业模式的共性

虽然不同行业的商业模式各不相同，即使是同一行业，不同企业之间的商业模式也各有特点，但是如果透过不同商业模式的表象，深入探究其内在肌理和普遍规律，笔者认为，科学的商业模式应当实现三个统一，即：客户价值、企业能力和盈利方式的有机统一，客户需求和企业目标的有机统一，经营风险和企业收益的有机统一。在此基础上，对以往商业模式进行全面的考察和梳理，不难发现，成功的商业模式一般具备七个基本要素。

一、客户定位的精准

每一个成功的商业模式，都源自于对目标客户的精准定位。不同行业的目标客户是不同的，同一行业的不同企业的目标客户也不尽相同。在专业分工日益精细的今天，客户细分是一种必然的趋势。物业管理行业的客户群体可以涉及所有的不动产业主，可以是单一业主，也可以是多业主，可以是高端物业的业主，也可以是普通物业的业主，但具体到某一个企业，其目标客户应当是清晰明确的。物业服务企业在选择目标客户时，应当综合考量企业背景、市场现状、专业优势、经营风险和发展战略等综合因素，切实做到扬长避短、唯精唯专，切不可眼高手低、贪大求全。

二、核心需求的满足

任何商业模式的构建和创新，都离不开对客户需求的识别和满足。客户需求往往是全方位和多层次的，任何一个企业试图满足客户的所有需求都是不现实的。成功的商业模式，要求企业能够把握目标客户的核心需求，这种核心需求往往是隐性的，或是客户无法公开表明的需求，或是客户无法清晰表达的需求，或是竞争对手尚未发现的需求。准确识别客户的核心需求，企业必须具备敏锐捕捉和科学加工市场信息的能力。成功的商业模式，要求企业能够将目标客户的核心需求翻译成特殊的产品属性，企业所提供的特殊属性的产品不仅能够满足客户的核心需求，甚至能够超越客户以往的消费体验，进而引导并长时间保持客户的购买习惯。

三、持续收入的增长

作为商事主体，企业之所以在客观上满足目标客户的核心需求并实现客户的核心价值，是因为其具有自身商业价值最大化的主观动机。对于企业来讲，发展是硬道理，发展的基本标志是收入的增长，因此，成功的商业模式，必定能够给行业或企业带来收入的革命性增长。一种能够带来倍增收入的新的商业模式，与旧的商业模式相比，通常是在增加客户数量、增加客户购买量或者提高产品价格等三个要件上取得了重大突破。换句话说，收入的增长一定是客户量、购买量或者产品价格增长的结果。同时，以收入增长为标志的商业模式，还必须具备可持续性，仅仅带来偶然或短时间的收入增长的商业模式，不能称其为成功。

四、经营成本的降低

在经营收入不变的情况下，商业模式的创新，如果能够带来经营成本的革命性降低，同样意味着成功地增加了行业或者企业的经营利润。将最新科技成果运用于产品生产或者服务提供的过程中，是大幅度降低劳动成本的有效方式。降低成本的另一种方式，是让客户参与生产产品和提供服务的过程，这种方式不仅能够减少信息的不对称，增加企业和客户的互信，而且有利于通过良性互动减少企业的经营成本。成功的商业模式，一定有利于行业或者企业革命性地降低其主流产品的核心成本；成功的商业模式，一定是在创造性降低成本的同时，不以牺牲客户满意度为代价。

五、自我复制的能力

商业模式之所以称为模式，是因为这种商业运作的标准形式是可以复制的。无论是通过做大企业外部边界增加营业收入的措施，还是通过做小企业内部成本降低经营支出的手段，如果不能自我复制，都不具备借鉴和推广的价值。成功的商业模式，主要通过标准化实现自我复制，从而降低对人才的依赖程度和经营的复杂程度，自动化和信息化是其中最为有效的方法。成功的商业模式，其自我复制并非大规模的同质化，而是大规模的个性化，大规模保证了低成本，个性化实现了客户满意。企业的低成本和客户的高满意相协调，企业内部运作的标准化和外部客户体验的个性化相结合，有利于企业从根本上突破成长瓶颈，实现跨越式发展。

六、核心资源的掌控

如果说自我复制能力是企业突破扩张局限的有效方法的话，那么掌控核心资源则是形成他人不可复制的竞争能力的有力手段。核心资源可能是一种独特的能力，可能是一个专业的团队，可能是一种高新技术，可能是一种稀缺原料，也可能是一种销售渠道。一个企业掌控了行业的核心资源，就有能力提高竞争的门槛，自然取得了定价话语权，从而为实现持续的高额利润奠定坚实基础。成功的商业模式，其竞争优势的制高点是，通过控制核心资源进而形成行业的价值链控制力。

七、价值链条的整合

商业模式的最高境界是，企业向上控制上游的产品生产者（原料或者服务提供者），向下控制终端消费者，共同形成一个完整的商业生态系统。成功的商业模式，通过系统性价值链的整合，形成整体效率最高、整体利益最大、整体成本最小、整体风险最低的盈利方式。成功的商业模式，通过比客户更了解供应商的能力和比供应商更了解客户的需求的信息优势，可实现采购成本最小化和销售收入最大化的商业目标。成功的商业模式，通过在价值链成员中合理而富有创造性地分享利润和分担风险，最大限度促进价值链成员的优势互补和自身的良性循环。

物业管理行业的个性

成功商业模式固然有其共同的特征和普适的规律，但绝不意味着不同行业不同企业只要照搬照抄便可一劳永逸，更不代表着商业模式的成功是千篇一律的简单重复。实际上，任何商业模式的构建和创新，如果离开了具体行业甚至具体企业个性的把握和挖掘，都无异于照猫画虎或是削足适履，是注定不可能成功的。

对于物业管理行业而言，在遵循成功商业模式的普适价值的同时，设计商业模式还应当根植于行业本身的特殊性——行业的专业价值。由物业设施管理、物业资产管理、客户关系管理和客户行为管理组成的四大专业价值，是物业管理行业的核心资源和竞争能力，是构建物业管理商业模式的基石。除此以外，分析物业管理商业模式的构成要素，应当把握六个方面的基本特征。

一、目标客户的长期性和互动性

一方面，尽管以服务阶段划分，物业服务的客户可以分为前期物业管理阶段的建设单位和日常物业管理阶段的业主团体，以服务层次划分，物业服务的客户可以分为合约客户和终端客户，但由于物业管理服务的持续性和物业服务合同的长效性，由于解聘物业服务企业必须符合物权法规定的表决规则，高昂的解约成本使得客户不可能像选择日用消费品那样更换物业服务企业。对于大多数物业服务企业来说，物业服务合同的稳定性，使得其目标客户的合约期限有可能等同于物业本体的生命周期。另一方面，随着物业管理意识的增强，许多业主由被动接受物业服务转向主动参与，角色定位由"消费者"转变为"体验者"，服务质量不仅取决于物业服务企业的品质，同样受到业主素质的制约，在这种情况下，产生以企业和客户互动合作、共同创造物业管理价值为特征的商业模式成为可能。

二、核心需求的多样性和递进性

物业类型的不同和价值取向的差异，决定了客户核心需求的多样性。普通小区的业主要求方便和实惠，高端物业的业主追求享受和尊重；建设单位重视物业管理的品牌营销，而不动产持有者更关注物业的保值增值。不仅如此，从满足居民的消费需求和实现物业的使用功能，到满足业主的投资需求和实现物业的增值功能，再到满足主业的保障需求和实现物业的生产功能，客户的核心需求是由表及里、由浅入深地逐渐递进的。进一步研究我们还会发现，核心需求的多样性，不仅表现在不同的客户群体之间，即使是同一客户群体，也可能同时拥有多种需求。除此以外，不同层次的需求并非完全割裂，对于客户而言，需求的递进性并不意味着替代性，高层次需求和低层次需求是可以兼容并存的。因此，物业服务企业设计未来的商业模式，必须具备全方位、多视角识别客户需求的能力。

三、经营收益的稳定性和安全性

与其他行业相比，物业管理基础服务的需求数量与不动产存量关系密切，在短时期内，物业服务企业无法通过快速增加服务供给实现收入的跨越式增长。但是，由于物业管理行业受经济周期和自然资源等外在因素的影响较小，物业服务不存在锐减和中断的问题。而且伴随着房地产业的发展，物业管理行业还具有自然增长的特性，加上服务价格波动较小，物业管理行业经营收益的稳定性较好。与制造业相比，物业服务具有即时性，没有一个等待购买的准备期，在酬金制收费模式下，物业服务企业占有先行取得酬金的优势，企业经营的需求压力和成本压力较小，这都大大降低了企业的经营风险，最大限度地增强了行业的安全性。

四、成本支出的透明性和高效性

一般性行业的生产成本是由土地、资金和劳动三大要素构成，物业管理不需要投入土地和较大的资金，基本上属于"零地租、零库存"的"轻资产"行业，其最大支出是劳动力成本（目前一般占企业总成本的50%~70%），低成本投入的"轻资产"行业特征，对企业进行商业模式的转换较为便利，所谓"船小好调头"说的就是这个道理。人力成本的主导地位，在国际通行的酬金制收费模式下，公开账目的行业规则，使得物业服务企业成本支出日益透明成为必然的趋势。在正视人力成本刚性增长的同时，我们还应当关注非人力成本控制的高效性，这种高效性主要体现在两个成本优势上：一是通过大批量的原材料团体采购形成的采购成本优势，二是通过流程管理提高效率或采用标准化设计提升质量而形成的服务成本优势。

五、服务产品的准公共性和差异性

物业服务产品的准公共性，使得以物业设施管理为标志的物业基础服务成为所有物业服务企业的核心产品。虽然基础服务的自我复制能力有利于物业服务企业的规模扩张，却难以阻止其他竞争对手的模仿复制，大规模的同质化自然导致恶性竞争，恶性竞争的结果不仅使得整个行业丧失了定价话语权，还造成了物业管理产业集中度过低的现状。物业服务产品的差异性，主要体现在服务企业的素质差异和服务对象的需求差异两个维度，其后果是：一方面，物业服务企业很难像生产有形产品那样通过模具或者流水线控制服务质量；另一方面，同一种服务产品无法保证具有不同需求的众多客户的同等满意。因此，如何提供差异化的准公共服务，对物业服务行业的市场分析能力和内部管理能力，提出了比其他行业更高的要求。

六、价值链条的系统性和优质性

作为房地产开发产业链的下游，物业管理行业向上可以延伸至房地产规划、设计、施工、销售各个环节；作为不动产消费（经营）产业链的开端，物业管理行业向下可以拓展至不动产咨询、代理投资以及保障服务各个领域。以物业管理行业为纽带，将不动产生产和消费两个阶段有机地联系在一起，形成完整系统的房地产价值链，是物业管理行业拥有的一个独特的商业价值。作为专项服务的采购商，物业服务企业比业主更了解专项服务市场；作为物业服务的供应商，物业服务企业比专项服务提供商更了解业主。以物业服务企业为核心，将专项服务有机集合成综合性物业服务，形成完整系统的物业服务价值链，是物业管理行业拥有的另一个独特的商业价值。必须强调的是，物业管理行业之所以有可能成为房地产价值链和物业服务价值链的整合者，关键在于物业管理服务依托于具有巨大商业价值的不动产，这些物业资产不仅给物业管理提供了基础服务的资源，而且由此搭建的物业平台，也为物业管理行业开拓了更加富有想象力的商业空间。

未来商业模式的构建

以物业服务提供商为主体的初级商业模式，在我国物业管理前30年的发展过程中功不可没，但我们不能因此过分高估其价值。反思现有商业模式的局限和弊端，总结成功商业模式的共性，分析物业管理行业的个性，目标无非是扬长避短，博采众长，推陈出新，面向未来。物业管理行业要实现后30年的持续进步，就必须着力于转变发展方式，调整产业机构，其核心内容离不开改进和创新现有的物业管理商业模式。

新时期商业模式的改进和创新，对于解决当前困扰物业管理行业生存和发展的现实难题，具有十分重要的现实意义。

一是有助于解决行业平均利润率不断下降的难题。在服务成本刚性增长和市场竞争日趋激烈的情况下，上调物业服务费存在着价格政策管控和买方主体认可两大障碍，物业服务行业与其沉溺于价格竞争的红海博弈，不如投身于商业模式变革的蓝海战略。商业模式的改进和创新，可以开辟更为广阔的利润空间，从而避免了行业内部低层次的恶性竞争。

二是有助于解决物业管理相关主体矛盾纠纷频发的难题。物业管理相关主体之间之所以矛盾纠纷错综复杂，是因为传统的商业模式，是建立在不动产售后服务的行业定位和部分政府公共服务职能的角色替代基础之上。商业模式的改进和创新，可以逐步厘清市场主体的权利义务边界，建立互信互利的商业合作关系，进一步提高客户满意程度。

三是有助于解决物业管理行业人才资源匮乏的难题。物业服务提供商是以劳动密集型为特征的粗放型商业模式，不利于高层次专业化人才的引进和培养，只有提供高端服务产品的集约型商业模式，才能为企业创造超额利润，为员工提供丰厚薪酬，以吸引和留住人才队伍。只有不断改进和创新商业模式，才能将物业服务企业塑造成学习型组织，进一步增强企业的人力资本和组织资本。

四是有助于解决物业管理行业社会公信低下的难题。一个行业的社会形象往往与其商业模式息息相关，人们对行业形象的认识往往依赖于对其商业模式的观察。长时间以来，物业管理行业的社会公信之所以屡遭质疑，其主流商业模式的专业水准偏低是主要原因。因此，以专业价值的提升为导向，改进和创新现有的商业模式，有利于专业形象的树立和社会公信的提高。改进物业管理的行业形象，应当从改进商业模式开始！

商业模式的设计，离不开对市场走向的理性预判。笔者以为，物业管理未来商业模式的规划和构建，只有以精准把握物业管理市场环境的变化趋势为前提和出发点，才能做到现实性和前瞻性的统一。概括地说，未来的商业模式，应当建立在对以下八个市场因素准确判断的基础之上：第一，业主团体日益成熟，公共权利意识的增强势必提升物业管理买方主体的缔约能力和竞价能力；第二，劳动成本刚性增长，以廉价劳动为核心生产要素的商业模式的竞争优势不复存在；第三，信息技术广泛应用，科技手段将起到降低人力成本支出和增加服务产品附加值的双重作用；第四，价格机制逐步完善，酬金制的普及，以公开透明物业服务费用的方式，促进交易公平并减少交易摩擦；第五，物业价值充分挖掘，物业的生产资料和投资产品属性，为物业服务拓展商业空间、提升商业价值搭建了广阔的平台；第六，专业分工日益细化，客户细分对物业服务企业的专业能力提出了更高的要求，"大而全"的企业发展模式面临挑战；第七，公共服务日趋健全，市政公用事业体制的改革和政府公共服务职能的增强，将有助于明确物业管理的责任边界，减轻物业服务企业的额外负担；第八，后勤改革大势所趋，以主辅分离为特征的后勤社会化改革，将为物业管理市场输送巨大的管理服务资源，将为专业化的物业服务企业提供难得的发展机遇。

尽管物业服务提供商模式存在诸多的天然缺陷，但是，物业管理初级阶段的社会经济条件和事物存在的惯性力量，决定了这种商业模式不会很快消亡。同样，物业资源开发商和物业顾问服务商模式，也将在今后一段时期得到进一步的发展和优化。除此以外，笔者认为，另外三种商业模式，可能代表着未来物业管理行业的发展方向。

模式四：物业服务集成商

物业服务集成商，又称物业服务总包模式，是目前发达国家和地区物业服务的主流商业模式。其特征是，物业服务企业通过前端策划服务（设计管理模式、制定管理方案、选择分包企业）、中端监管服务（监督服务过程、管控服务品质）和后端评判服务（汇总客户评价、沟通客户需求和评判分包企业）的方式，将各分包企业的专项服务集成为面向业主的综合性物业服务产品。其实质是，物业服务企业运用策划、协调、沟通和评价等专业能力，通过控制物业管理价值链前后两端的方式，协助业主购买专业化的物业管理服务。

物业服务集成商对应的收费模式为酬金制，适用的客户类型多为单一产权业主以及较为专业的业主团体。该模式的优点是，以服务成本作为定价基础，财务收支公开透明，减少交易双方的信息不对称，有利于消除服务买卖双方的误解和矛盾，对于物业服务企业来说，该模式有利于保证酬金收益和降低经营风险；缺点是，对交易双方的专业能力要求较高，业主监管物业服务企业的成本较高，对于物业服务企业来说，该模式下缺乏服务成本控制的内在动力，难以取得超额利润和实现快速增长。

物业服务集成商模式的商业逻辑是"管作分离"，而非"以管代作"。业界曾有人根据企业自有人员数量和管理面积的关系，对中国的物业服务提供商和美国的物业服务集成商进行了简单比较：以人均管理面积统计，美国企业为30000平方米，中国企业为3000平方米，进而得出中国物业服务企业的劳动生产率仅为美国的1/10的结论。实际上，这一推论的错误之处，在于忽视了一个基本事实：物业服务集成商模式下精简的操作型人员，是以身份转换为专项服务供应商员工的方式，继续存在于物业服务市场的。

物业服务集成商模式的推广和普及，从专业素质看，主要取决于企业整合和挖掘物业服务价值链条的能力，物业服务企业比客户更了解物业管理和比专项服务供应商更了解客户的专业优势，是其整合和把控价值链能力的核心；从外部条件看，主要依赖于专项服务市场的成熟和税收扶持政策的落实，只有清洁、绿化、维修和秩序维护等专业服务市场的充分发育，才能保证物业服务集成商模式比物业服务提供商模式更具性能价格的比较优势，只有酬金税费的确立以及增值税制的推广，才能保证物业服务集成商模式成为物业服务企业和业主的双赢选择。

模式五：物业资产运营商

物业资产运营商，又称物业资产管理模式，是伴随着物业从消费功能向投资功能扩展，从使用价值向交换价值提升而衍生的高级商业模式。其特征是，业主不仅将物业硬件的日常维修、养护和管理工作委托给物业服务企业，而且将资产属性的不动产的日常投资、经营和管理工作（如租务管理、物业招商、营销策划、销售代理和不动产融资等）委托给物业服务企业。其实质是，物业服务企业利用客户资源和专业技能，同时为业主提供传统物业管理和不动产投资理财两项服务，从而获取物业服务费用和资产管理佣金的双重收益。

物业资产运营商模式之所以代表物业管理行业的发展方向，是因为物业服务企业具有运营和管理物业资产的双重优势：一方面，物业服务企业掌握物业管理区域及其周边最为全面、及时的物业供求信息，同时在物业服务过程中容易与业主形成基本、可靠的商业信用关系，信息和信用的结合，有利于增进业主对物业服务企业的商业信任；另一方面，在物业服务合同基础上物业资产运营事务的再委托，不仅手续程序方便快捷，而且成本费用节约便宜，便捷与便宜的结合，有利于增加物业服务企业给业主带来的商业便利。商业信任和商业便利的双重优势，不仅能够满足业主商业价值最大化和财产风险最小化的双重动机，而且能够实现物业服务企业商业利润最大化和服务成本最小化的双重目标，最大限度地促成业主与物业服务企业的互利双赢。

物业资产运营商模式，其所特有的物业服务企业运用专业技能为客户创造物业资产价值的本质特征，决定了该模式的成功推广，必须满足三个约束条件：一是物业本身应当具有较高的商业价值。与以满足使用价值为主的普通居住物业不同，物业资产运营商模式主要面向具有较高利润回报的办公、商业、休闲娱乐等收益型物业；与以委托物业共有部分为主的基础服务模式不同，物业资产运营商模式通常包含物业专有部分以及建筑物的整体委托。二是物业服务企业应当具备较强的专业技能。与物业服务提供商相比，物业资产运营商模式要求物业服务企业不仅具备建筑物及其附属设施的维修、养护技能，而且应当具备市场研究、投资策划、资产评估、财务分析等物业经营管理的综合性的专业能力。三是物业服务企业应当具有较强的风险管控能力。与物业服务集成商模式旱涝保收的低收益不同，物业资产运营商模式较高的商业利润必然伴随着较高的商业风险，企业的资本运作能力和风险管控能力，不仅是业主进行商业决策时必须考察的信用基础，而且是物业服务企业成功运营物业资产的安全保证。

模式六： 物业保障服务商

物业保障服务商，又称物业后勤服务模式或者物业支援服务模式，是物业管理行业顺应后勤服务社会化改革趋势而诞生的一种混合商业模式。其特征是，物业服务企业不仅从事不动产管理业务，而且受托提供配餐、会务、接待、交通、物流等方面的后勤服务，以全方位满足客户非主流业务之外的多元化需求。其实质是，物业服务企业取代客户的后勤保障部门，以市场化的方式为客户的后勤保障需求提供全面解决方案，使客户高度关注其核心业务的开展和品牌价值的创造。

物业保障服务商模式适用的客户类型，主要是从事生产经营、商业服务以及公共服务的单位（公司）客户，该模式的生命力和代表性，源于它是物业服务企业和客户双赢的理性选择。从物业服务企业角度，市场竞争使其在提供不动产服务的同时，必须挖掘客户的相关需求并提供增值服务，而相关增值服务与不动产服务结合在一起时，可以实现资源的优化配置、成本的有效控制和客户信息的无障碍沟通。从客户角度，专业分工使其有必要将后勤保障支援事务从核心业务中剥离出来，由物业服务企业整合分散的后勤服务并形成统一的支援保障系统，有利于提高管理水平和劳动效率，改善工作环境和服务形象，提升服务质量和客户满意度，从而增强自身的核心竞争能力。

物业保障服务商模式的优点是，实现了物业服务价值链条的有机整合，全方位扩展了物业管理的商业空间，对客户多元需求的满足，有利于增强客户的忠诚度和认同度，稳固基于物业服务形成的商业合作关系，最大限度锁定商业目标，提高服务市场的占有率。缺点是，在专业分工日益精细的市场环境下，多元化是一种能力，物业服务企业涉足不动产服务之外的其他后勤保障业务，面临着相关专业服务商竞争的考验，在配套资源和专业能力储备不足的情况下，盲目仓促地尝试物业保障服务商模式，有可能陷入舍本逐末和顾此失彼的困境。与其他商业模式相比，物业保障服务商模式对企业的客户关系管理能力提出了更高的要求。一般商业模式下，物业服务企业只关注合约客户的需求和满意。物业保障服务商模式下，客户具有双层次甚至多层次的特点，可以区分为目标客户、终端客户、内部客户、外部客户、固定客户、流动客户等多种类型，物业服务企业不仅要让合约客户感到满意，而且要让合约客户的客户感到满意，这就要求物业服务企业根据目标对象的特征，制定并实施有针对性的客户关系战略和客户满意战略。

现阶段我国大部分的物业保障服务商仍属初级模式，与物业资源开发商模式有许多相似之处，物业服务企业主要通过包干收费和酬金收费两种方式取得经营收入。考察发达国家和地区的发展路径和成功经验，遵循社会化分工协作的内在规律，**物业保障服务商的高级模式应当是：物业服务企业转变传统的单纯受雇于客户的服务者角色定位，通过股权投资或者缔结战略同盟等方式，成为目标客户主营业务的投资者或者合作者。这种模式之下，物业服务企业与业主之间已经从服务和被服务的关系转变为"你中有我，我中有你"的利益共同体，物业保障服务与主营业务已经同生共长地融为一个品牌共同体；这种模式之下，物业服务行业突破了传统的固定酬金的盈利模式，实现了与客户共担风险共享收益的产业转型。**

分析上述六种商业模式，从收费方式的角度，可以分为包干制（物业服务提供商、物业资源开发商）、酬金制（物业服务集成商、物业顾问服务商）和分红制（物业资产运营商、物业保障服务商）；从盈利方式的角度，可以分为操作型（物业服务提供商）、管理型（物业服务集成商、物业资产运营商）、顾问型（物业顾问服务商）和综合型（物业资源开发商、物业保障服务商）；从专业分工的角度，可以分为专业化（物业服务提供商、物业服务集成商、物业顾问服务商）和多元化（物业资源开发商、物业资产经营商、物业保障服务商）；从企业规模的角度，可以分为小型化（物业服务集成商、物业顾问服务商、物业资产运营商）和大型化（物业服务提供商、物业资源开发商、物业保障服务商）。尽管包干制和操作型的商业模式目前仍占据主导地位，但以酬金制和分红制为主要收费方式的管理型、顾问型和综合型的商业模式将代表物业管理行业的发展方向；尽管多元化和大型化的商业模式象征着行业的实力和理想，但依然改变不了物业服务企业专业化和小型化的总体趋势。

物业服务企业的选择

商业模式是市场环境的产物。虽然物业管理的商业模式，可以按照传统和未来、初级和高级、粗放和集约等标准进行分类定性，但是物业管理市场环境的独特性，决定了现阶段我国物业管理商业模式的多样性。在较长时间里，各种商业模式都有其存在的合理性。一方面，我国幅员广阔，各地经济社会和房地产市场的发展极不平衡，不同类型的物业管理商业模式都有其赖以生存发展的土壤和气候；另一方面，所有商业模式的创新都是在原有基础上的改进，商业模式的转型并非一蹴而就，不仅需要政策法规、体制机制、资金人才等方面的支持保障，而且需要克服来自原有商业模式的惯性和阻力。

对于物业服务企业而言，永远没有最理想的商业模式，只有最合适的商业模式。最合适的商业模式，一定是基于对内外相关因素做出综合考量之后的最切合实际的选项。在进行商业模式选择时，物业服务企业应当综合考量六个关键要素。

一、**企业定位**。物业服务企业自身是否定位为独立缔约和竞价的市场主体，很大程度上取决于其与开发企业的关系。与纯市场化的企业相比，作为开发企业配套或下属的物业服务企业，其改进和创新商业模式的动力相对不足。同为地产开发背景下的物业服务企业，又可能基于内部分工型、保障服务型、品牌助推型和利润追逐型的四种不同企业定位，而做出不同的商业模式选择。

二、**发展战略**。实施专业化战略的物业服务企业，可能趋向于选择物业服务提供商、物业服务集成商、物业顾问服务商模式；实施多元化战略的物业服务企业，可能趋向于选择物业资产运营商、物业资源开发商和物业保障服务商模式。物业服务企业关注短期战略时，应当着手于维持原有的商业模式；实施中期战略时，应当着力于改进商业模式；规划长期战略时，应当着眼于创新商业模式。

三、物业类型。 对于居住物业，适合于选择物业服务提供商和物业资源开发商模式；对于公共物业，适合于选择物业服务集成商和物业顾问服务商模式；对于消费型或自用型物业，适合于选择物业服务提供商和物业服务集成商模式；对于经营型和投资型物业，适合于选择物业资产运营商和物业保障服务商模式。

四、人力资源。 拥有较大操作型员工队伍的企业，可以选择物业服务提供商和物业资源开发商模式；拥有较强管理型人才队伍的企业，可以选择物业服务集成商和物业顾问服务商模式；拥有较强专业型人才队伍的企业，可以选择物业顾问服务商模式；拥有较大复合型人才队伍的企业，可以选择物业保障服务商模式。

五、产业链条。 如果产业链条仅局限物业管理领域本身，物业服务企业商业模式的选择，可能受限于物业服务提供商和物业服务集成商。如果打通不动产产业链条，向上延伸到不动产生产和流通领域，向下延伸到不动产消费和投资领域，物业服务企业就有条件拓展物业顾问服务商和物业资产运营商模式。如果打通其他相关产业链条，个体客户端对接居民消费领域，单位客户端对接后勤保障领域，物业服务企业就有条件拓展物业资源开发商和物业保障服务商模式。

六、政策环境。 在政策主导型的物业管理市场监管体制下，物业服务企业商业模式的选择还受到政策环境的制约和影响。在缺乏与酬金制收费相配套的税收政策的情况下，物业服务企业选择物业服务集成商模式时，无法通过降低税负达到控制成本的目的。在相关行业的行政管制较为严格的情况下，物业服务企业拓展物业顾问服务商、物业资产运营商和物业保障服务商模式时，必须打破相关行业的行政壁垒。

物业服务企业在选择、复制、改进或者创新商业模式时，还应当妥善处理好四个关系：

一是处理好标准化和个性化的关系。物业服务产品的准公共性和成功商业模式的可复制性，都要求企业提供标准化服务。客户细分的独特性和不同客户需求的不可复制性，又要求企业通过差异的价值定位和精确的运营流程，为不同的客户提供个性化产品。标准化促成了低成本和大规模，个性化实现了差别优势和客户满意，两者有机结合形成的标准化定制模式，实现了企业低成本和客户高满意的平衡互补和协调发展，是趋于完美的商业模式。

二是处理好专业化和多元化的关系。专业化是物业管理的本质特征之一，是物业管理行业的立身之本，是满足客户需求的核心资源，是物业服务企业做强的基础，没有专业化的多元化是无源之水、无本之木。多元化是物业管理行业发展壮大的必经之路，是满足企业扩张冲动和拓展企业外部边界的必然选择，是物业服务企业做大的方向，多元化能够为专业化提供强大的物质和客户保证。对于大多数企业来说，坚持专业化是明智之举，对于少数先锋企业来说，在保持核心业务专业优势前提下，通过整合产业价值链条以及建立战略合作联盟等方式，探索多元化的商业模式，不失为发展良策。

三是处理好盈利模式和管理模式的关系。任何商业模式都不能离开企业本体而独立运行，不同行业的企业特点各不相同，但其作为生产或者服务的组织管理者的角色并无区别。企业筹集生产（服务）资本、组织生产（服务）要素、管理生产（服务）过程和评价生产（服务）成果的功能，是商业模式良性运行的组织基础。任何盈利模式发挥作用，都有赖于现代管理工具的有效运用，先进的盈利模式必须辅之以先进的管理模式，物业管理行业亦是如此。物业服务企业首先应当是优秀的企业，其次才是优秀的物业服务企业。物业服务盈利模式的创新，必须有包括资本、技术、劳动和流程等要素在内的管理模式的创新与之匹配，才能真正实现内部管理与外部服务的有机统一。

四是处理好价格竞争与价值竞争的关系。在30年的发展历程中，物业管理市场竞争经历了从数量到质量、从产品到价格的不同阶段。当前，物业管理行业已经从"拓荒淘金"时代进入了"减法经营"时代，基于成本优势的价格竞争固然有利于提高管理水平，但也容易导致同业恶性竞争和市场秩序混乱。成本固然是商业模式选择的一个重要考量因素，但如果不能为最终客户创造价值，不能为主营业务增值提供保障，再低的成本也将转化为毫无意义的沉没成本。从价格竞争到价值竞争的转变，是物业服务企业选择、复制、改进和创新商业模式时应当预见到的一个基本趋势。

失败的商业模式可以有不同的原因，成功的商业模式都具有共同的特质。在物业管理商业模式的理论探讨和实践探索中，我们在切忌教条主义的同时，必须切记一个教条：

成功的商业模式，是客户需求和企业目标的有机统一，是盈利模式和管理模式的有机统一，是商业风险和经营收益的有机统一，是客户价值和企业价值的有机统一。

物业管理的价格机制

2011年

物业管理的本质是市场化。与其他商品市场一样，物业管理市场是由供求、价格、竞争三个要素共同构成的一个相互联系、相互作用和相互制约的有机体系，与供求、价格、竞争三要素相对应，物业管理市场机制包括了供求机制、价格机制和竞争机制。其中，价格机制通过显示价格信号，调节市场的供求关系，合理配置生产要素资源，在物业管理市场机制中处于核心地位。因此，物业管理的价格机制问题，是研究物业管理市场机制的最佳切入点。

物业管理市场价格的乱象

一个良性运行的商品市场，其价格机制应当显现出以下三个基本特点：一是商品价格基本反映了商品价值。价格由生产经营的社会平均成本、法定税费加上合理的商业利润构成，低于生产成本或者包含超额暴利的价格，仅为个别的非常态的市场现象。二是商品价格基本反映了供求关系。价格起到协调和平衡供求关系的作用，较高的价格趋于抑制消费者购买，同时刺激生产；较低的价格则鼓励消费，同时抑制生产，价格是显示供求关系的重要信号。三是商品价格基本反映了买卖双方意愿。虽然面对同一商品或者服务，买卖双方的价格诉求存在差异，但最终成交的商品价格是双方竞价博弈后形成的共同决定，是双方一致认可的价格共识。反观物业管理市场，如果以上述三个标准作为衡量和评价的参照坐标，其价格机制距离良性运行状态可谓相差甚远，概括地说，当前物业管理的市场价格呈现出三大乱象。

乱象之一：多数普通居住物业的服务价格无法反映服务的真实价值

十年来，各地最低工资标准以每年10%的增幅提高，全国消费品价格指数以每年3%~5%的比例上升，水、电、油、气等资源能源价格逐年上调，生产要素价格的上涨推动了物业服务成本的逐年递增，而绝大多数普通居住物业的物业服务收费标准并无上调。服务成本刚性增长和服务价格缺乏弹性的双重挤压，不仅吞噬了物业服务企业本已微薄的利润空间，甚至出现收费标准低于服务成本的倒挂现象。物业服务价格的长期停滞与房地产价格的飞速上扬形成了鲜明的对比，同样是价格偏离价值，物业服务业与房地产业的偏离方向却是南辕北辙。

乱象之二：物业服务价格无法反映市场供求关系的变化

一方面，虽然大多数普通居住物业和政策性住房的物业收费标准明显偏低，但并没有起到抑制低端物业服务市场供给的作用。中国物业管理协会"物业管理行业生存状况调查报告"显示，1994—2004年十年间物业服务企业以每年133%的速度猛增，2004年以后，虽然增速有所放缓，但物业服务企业的数量仍呈逐年递增的趋势，到2008年，全国物业服务企业的总数已超过58000家，长期的价格停滞（实际上是变相降价）并没有影响人们投资物业管理行业的热情，低端物业服务过度供应已是不争事实。另一方面，虽然人们对高端物业服务的需求不断增长，虽然目前能够供应高品质的优质服务的品牌企业依然是凤毛麟角，但价格对高端物业服务供求关系的反应并不敏感，近几年，高端物业服务的市场价格呈现停滞甚至下降趋势，并未能够与服务成本和品牌价值实现同步增长。

乱象之三：物业服务价格无法反映买卖双方的交易共识

从大多数从事普通居住物业管理的企业（卖方）的角度，普遍认为在成本激增的情况下，按照原有的物业服务收费标准经营已经无利可图甚至亏本，为了实现应有的价值补偿以维持生存，除了部分企业可以依靠开发商的补贴以外，其余的只能从降低服务成本（通常的代价是降低物业服务品质）和增加物业管理以外的收入（通常的做法是经营物业共有部分）两方面入手，如此势必引发业主的不满和客户关系的恶化。从大多数普通业主（买方）的角度，普遍认为在业主缺乏竞价能力的情况下，由建设单位或者物业服务企业拟定物业收费标准的行业惯例，存在着过分追逐商业利益的道德风险，不利于业主利益的保护，在不认可物业服务价值和不了解物业服务成本构成的情况下，他们往往认为收费标准偏高，加上每个业主对物业服务内容理解的不同和客户满意程度的差异，许多业主趋向于怀疑收费标准的合理性。除了不顾价值规律一味地反对涨价以外，多数不满业主的习惯性做法就是拒交物业服务费，从而导致物业服务收费率的降低和企业经营状况的恶化。

价格机制调节功能的失灵

根据传统的经济学理论，在健全的市场机制中，价格机制与供求机制凭借竞争机制形成相互作用、相互制约的双向调节关系。价格机制通过价格的涨落调节商品供求的数量，促进社会资源的有效配置；供求机制通过供求数量的增减影响商品价格的水平，促进市场均衡价格的形成。从物业管理市场价格的三大乱象中，我们不难看出，以价格机制为核心的物业管理市场机制，在实际运行过程中存在着"市场失灵"的困境：一方面，物业服务价格的稳定性过强，市场无法通过价格的升降及时有效地调节供求关系；另一方面，物业服务价格的敏感性过弱，市场无法通过供求关系的变化及时有效地调节价格涨落。**无论是过强的稳定性还是过弱的敏感性，在物业管理市场中，价格作为市场信号的作用被大大地削弱了，物业管理"市场失灵"最直接的表象就是服务价格缺乏弹性，在这个意义上，物业管理"市场失灵"的本质特征是"价格失灵"。**

物业管理市场之所以出现"价格失灵"的现象，有其深层次的客观原因，为了便于研究，我们不妨以房地产行业为比较参照系，分别从市场的买方主体、产品的交易方式和价格的决定因素三个维度逐一进行分析。从市场的买方主体来看，房地产市场的买方主体为单个的不动产买受人，开发商与买受人之间是一对一的买卖关系，买卖双方意思表示一致就能迅速成交；而在建筑物区分所有的情况下，物业服务的买方是由全体业主构成的业主大会，相对于单个卖方的物业服务企业，代表众多业主的业主大会在进行包括服务价格调整在内的买方决策时，面临着表决程序复杂和协商成本高昂的难题，使得物业服务价格不可能像房地产价格那样依据供求关系的变化随时产生波动。从产品的交易方式来看，房地产交易是有形商品的一次性交易，买卖双方签约之后，卖方交付物业，买方支付价款，双方履约事项基本完成，合同目标基本得以实现；而物业管理是无形服务的持续性交易，物业服务合约的期限短则一年，多则三五年，买卖双方签约仅仅是履约行为的开始，签约时确定的服务价格在整个合约期内均受到保护，任何一方在合约期内擅自变动服务价格，都存在违反合约的法律风险。从价格的决定因素来看，房地产价格中的成本影响力较小，决定房地产价格的根本因素是供求状况，近几年房地产价格因为需求旺盛持续飙升便是明证；而物业服务价格具有成本决定性，无论采用包干制还是酬金制的收费模式，服务成本都是物业服务定价的基本依据，除房地产开发产生的增量房以外，物业服务的需求相对恒定，由于不存在房地产市场的开发周期问题，一旦市场上物业服务的需求增加，物业服务的供应跟进相对较快。服务价格的成本决定性和供求关系的相对恒定性，不仅有助于我们合理解释物业管理"价格失灵"的现象，而且有助于我们准确把握物业服务市场价格调控的政策走向。

在前期物业管理阶段，物业管理市场"价格失灵"现象与建设单位滥用前期物业服务费用初始定价权直接相关。在房地产市场竞争压力较大的情况下，建设单位为了营销的需要，常常不惜将低于服务成本的物业服务费作为卖点，吸引客户的目光以促成销售目标的实现。建设单位以向物业服务企业支付补贴为代价，维持前期物业管理活动，此举不仅助长了物业服务企业不正当竞争的风气，而且造成了业主低价优质的价格错觉，误导了消费者的价格判断，为日后物业服务企业与业主大会的价格分歧埋下了隐患。在房地产市场景气的情况下，物业服务费作为销售条件无足轻重，建设单位常常利用初始定价权尽可能抬高前期物业服务费的标准，此举在为与其关联的前期物业服务企业谋取利益的同时，也为日后物业服务企业与业主大会的竞价谈判创造了有利条件，但是过分高于服务成本的前期物业服务费用势必在市场比较中为业主所发觉，业主日后压低服务价格的诉求或者拒交服务费用的反弹在所难免。由此可见，建设单位在前期物业管理阶段对初始定价权的滥用，不仅人为扭曲了价格机制，导致市场无法通过供求机制发现真实价格，而且其预先设立的不符合价格规律的价格标本，误导了消费者，增加了日后物业服务企业与业主大会进行物业服务价格谈判的成本。

在日常管理服务阶段，物业管理市场"价格失灵"的现象持续存在，与物业服务企业利用信息不对称谋取商业利益的运营策略不无关系。在包干制收费模式之下，面对不断上涨的物业服务成本，考虑到提高物业服务收费标准的现实困难，大多数物业服务企业趋向于利用服务产品无形性的特点，选择人为压低成本的方式保证企业预期利益的实现，其结果必然造成服务数量的减少和服务品质的降低，并最终导致业主共同财产权益的贬损。在酬金制收费模式之下，无论基于固定酬金还是比例酬金的赢利方式，物业服务企业都缺乏控制服务成本的内在动力。采用固定酬金方式的物业服务企业，在酬金收益得到保证以后，往往倾向于将物业服务支出全部用完，以免由于物业服务支出的盈余可能导致日后预收物业服务资金的减少（即物业服务收费标准的下降）；采用比例酬金方式的物业服务企业，为了获取较高的服务酬金，往往倾向于人为提高服务成本，有的甚至采取较为隐蔽的内部市场化的方式，通过外包业务给关联的专项服务企业谋取双重商业利润。由此可见，物业服务企业出于自身商业利益的考量，被动应对服务价格缺乏弹性的难题，在一定程度上强化了物业服务市场的"价格失灵"，使得价格机制在调节物业服务的供求关系、实现物业服务的资源配置和促进市场主体的公平竞争中的核心支配作用无法得以实现。长此以往，不仅制约了物业服务市场的良性健康发展，也侵害了业主的共同财产权益。

现行价格管控政策的局限

补救物业管理市场的"价格失灵"，是政府运用行政手段干预物业服务价格的根本动因。考虑到现阶段我国物业管理市场仍处于初级发展阶段，业主与物业服务企业之间的自由竞价机制尚未形成，尤其是普通居住物业和政策性住房的物业管理涉及民生问题，长期生活在福利制住房体制下的民众对有偿物业服务的接受和适应需要一个过程，政府对物业管理的价格形成实施了必要的行政干预，在国家层面相继出台了《物业服务收费管理办法》、《物业服务成本监审办法》以及《物业服务收费明码标价规定》等一系列法规政策，其主要内容是通过政府指导价方式，对部分类型物业的管理服务价格实现监督和管理。应当肯定的是，这些政策的制定和实施，在一定程度上有助于解决物业服务定价过程中建设单位、物业服务企业和业主之间的信息不对称问题，对于维护业主利益、提高定价效率、减少价格争议，具有一定的积极意义。但是，由于对市场规律认识不足，对行业特征把握不够，加上监督观念的保守陈旧，导致现行价格管控政策存在着诸多的局限性，使其无法在培育和推动物业管理市场发展方面发挥应有作用。

价格管控政策缺乏对价值规律的遵循

我们注意到，对物业服务价格实行政府指导价的法律依据，是《价格法》第十八条的规定，在《物权法》出台和房屋私有化的大背景下，将基于房屋私有财产权产生的物业管理纳入"重要的公益性服务"实行政府指导价，其合理性已经存疑。即使如此，按照《价格法》第二十一条的规定，政府指导价的制定，应当综合考虑商品或者服务的社会平均成本、市场供求状况、国民经济和社会发展要求以及社会承受能力等四个要素，但是，各地在物业管理价格管控政策的制定过程中，往往忽略了社会平均成本、市场供求状况和经济发展水平变动的客观规律，更多地以社会承受能力作为定价依据，其结果是普通居住物业服务收费普遍偏低。在政策执行过程中，大多数地方政府价格主管部门未能做到定期公布物业服务基准价标准（有的长达十年），使得政府指导价变相蜕化成了政府定价，失去了"指导"的功能和价值，反过来为物业管理市场的"价格失灵"提供了政策庇护。

价格管控政策缺乏对经营者权益的尊重

物业管理价格政策，作为实现行政管理目标的手段，其价值取向应当是买卖双方权利的均衡和利益的互惠。过分考虑消费者经济利益的价格政策，必然导致对经营者权利的漠视，破坏交易的公平秩序，并影响市场的良性运转。以北京市为例，该市的物业服务收费政策明确规定，经济适用住房小区物业服务收费执行政府指导价，收费标准"不能上浮、下浮不限"，而且从2006年至今，物业服务收费基准价和电梯、水泵运行维护费指导价的标准未作任何调整，以社会平均服务成本为基础制定的政府指导价，不仅不考虑服务成本刚性增长的现实，而且附加以"只下不上"的约束条件，对作为经营者的物业服务企业是显失公平的。面对如此苛刻的价格管制，物业服务企业的应对途径只有两条：要么不择手段地压缩服务成本，其代价往往是降低服务品质，引发业主不满，破坏良好互信的客户关系；要么不顾体面地退出在管项目，其后果往往是小区秩序混乱，企业形象受损，影响和谐稳定的社区环境。

价格管控政策缺乏专业力量的支撑

物业管理价格政策的制定和实施是一项专业性很强的工作。在物业服务定价成本监审工作中，价格管理部门在核定物业服务政府指导价的成本时，除了要具备会计学的专业知识外，还必须掌握物业管理企业的财务制度，了解物业服务产品的基本特征，才能妥善处理好服务标准与服务成本的关系，才能有效解决经营者和监管者成本信息不对称的问题。在物业服务价格监督检查工作中，价格主管部门应当根据不同类型的收费模式采取不同的监管方法。对采用包干制收费的物业管理项目，应重点检查其服务品质与服务价格的对应性；对采用酬金制的物业服务项目，应重点检查物业服务支出的合理性和账目公开的透明度。实际操作中，由于权力本位观念的导向，价格主管部门未能充分发挥房地产主管部门及财政主管部门在物业服务价格监管中的作用，由于第三方物业服务价格评定机构的缺少，价格主管部门依靠自身力量开展数量庞大的价格监管工作，专业管控能力不足的问题日益凸现。

价格管控政策缺乏配套措施的跟进

物业管理价格管控是一个系统工程。在现行政策原则性规定的基础上，必须辅之以具体实用的配套文件，方能保证政策目标的有效落实。在政策执行过程中，酬金制收费模式遇到的问题最为典型。根据《物业服务收费管理办法》的规定，实行物业服务费用酬金制的，预收的物业服务资金包括物业服务支出和物业服务企业的酬金两部分，由于物业服务支出为所交纳的业主所有，属于代管性质，所以这部分费用不属于物业服务企业的收入，不应作为物业服务企业缴纳营业税的税基，但由于没有相关配套政策跟进，税务部门在执行税收政策时始终未将酬金制与包干制区别对待，企业合理避税和业主减轻负担的目标无法实现，酬金制收费政策的相关规定形同虚设。

物业管理价格机制的完善

物业硬件的迥异、人员素质的参差，服务内容的不同、服务深度的差异，似乎都表明物业服务价格应当由市场决定，而非政府所能干预，但这仅仅是理想状态下物业管理市场的假设。现实中，物业管理市场"价格失灵"的天然缺陷，物业服务产品"准公共性"的基本特征，政府调控事关民生商品和服务的路径依赖，以及物业管理买卖双方的力量失衡，都决定了现阶段物业管理市场的良性运行离不开政府监管作用的充分发挥。在总结物业管理市场乱象、剖析价格机制失灵原因和评估价格管控政策得失的基础上，以尊重市场和鼓励竞争为前提，我们在进行完善物业管理价格机制的战略规划时，应当遵循的基本思路是：以消费理念培养为先导，理性认识物业管理价值；以服务成本定价为基础，建立成本价格联动机制；以前期物业管理为重心，严格执行收费核准制度；以价格公开透明为手段，推行价格定期公示制度；以扶持激励政策为保障，实行最低价格保护政策。

以消费理念培养为先导，理性认识物业管理价值

当前我国的恩格尔系数依然较高，消费者趋向于将有限的收入用于支付能够给他们带来最大满足的衣食住行。由于人们更多地基于习惯而非理性来判断物业管理的效用，对物业管理价值的认识误区导致物业服务需求的弱偏好，与其他生活必需品相比，物业服务消费自然居于次要的地位。要改变业主物业服务需求动力不足的现状，首先必须修正人们对物业管理的认识偏差，引导人们从财产价值的层面理解物业管理，告诉人们良好的物业管理可以带来不动产投资收益的增加，从而在理性上接受合理的物业服务价格，逐步促进业主与物业服务企业价格共识的达成。

以服务成本定价为基础，建立成本价格联动机制

物业服务价格的成本决定性和物业服务需求的相对恒定性，决定了物业服务成本是物业服务定价的基本依据。以服务成本定价为基础，预示着推广酬金制收费模式，符合物业管理行业的本质特征和发展方向。从服务集成商的角度，物业服务企业最重要的功能是根据业主的需求组织物业服务的各种生产要素。由于没有固定资产、原料和存货等资金占用的压力，物业管理行业无须太多的资金投入，这种类似于按单定制的服务生产方式，经营风险相对较少，价值回报同样不能与高投入高风险的行业相比，以服务成本加酬金的定价模式也符合物业管理行业的国际惯例。以服务成本定价为基础，要求物业服务收费标准应当根据服务成本的变化及时做出调整，借鉴煤炭电力价格联动和原油汽油价格联动的做法，建立物业服务价格和服务成本联动机制，促使物业服务收费标准与劳动力成本和价格指数同步增长，还政府指导价以本来面目，以保证服务价格真实反映服务价值，真正实现物业管理市场的等价交换原则。

以前期物业管理为重心，严格执行收费核准制度

在前期物业管理阶段，由于业主共同利益代表者缺位和建设单位初始定价权的优势，作为物业服务买方的业主无法行使竞价权，政府的介入是平衡市场各方力量的最佳安排。为防止建设单位滥用初始定价权，主管部门应当加强对前期物业管理招投标活动的过程监管，从源头上解决开发商滥用定价权导致的价格失灵，对采取低价中标、高价签约的不正当竞争行为的物业服务企业实行市场准入限制，严格执行普通居住物业和政策性住房前期物业管理收费标准的核准（或备案）制度。物业管理市场价格监管的重心在于前期物业管理阶段，一旦业主大会成立和业主委员会产生后，无论从尊重业主的自主选择权，还是从培育业主团体的自由竞价能力出发，政府部门都应当妥善处理好契约自由和行政监管的关系。

以价格公开透明为手段，推行价格定期公示制度

业主和物业服务企业之所以在价格认同上存在较大的分歧，其主要原因在于，物业服务产品的无形性和不可储存性，使得业主很难以可感知的方式体验物业管理并认为物有所值。公开透明物业管理的价格信息，除了应当按照政策要求做到物业服务收费明码标价以外，对于包干制的物业管理项目，物业服务企业还应当公开与收费标准相对应的物业服务标准；对于酬金制的物业管理项目，物业服务企业还应当明示物业服务支出中的各项成本构成以及定期财务审计的结果。推行物业服务价格的定期公示制度，有助于业主进行服务价格的市场比较，消除价格信息的不对称，提高业主物业服务费用的竞价能力；推行物业服务价格的定期公示制度，有利于业主理解物业管理的真实价值，增强与物业服务企业的价格认同，减少价格认识的误解，降低价格冲突的风险。

以扶持激励政策为保障，实行最低价格保护政策

完善物业管理价格机制，应当实现传统的强制命令式的监管方式向现代的协助指导式的监管方式的转变，通过制定和实施一系列的价格扶持激励政策，为物业管理市场的良性运行提供保障。针对物业服务价格缺乏弹性的问题，在短期内提高物业服务收费标准难度较大的情况下，降低物业管理的税负有利于减轻企业和业主的负担，政策改革的方向是：在包干制收费模式下，解决外包服务支出重复征税的问题；在酬金制收费模式下，解决物业服务支出免交营业税的问题。针对保障性住房业主物业服务费用承受能力差的问题，将住房保障从流通环节推广到消费环节，对保障性住房实行物业服务费用补贴，既能减轻业主的物业服务费用负担，也能保证物业服务企业的正常运营。针对当前普通居住物业和政策性住房违背价格规律的保守的价格政策，实行物业服务费用的最低保护价政策，一方面，可以抑制低端物业服务的过度供应，限制低于服务成本价的不正当竞争；另一方面，可以保证中低收入群众基本的居住质量，防止大面积"弃管"现象的发生。

物业管理的市场监管

2010年

> 每个有效率并且讲人道的社会都会要求混合经济的两面——市场和政府的同时存在。如果没有市场或者没有政府，现代经济运作都会孤掌难鸣。
>
> —— 保罗·萨缪尔森

与私有产权制度和市场经济体制发育更为成熟的西方国家相比，我国物业管理走过的是一条迥然不同的道路，其中的一个重要特征就是：政府在我国物业管理发展进程中扮演着不可或缺的角色。在20世纪90年代中期至今的15年时间里，我们不仅建立了一套具有中国特色的物业管理政策法规体系，而且构建了一个覆盖国家、省（自治区、直辖市）、市、县四个层级的物业管理行政监管系统。笔者认为，在总结物业管理30年的发展和成就之际，各级从事物业管理行政监管工作的同仁，有必要从繁杂的日常工作中抽身，重新研讨物业管理市场监管的依据和目标，分析梳理我国物业管理市场监管的现状和问题，学习借鉴先进国家地区和其他行业的经验和做法，并为今后优化和完善我国物业管理市场监管体系探索新路。

一、物业管理市场行政监管的理论依据

（一）政府行政监管是补救物业管理市场失灵的需要

物业管理有别于传统房屋管理的本质特征是市场化，理想的物业管理市场应该是物业服务产品能够完全按照市场价格自愿地以货币形式进行等价交换，然而在物业管理市场的实际运作过程中，不可避免地存在以下三个方面的缺陷：

一是不完全竞争。 在前期物业管理阶段，由于业主共同利益代表者的天然

缺位以及物业服务企业的被选择地位，决定了建设单位作为初始业主在前期物业服务交易中的强势地位，具体表现为建设单位对前期物业服务企业的选择权和前期物业服务费用的定价权。在日常物业管理阶段，虽然法律赋予业主大会自由缔约和竞价的地位，但业主大会制度的完善和业主团体的成熟是一个漫长的过程，物业服务企业在物业管理市场中的卖方优势地位亦将长期存在。物业管理行业存在的不完全竞争，虽然难以达到垄断这种极端形式，却同样导致物业管理市场的不公平和低效率。

二是不完全信息。在前期物业管理阶段，由于建设单位与业主以及物业服务企业对物业产品本身的质量和性能等相关信息的掌握程度不同，在缺乏严格专业的物业承接查验程序的情况下，开发过程中的大量遗留问题可能转嫁给业主和物业服务企业，加重业主和物业服务企业的负担。在日常物业管理阶段，由于物业管理服务供需双方信息不对称，物业服务企业可能利用与业主在掌握物业服务专业信息的数量和深度上的不均衡，人为减少有效供给或降低服务成本，产生物业管理服务中质价不符的败德行为，进而导致物业管理市场无效率状态的出现。

三是外部性。良好物业管理所带来的楼宇外观的整洁美化和小区公共秩序的安全放心，不仅惠及物业管理区域内的业主，还给周围的居民乃至整个城市带来良好的环境效益和社会效益，产生物业管理的正外部性。不良物业管理不仅恶化物业管理区域内业主的居住和工作环境，降低物业本身的资产价值，而且会给相邻区域乃至整个城市造成不良的环境和社会影响，产生物业管理的负外部性。物业管理的外部性，使得物业管理市场之外的主体取得了收益或者增加了成本，容易引起物业管理市场资源配置的效率损失。

正是由于以上三个方面的原因，造成了价格机制在物业管理市场中不能有效率地配置资源的市场失灵，为了补救物业管理市场失灵带来的不公平和低效率，需要政府适度的行政干预和管制，以限制建设单位、物业服务企业滥用市场力量，矫正物业管理交易双方信息的不完全，激励物业管理活动的正外部性，弱化物业管理活动的负外部性。

（二）政府行政监管是维护社会公共利益的需要

经过近三十年的实践和发展，物业管理对我国社会经济的重大推动作用日益显现，突出体现在以下五个方面的综合性功能：一是改善人居工作环境。无论是作为生活资料的居住物业，还是作为生产资料的办公（商业）物业，良好的管理服务不仅有助于改善人们的居住环境和生活品质，而且有利于提高企业的工作效率和生产效能。二是维护社区和谐稳定。物业服务中的秩序维护管理，不仅促进了社区安定有序，而且减轻了政府治安管理的压力；物业管理服务中的社区文化建设，不仅丰富了居民文化生活，而且增进了业主的和睦与社区的和谐。三是提高城市管理水平。物业管理的外部性决定了物业管理水平对城市环境建设和城市管理水平的重大影响，物业管理是现代城市管理的重要组成部分，良好的物业管理有助于提升城市管理水平，降低城市管理的行政成本。四是解决城乡就业难题。劳动密集型的特征决定了物业管理行业是现阶段我国剩余劳动力的重要就业途径，伴随着房地产的快速增长和物业管理覆盖率的不断提高，物业管理行业对解决城乡就业难题将发挥更大的作用。五是推动国民经济增长。受经济周期波动影响较小的特征，决定了物业管理行业在稳定宏观经济中的天然优势，伴随着城镇化进程的加快和第三产业政策的助推，以及物业管理行业自身增长方式的转变和边际效益的挖掘，物业管理产值在国民经济中的比重将持续增长。

以上五个方面的重大作用，决定了政府不仅仅只是从市场经济的视角看待物业管理，而且应当站在社会公共利益的高度理解物业管理。作为社会公共利益的维护者，政府有必要适度介入物业管理市场，以最大限度地发挥其促进社会经济发展的功能。

（三）政府行政监管是推进房屋管理制度转型的需要

改革开放以来，我国社会进入全方位制度转型的时期，物业管理既是我国财产制度和经济制度转型的产物，也是我国财产制度和经济制度转型的推手。在财产制度的层面，以住房制度改革为起点，以《物权法》出台为标志，我国的房屋财产权私有制度已逐步建立起来。《物权法》对共有财产权和共同管理权的确认，明确了业主作为物业管理责任者和物业服务消费者的法律地位，伴随着由居民变为业主的身份转换，物业管理责任由国家承担逐步转变为个人承担成为必然；在经济制度的层面，从旧有的计划经济体制向现代的市场经济体制转轨的过程中，房屋维修养护活动也相应地由按照国家计划转为服从市场规则，从房屋管理向物业管理的转变，不仅意味着专门从事房屋管理服务的主体由事业单位转变为企业法人，而且表明了房屋管理活动由遵循不计成本的行政命令转变为等价交换的价值规律，更是标志着广大民众由无偿福利制的房屋管理观念转变为有偿市场化的物业管理理念。

无论是财产制度还是经济制度，上述所有的转变都不可能在旧制度中自发地内生，也不能由广大业主自觉地实践，只有借助政府的行政力量，才能有效地推动房屋管理向物业管理转变的进程。物业管理市场化的方向和目标是业主主导型的物业管理，但房屋从公有向私有的转化和经济从计划向市场的转轨——这一有别于西方自由市场经济国家的独特路径，决定了政府主导型的物业管理必然成为我国物业管理市场化进程中不可逾越的阶段。

综合以上三个方面的理由，运用现代政府基本职能的理论，我们可以将物业管理市场行政监管的现实目标，概括表述如下：提高经济效益、促进公平交易、稳定宏观经济、保障公共安全。

二、物业管理市场监管体系的基本框架

我国物业管理萌芽于20世纪80年代初，起步于90年代，21世纪初开始在全国范围内得以全面快速的发展和推进。2003年《物业管理条例》的颁布和实施，为物业管理市场监管在国家行政法规层面上确立了基本依据，在此基础上进行的一系列制度建设和行政实践，不断丰富和发展了物业管理市场监管的目标、内容、方法和手段，并初步形成具有鲜明时代特色的物业管理市场监管体系基本框架。按照市场经济的基本理论，物业管理市场和其他服务产品市场一样，由市场主体、市场客体、市场价格、市场供给、市场竞争和市场行为六个基本要素构成。笔者认为，以物业管理市场的构成要素为出发，以物业管理制度建设的现状为主线，无疑是全面、清晰地观察和认识目前我国物业管理市场监管基本框架的最佳视角。

（一）物业管理市场主体的监管

从市场卖方的角度，虽然在《物权法》的制度框架下，我们必须承认"其他管理人"与物业服务企业在建筑物及其附属设施的管理服务市场中有同等的供方（卖方）地位，虽然在实际运作过程中，我们不能排除从事专项服务的企业（如清洁、绿化、秩序维护和设备设施维修）与业主之间的专项服务交易行为，但是这都无法动摇物业服务企业作为物业管理市场卖方的主导性地位。国家主要通过设立两个行政许可制度，来加强对物业管理市场卖方的监管：一是物业服务企业资质管理制度。《物业服务企业资质管理办法》规定了物业服务企业资质的条件、分级、申请、审批和动态管理等内容，对物业管理行业实行市场准入制度，以维护物业管理市场秩序和业主共同利益。二是物业管理师制度。《物业管理师制度暂行办法》规定了物业管理师考试、注册、执业和继续教育等内容，对从事物业管理工作的专业管理人员实行执业准入制度，以提高物业管理从业人员的专业能力和职业素质。

从市场买方的角度，针对物业服务的买方并非业主个体而是物业管理区域内业主全体的特殊性，我们建立了业主大会制度。无论是《业主大会规程》，还是修改完善后的《业主大会和业主委员会指导规则》，都是从指导和监管两个维度，促进业主团体的迅速发育和市场买方主体的真正形成。针对单个业主购买物业服务的意愿必须服从全体（或多数）业主的共同意愿的特殊性，我们建立了管理规约制度。无论是《业主临时公约示范文本》还是各地在《物权法》出台后修改制定的《临时管理规约示范文本》，都将管理规约（临时管理规约）确立为调整业主之间权利和义务的基础性文件和业主自我管理不动产的重要形式。

（二）物业管理市场客体的监管

物业管理市场客体是物业服务买卖双方交易的物业服务产品，由于物业管理市场中买卖双方关于物业服务产品的信息不对称，因此政府监管市场客体的主要目标在于最大限度地减少和消除不对称的信息，其主要手段是在制定并公布专业的物业服务产品标准的基础上，建立科学公正的物业服务质量评价体系。目前全国通行的物业服务产品标准及评价规范主要有两个：一个是2000年建设部修订的《全国物业管理示范小区（大厦、工业区）标准》；另一个是2004年中国物业管理协会制定的《普通居住小区物业管理服务等级标准》。上述两个标准已适用多年（尤其是第一个标准已超过十年），其间物业管理的环境、内涵、外延、技术手段和质量水平都发生了很大的变化，已无法适应当前物业管理市场监管的需要。

（三）物业管理市场价格的监管

与其他商品市场一样，价格机制是物业管理市场机制的核心。在市场经济体制已基本建立的情况下，政府依然采取行政监管方式干预物业管理的价格形成，主要基于以下两个方面的原因：一是从实际出发，考虑到各地社会经济发展水平的不平衡，物业管理服务事关民生问题，长期生活在福利住房体制下的民众对有偿物业服务有一个逐渐适应的过程；二是从专业出发，考虑到物业服务的定价模式较为特殊，在包干制和酬金制收费形式下，物业服务的价格构成和主体间的权利义务各不相同，有必要统一规范以维护交易公平和业主权益。物业管理市场的价格监管主要基于以下三个制度：一是物业服务收费监管制度，《物业服务收费管理办法》明确物业服务收费实行政府指导价和市场调节价，应当遵循合理、公开以及费用与服务水平相适应的原则；二是物业服务定价成本监审制度，《物业服务定价成本监审办法》明确规定实行政府指导价的物业服务收费应当进行成本监审；三是物业服务收费明码标价制度，《物业服务收费明码标价规定》明确物业服务企业应依法在物业管理区域内的显著位置向业主公示物业服务收费项目、收费标准和计价方式。

（四）物业管理市场竞争的监管

面对物业管理市场中不完全竞争的常态，政府实施监管主要达到两个目标：一是平衡买卖双方的力量，削弱物业服务卖方的优势，以实现公平交易和等价交换；二是平衡市场竞争参与者的力量，为物业服务企业平等参与竞争创造机会，以实现公平竞争和优胜劣汰。政府实施市场监管主要依靠三种手段：制定竞争规则、提供竞争平台和确认竞争结果。推行前期物业管理招投标制度是我国目前监管物业管理市场竞争的主要方式，《前期物业管理招投标暂行办法》要求住宅物业的建设单位应当通过招投标的方式选聘具有资质的物业服务企业，规范了物业管理招投标原则、程序、评标规则及相关法律责任，并明确规定建设单位在招标前和中标后必须向当地房地产行政主管部门进行备案。

（五）物业管理市场供求的监管

在物业管理市场发展的初级阶段，政府对物业管理市场监管（更准确的表述应当是"调节"）的主要特征，是对市场供应和市场需求的双向激励，加大物业服务供给，有利于提高物业管理覆盖面，促进物业管理行业做大做强；刺激物业服务需求，有利于改善居民的居住水平和工作环境，实现国民财产的保值和增值。老旧住宅区和保障性住房有需求但支付能力不足，大多数物业服务企业不愿介入，政府的作用除了体现在加大老住宅区整治力度，为实施物业管理创造条件以外，还应当对从事保障性住宅物业服务的企业给予资金支持和税费减免，提高和调节保障性物业服务需求，以提高物业管理在这类项目的覆盖率，让中低收入家庭最大限度地享受改革发展成果。

（六）物业管理市场行为的监管

物业管理市场行为，在法律形式上直接表现为物业服务合同的签订、履行和终止，这就决定了政府对物业管理市场行为的监管，应当要着力于物业服务合同的监管。鉴于前期物业管理阶段的特殊性，我们不仅制定了《前期物业服务合同示范文本》，以指导建设单位和物业服务企业之间前期物业管理的合同行为，而且确立了物业承接查验制度，《物业承接查验办法》对规范前期物业承接查验行为，明确相关主体的法律责任，解决开发遗留问题发挥了重要作用。此外，《物业管理企业财务管理规定》、《住宅室内装饰装修管理办法》等规范性文件，同样是政府相关部门规范物业管理市场行为的政策依据。

三、当前物业管理市场存在的主要问题

理想的市场状态永远只存在于经济学家的理论模型中，物业管理市场同样

如此。由于体制和机制上深层次的原因，加上物业管理本身的特殊性，使得物业管理市场除了具有其他服务产品市场的共性问题之外，还暴露出一些独特的个性问题。沿袭上述市场构成要素分析的逻辑思路，笔者将当前物业管理市场存在的主要问题，概况为以下六大基本矛盾。

（一）企业推动的主动热情与业主自觉的被动冷漠的矛盾

一个成熟高效的市场必定建立在作为市场主体的卖方和买方相对均衡和相互促动的基础之上，当前物业管理市场的主要弊端之一，便是缺乏买卖双方之间的均衡和互动。在政府的主导和带动之下，我国物业服务企业在主动推广和宣传物业管理方面表现出空前的热情，以深圳为例，目前以物业管理普及和宣传为主题的"物业管理周"活动已连续开展了五个年头，物业管理行业不仅有了行会、行规、行旗、行歌，甚至有了以物业管理为主题的电视连续剧。与此形成鲜明对比的是，卖方的积极和主动并没有得到买方的认可和响应，大多数业主对物业管理的自觉参与意识似乎有待唤醒，他们更多的是被动接受物业服务这种交易方式。业主的被动冷漠，直接导致物业管理买方主体的缺位和错位，并容易产生破坏物业管理市场良性运行的两种极端现象：一种是通常情况下，公共权利的淡漠和契约精神的缺失，业主因缺乏履约能力而无法对物业服务企业进行有效监督并放任其违约行为；另一种是特殊情况下，公共权利的滥用和维权功能的夸大，业主因不当行使解约权利而使物业服务合同成为一纸空文。均衡和互动的卖方和买方是支撑市场健康运行的左右足，缺乏业主自觉（右足）的物业管理市场，即使企业推动（左足）再强有力，也只能是"跛足的市场"。

（二）享受服务的公共性与履行义务的个体性的矛盾

作为物业管理市场客体的物业服务产品，属于准公共产品，具有非排他性，容易产生"搭便车"的问题。在物业管理市场中，享受物业服务产品的是物业管理区域内的全体业主，而交费义务则是由单个业主个别履行的，物业服务企业无法因为个别业主不履行交费义务而阻止其享受公共性服务，当不履行义务（不交费）的业主能够享受与履行义务（交费）业主同样的服务的时候，人们基于自利本性，自然倾向于"搭便车"。由物业服务产品的非排他性导致的物业服务消费"搭便车"现象，使得物业服务企业无法像一对一的商品买卖那样将不履行交费义务的业主排斥在消费群体之外，产生了物业管理收费难的问题。长期以来，普通居住物业收费率偏低现象的普遍存在，使得大量物业服务企业因无法实现合理的价值补偿出现亏损，部分物业服务企业甚至因此降低服务质量，进而导致更多业主拒交费用的恶性循环。"收费难"这一物业管理行业困境，直接制约着物业管理市场的良性发展。

（三）服务成本刚性增长与服务价格缺乏弹性的矛盾

价格机制问题是当前物业管理市场面临的最核心、最根本、最紧迫的问题。以北京为例，一方面，CPI指数平均每年增幅为3%~5%，最低工资标准每年涨幅为10%，物业管理生产要素价格的上涨推动了物业服务成本逐年递增；另一方面，从1996年至今，北京房价上涨了5~8倍，而绝大多数居住物业的物业服务收费标准并没有改变，有的小区甚至不升反降。物业管理市场中，服务成本刚性增长与服务价格缺乏弹性的矛盾之所以长期存在而且日益凸显，其主要原因有二：一是由于物业服务合同具有长期性和持续性的特点，加上业主团体不成熟导致的买方决策的艰难，造成价格的反应迟钝，物业服务价格不能根据市场供求变化及时做出调整；二是由于各级政府在物业管理问题上，过多关注民生和社会稳定的因素，普遍实行保守的价格管控，片面扩大政府调节价的适用范围，有的甚至实行变相的政府定价。近几年，物业服务价格机制存在的矛盾日益突出，在收费标准无法提高的同时，物业服务成本上升和物业服务收费率下降的结果，是行业平均利润率的不断下降和亏损面的不断增大，面对入不敷出的物业项目，有的企业选择了"弃管"，有的企业不惜侵占业主的公共利益以求生存。

（四）充分开放的市场竞争与显失公平的市场力量的矛盾

为便于分析研究，我们可以参照房地产行业的做法，以不同时期的物业服务合同为依据，将物业服务市场分为一级市场和二级市场，以前期物业服务合同为交易依据的市场称为一级市场，以物业服务合同为交易依据的市场称为二级市场。在物业管理二级市场上，虽然物业管理行业实行了市场准入制度，但是现行规定中各资质等级物业服务企业的条件偏低，加上物业管理师制度尚处于起步阶段、相关主管部门执法不严等因素，我国物业管理行业的准入门槛相对较低，市场开放程度较为充分，产业集中程度较低。按照2008年的统计数据，虽然物业管理行业当年总产值超过2000亿元，管理总面积超过125亿平方米，但由于物业服务企业数量高达58000多家，平均每家企业的管理面积仅为21万平方米，平均产值仅345万元。除少数与大型的开发建设企业关联的物业服务企业规模实力较强以外，绝大多数物业服务企业均属于中小型企业。与此同时，在物业管理的一级市场，由于开发建设单位的优势地位和市场主体之间的信息不对称，造成买卖双方力量的严重失衡，进而产生非竞争性市场失灵的现象：在前期物业服务合同的缔约阶段，一些物业服务企业只能接受建设单位的先决条件，不能自主要约和定价；在前期物业管理服务合同的履约阶段，一些物业服务企业即使经营亏损，也仍然可以依靠建设单位的补贴正常运转。

（五）优质服务的有限供给与日益增长的服务需求的矛盾

由于我国物业管理尚处于初级阶段，劳动密集型的行业特征较为显著，物业管理服务投资少、见效快，简单的保洁、绿化、秩序维护和维修工作对劳动力素质要求不高，较低的行业进入门槛使得许多企业纷纷加入物业管理行业，造成低端服务的过度供给，一些地方甚至出现竞相压价的恶性竞争。与此同时，高品质的物业服务供应却十分有限，优秀的品牌企业供不应求。应当引起关注的是，随着人们生活水平的提高和财产观念的增强，许多业主对物业管理的需求已经不再停留在简单的方便和实惠，更多的是追求享受和尊重，许多业主对物业管理的理解已经不再停留在生活消费的层面，更多的是从挖掘和提升物业资产价值的高度认识物业管理。如何不断加大优质物业服务的供应以满足客户日益增长的需求，是今后我国物业管理市场长期面临的一个问题。

（六）专业分工的快速发展与要素市场的相对滞后的矛盾

专业分工日益精细是社会经济发展和进步的标志，与目前集专业管理和实务操作于一身的统包统揽型的商业模式不同，未来物业管理行业的发展方向是物业服务集成商模式，物业服务企业的专业能力应体现在对物业服务生产要素的选择、配置和集合上。当前物业服务要素市场发育的相对滞后，在一定程度制约了物业管理行业的专业化进程，具体表现在以下三个方面：一是劳动素质的差强人意。物业管理行业的核心竞争力是人力资源，经济实力和行业偏见成为高素质人才进入物业管理行业的障碍，人力资本无法形成并发挥作用。二是配套服务的市场混乱。保洁、绿化、秩序维护、工程维护等物业管理行业的下游产业的专业化程度较低，质次价高的专项服务加大了物业服务企业采购成本和管理风险。三是垄断行业的风险转移。水、电、气、热等公共资源是物业服务产品的重要生产要素，在公用部门垄断优势尚存的情况下，代收费用和维修养护责任的转嫁势必增加物业管理行业的市场风险。

四、物业管理市场监管体系的优化完善

当前我国物业管理市场存在的问题是发展中的问题，是各种社会、经济和文化因素综合作用的结果，具有特殊历史发展阶段的必然性。人类经济活动的实践已经无数次地证明，市场经济固然具有自我调整、自我修复和自我完善的功能，但市场本身并非完美无缺，其局限性的克服需要政府力量的辅助，物业管理市场亦是如此。笔者认为，优化和完善物业管理市场监管体系是一项综合性、长期性的系统工程，只有在把握物业管理市场特征的基础上，不断创新监管观念，合理运用切实可行的监管手段，才能最大限度地实现监管目标。

（一）物业管理市场特征的把握

为保证市场监管手段的有效性和专业性，我们应当从物业管理市场的构成要素入手，把握物业管理市场的六个基本特征：一是业主大会公共决策的低效率和非理性。这要求在监管物业管理市场买方时，做到指导和监督并重，在强调对业主大会的指导以提高业主公共决策的效率的同时，还应加大对业主委员会的监督，以防止公共选择中"代理人"的非理性问题。二是物业服务产品的无形性和准公共性。这要求在衡量和评价物业服务质量时，应当做到定性和定量相结合，正确对待物业服务企业在物业服务过程中管理手段的运用，依法限制个别"搭便车"的违约欠费业主的权利。三是物业服务价格的稳定性和成本决定性。这要求在对物业服务价格进行管控时，应当兼顾供求关系和服务成本，既不能以合约稳定为由无视供求变化对服务价格的调控，也不能以决策复杂为由无视成本变动对收费标准的影响。四是物业服务需求的固定性和不可替代性。这要求在制定物业管理产业政策时，采取积极稳健的策略，既要积极扶持物业管理行业的发展以发挥其对宏观经济的稳定促进作用，又要适度控制行业的发展规模以防止过度供应引起的供求失衡。五是前期物业服务市场的力量

失衡。这要求对前期物业服务市场进行必要的干预，以营造公平竞争的环境。政府监管是解决前期物业管理阶段业主大会缺位难题的最佳选择。六是人力资源在生产要素中的核心地位。这要求在重新认识物业管理行业核心竞争力的同时，既要高度重视劳动力素质对优质物业服务产品供应的决定性作用，也要密切关注劳动力价格变动对物业服务成本涨落的影响。

（二）物业管理市场监管理念的创新

在社会主义市场经济的大背景下，现代政府的职能主要体现在经济调节、社会管理、公共服务和市场监管四个方面。物业管理行业的特殊性，决定了物业管理市场监管的职能与经济调节、社会管理和公共服务的其他三项政府职能是相辅相成、密不可分的关系。在转变发展方式、调整产业结构的宏观经济政策下，传统的物业管理市场监管模式已趋于保守，优化和完善物业管理市场监管体系，创新监管理念是当务之急。首先，监管方式应当从命令控制式向扶持激励式转变，顺应计划经济向市场经济转变的时代主旋律，充分发挥物业管理市场监管在宏观经济调控和平衡各方主体利益方面的正向激励作用；其次，监管手段应当从强制禁止型向协助指导型转变，遵循现代服务型政府的价值取向，把握《物权法》第七十五条规定的精神实质，以柔性指导代替刚性管制，真正做到在管理中体现服务，在服务中实现管理；再次，监管原则应当坚守尊重市场和鼓励竞争的底线，物业管理市场监管必须充分考量管理成本与市场收益的关系，必须尊重市场运行基本规律，不能因为监管而限制和妨碍公平竞争；最后，监管过程应当处理好公权节制与公益优先的关系，行政权力对民事法律关系的干预应当依法适度，公共权力的使用必须优先考虑公共利益，物业管理市场监管应当以社会公益和业主共同利益为依归。

（三）物业管理市场监管体系的优化

综合上述的分析和研究，笔者认为，在现阶段的法律框架和市场环境中，为实现建立一个内容全面、结构合理、科学规范、特色鲜明、卓有成效的物业管理市场监管体系的长远目标，我们可以重点着手从以下八个方面开展工作。

1.强化业主大会制度以平衡市场力量

物业管理市场主体的监管应当以培养成熟自觉的买方主体为重点，应该通过完善业主大会制度，不断增强业主团体在物业管理市场中的缔约能力和定价能力；通过建立业主委员会激励机制，提高业主团体的决策能力和执行能力；通过建立业主大会的自我约束机制，防止业主委员会滥用权利。只有当业主从被保护群体的角色转化为能够保护自身权益的群体时，业主大会制度的设计初衷才能得以实现，物业管理市场才是一个买卖双方力量相对均衡的市场，"跛足的市场"的问题才能从根本上得以解决。

2.细化物业服务标准以促进信息对称

物业管理市场客体的准公共性服务特征，是物业服务质量难以评价和物业服务合同争议频发的根本原因。物业管理市场客体监管工作的重点，应当是细化和完善物业服务标准并赋予政府公信力，以公开交易信息保证物业服务买卖双方的信息对称，并在此基础上建立统一规范的物业服务质量评价体系。科学专业的物业服务标准应当是过程标准与结果标准的统一，是硬件设施与软件服务的统一，是质量标准与价格标准的统一。细化并公开物业服务标准，不仅能够促进信息对称，增进买卖双方的互信，而且有助于降低交易成本，减少物业服务纠纷。

3.改进服务价格机制以提高经济效率

价格机制是当前物业管理市场的瓶颈问题，如果长期得不到解决，不仅会恶化物业服务企业的生存环境，阻碍物业管理行业的可持续发展，而且最终势必影响和损害业主的财产利益。改进物业服务价格机制，政府价格主管部门应当改变保守的监管理念，尊重市场规律，最大限度地扩大物业服务收费中市场调节价的适用范围。对于实行政府指导价的物业服务项目，应充分发挥成本监审的调控作用，根据成本递增的客观事实，定期提高物业服务政府指导价的标准；对于实行酬金制的物业服务项目，应尽快落实物业服务支出税收减免政策，切实减轻物业服务企业和业主的不合理负担。与此同时，从维持公平合理的价值补偿出发，为防止"弃管"现象的发生，政府还应对老旧小区和保障性住房的物业服务收费制定"最低价"标准，以保证低端物业服务市场的正常运转。

4.完善市场竞争规则以实现公平交易

作为公平市场竞争的维护者，政府的主要职责在于制定竞争规则并督促规则的实施，以防止"劣币驱除良币"现象的发生。当前建立物业管理市场竞争机制的一项主要工作，是进一步完善前期物业管理招投标制度，应当在总结前一时期招投标工作经验教训的基础上，根据物业管理行业的特点，重新修订招投标规则，改进监管措施，制止招投标活动中的不正当竞争行为。另一项主要工作，就是要建立物业管理项目进入和退出机制，明确（前期）物业服务合同终止后原物业服务企业退出物业项目的程序和义务，追究拒不退出的物业服务企业的违法违约责任，以保证物业服务合同得以全面履行。

5.制定产业扶持政策以加快行业发展

制定产业扶持政策，是充分发挥物业管理促进社会经济发展功能的需要，也是增加物业管理市场有效供给的需要。物业管理行业作为现代服务业的一个重要组成部分，不仅具有低能耗、低物耗、无污染的行业良性特征，而且具有提高居民消费在经济增长中比重和增加就业岗位的行业优化功能，是国家在转变发展方式、调整产业结构中应当大力扶持和鼓励的行业。制定物业管理行业的扶持政策，首先应当从物业管理行业的税收政策入手，改变物业管理行业的营业税率（5%）明显高于建筑、旅游等行业（3%）的不合理现状，减轻物业服务企业和业主的税收负担；其次还应当理顺物业服务企业与市政公用部门的关系，改变市政公用部门利用垄断地位转嫁代收费用和维修养护责任的做法，降低物业管理服务中水、电和气等生产要素的成本，缓解长期困扰物业管理行业的成本压力。

6.探索物业服务保障以刺激服务需求

目前我国城镇物业管理的平均覆盖率仅为60%，随着城镇化水平的提高和房地产业的发展，物业服务需求还将逐年增长。但是，由于受体制机制因素和居民收入水平的制约，普通居住物业服务有效需求不足的情况将长期存在。为刺激和增加物业服务的有效需求，一方面，应当继续建立和完善住宅专项维修资金制度，加强专项维修资金代管和监管工作，充分发挥专项维修资金在减轻居民日常物业管理费用承担和提高业主长期房屋维修养护支付能力方面的双重功效；另一方面，政府应当实现老旧小区和保障性住房物业管理费用的补贴政策，通过增加保障性物业服务的财政支出，满足缺乏支付能力居民的基本物业服务需求。

7.规范前期物业管理以保护公共利益

基于前期物业管理阶段业主共同利益代表者的缺位，政府对物业管理市场行为的监管应以一级市场为重心。规范前期物业管理行为，政府主管部门应当认真落实物业承接查验制度，严格按照《物业承接查验办法》规定的程序和内容，指导建设单位和物业服务企业做好物业共用部位和共用设施设备的承接查验工作，通过行使承接查验备案权督促相关市场主体履行法律义务。规范前期物业管理行为，在许多地方实行前期物业服务合同备案的基础上，政府主管部门应当进一步发挥管理规约制度的作用，对建设单位制定的临时管理规约，通过引入备案程序加强监督和管理，为物业管理的市场行为奠定公共契约的基础，从源头上杜绝物业管理市场上的败德行为。

8.提高人力资源素质以增强竞争能力

通常意义上的生产要素市场是由土地、资本和劳动三大基本要素构成，有别于上游的房地产业，土地和资本两大要素对物业管理行业的贡献和影响甚微，劳动则构成了物业管理市场最基本的生产要素。因此，政府对物业管理要素市场监管的核心在于物业管理从业人员，提高人力资源素质是增强物业管理行业竞争能力的根本途径。提高物业管理从业人员的素质，要求我们必须站在人力资本的高度认识推行物业管理师制度的重大现实意义。物业管理师制度的深化和完善，不仅可以与物业服务企业资质管理制度相衔接，加大对物业管理市场卖方主体的监管力度，严格物业管理市场准入的管理，而且可以提高物业服务企业的专业能力，增加优质物业服务产品的有效供给，进而从根本上改变物业管理行业的市场地位。

物业管理的法律关系

2000年

一、物业管理法律关系的构成

法律关系是人们根据法律而结成的权利义务关系，是受法律规范调整的一种特殊社会关系。物业管理法律关系作为法律关系的一种，是指物业管理法律规范在调整物业管理服务行为过程中形成的权利义务关系。如同其他任何法律关系一样，物业管理法律关系，也是由三个要素构成：主体、内容和客体。

1. 物业管理法律关系的主体

物业管理法律关系的主体，是指实际参加物业管理法律关系并在其中享受权利和承担义务的人。物业管理法律关系主体的资格是由法律规定的，它必须同时兼具两种资格或能力，即权利能力和行为能力。同时，物业管理法律关系的广泛性决定了物业管理法律关系主体的多样性。

在我国，作为物业管理法律关系主体的"人"，大体上可以分为以下四类：（1）自然人。我国现行的立法虽未对自然人在物业管理中的权利能力和行为能力作专门的规定[1]，但《民法通则》中的有关规定是适用于物业管理领域的。物业管理法律关系中的自然人，是特定物业的合法产权人和使用人，既包括中国公民，也包括外国人（外销房的产权人和使用人）。（2）法人。参加物业管理法律关系的法人，主要有两类：一类是作为物业产品的生产者和初始业主的房地产开发企业，另一类是作为物业管理受托方的物业管理企业。在我国，房地产开发企业和物业管理企业的设立及资质认定，应符合有关法律、法规的规定。（3）国家机关。国家机关参加的物业管理法律关系，主要是物业管理行政监管关系，主要为房地产、价格、治安、税收、规划等部门。也可以根据相应的职责对物业管理工作实施监管。国家机关在对物业管理活动实施

[1] 2003 年颁布的《物业管理条例》已对作为自然人的业主在物业管理中的权利做出规定，由于此文写于 2000 年，故有此表述。

监督管理过程中形成的权利能力一般由其法定的职能、职权决定，行为能力则由其职责、任务决定。（4）其他组织。主要是指以参与物业管理法律关系为目的而专门设立的业主大会和业主委员会，这是基于物业管理行业特殊性而产生的特殊主体，业主大会及常设机构[1]——业主委员会是在物业管理活动中代表和维护全体业主合法权益的自治性组织，法律对其成立、权利、职责、变更和终止均有明确的规定。

2. 物业管理法律关系的内容

物业管理法律关系的内容，就是物业管理法律关系的主体依法享有的权利和依法承担的义务，任何物业管理法律关系都是靠主体权利的行使和主体义务的履行来实现的。

在物业管理法律关系中，主体的权利是指主体依法享有的权能和利益，一般表现为：（1）主体可以做出一定的行为或不做出一定的行为，如房地产行政主管部门可以依法对不按照规定提供物业管理基本条件的开发企业做出行政处罚的决定；业主委员会可以拒绝签订不公平的物业管理合同，等等。（2）主体可以要求他人做出一定的行为或不做出一定的行为，如物业管理企业有权要求业主按规定缴纳物业管理费；业主有权要求物业管理者不得做出侵犯其所有权的行为，等等。

关于权利的内容，物业管理主体不同的性质和地位决定了它们在物业管理法律关系中享有不同的权利：（1）房地产行政主管部门及相关职能部门享有监管权，这是它们在对物业管理行为行使监督管理职能时依法享有的权利，从法理上说，行政机关的监督管理权不是纯粹的权利（英文为"Right"），与公民、法人等享有的民事权利有所区别，是一种"权力"（英文为"Power"），通常可以称之为"职权"。（2）业主及使用人享有以下权利：

---

[1] 此文写于《物业管理条例》颁布之前，故有"业主委员会是业主大会常设机构"之表述。

所有权（或使用权）、监督权（专指物业服务质量）及选举权和被选举权（专指业主委员会）。其中，选举权和被选举权是一项以所有权为基础，并为监督权设定基础的特殊权利。（3）业主大会及业主委员会享有以下权利：缔约权（委托权）和监督权。缔约权是指主体选择物业管理企业并签订物业管理合同的权利，是民事法律主体享有的基本权利。而监督权是业主大会及业主委员会代表全体业主行使的，其权利基础表面上是缔约权，实质上是业主的物权，而且监督权的实现,多数情况下还应以知情权为前提。（4）物业管理企业享有的权利：缔约权（受托权）、获取报酬权和管理权。物业管理企业同样有权选择管理项目并依照合约规定获取相应的酬金，同时，基于物业管理服务公共性消费的特点，物业管理企业在公约或合同约定的范围内，对于特定区域内的业主共同事务有权实施统一的管理。（5）房地产开发企业享有以下权利：缔约权（委托权）与监督权。开发企业享有的这两项权利有一定的时限性，在前期物业管理阶段，在特定物业不具备召开业主大会、成立业主委员会的情况下，开发企业作为初始业主，可以代位行使业主大会及业主委员会的权利，有权选择前期物业管理企业并监督其管理服务行为。

在物业管理法律关系中，主体的义务是指义务人（一方当事人）为满足权利人（另一方当事人）的权利需求而依法承担的某种责任。一般表现为：（1）义务人必须做出一定的行为，如物业管理企业必须按物业管理合同承担各项管理和服务工作等；（2）义务人必须不做出一定的行为，如业主及使用人不得损坏共用设备和共用设施等。

关于义务的内容，不同的物业管理主体承担不同的义务，基于主体权利和义务相互依存和相互联系的对应性，前述各物业管理法律关系主体（一方当事人）所享有的有关权利，也就是其相对方（另一方当事人）应承担的义务。在同一物业管理法律关系中，一方主体的权利内容总是通过与之相对应的另一方主体的义务形式来表现，而一方主体的义务内容又总是由另一方主体的权利实质来决定。权利和义务从不同角度表现着同一物业管理法律关系，统一构成了物业管理法律关系的内容。

3. 物业管理法律关系的客体

物业管理法律关系的客体，是指物业管理法律关系中主体的权利和义务所共同指向的对象。虽然物业管理的对象是物（即房地产），但并不意味着其主体权利和义务所共同指向的对象是物，物业管理的客体可以是物，但物业管理法律关系的客体却是行为，它包括作为和不作为两种。

从实践来看，作为物业管理法律关系客体的行为，可以分为两类：一类是国家机关的行政行为，如房地产行政机关依法核准物业管理企业资质等级的行为，房地产行政机关依法监督和指导业主委员会的行为，等等；另一类是平等主体之间的民事行为，如物业管理企业依照物业管理合同从事清洁、绿化、保安、维修等管理服务行为，等等。

二、物业管理法律关系的特征

物业管理行为的特殊性和我国物业管理行业的特殊发展阶段，决定了现阶段物业管理法律关系在保留一般法律关系共有特征（如社会关系、思想意志关系、以国家强制力为基础等）的同时，又具有本身的特征，概括地说，主要体现在以下五个方面。

1. 作为法律关系主体的业主的意志多元化和代表性

产权主体多元化是现代物业管理产生的前提条件，产权多元化直接导致产权主体意志的多元化。如何集中分散多元化的意志成为一种统一普遍的公共意志，是物业管理所要解决的首要问题。与其他民事法律关系相比，物业管理委托关系的一方当事人——业主所具有的个体分散和意志多样的特征，使得组成一个统一的代表全体业主利益和意志的机构成为必要，而业主大会及其常设机构——业主委员会就是这样一种代表性机构。法律规范如何解决业主意志的多元化问题，如何确定业主委员会的代表地位，应是立法者关注的重点。而业主委员会这一类似于"代议制"的群众自治组织，也成为物业管理法律关系中一道独特的风景。

2. 政府在物业管理法律关系中具有特殊的地位

从理论上看，作为市场经济的产物，物业管理体现的是平等主体间的民事关系，政府不应予以过多的干预。但是，由于目前我国正处于传统房管体制向市场化的物业管理体制的转轨时期，由于物业管理是城市管理的重要组织部分，充分发挥国家行政机关在建立物业管理市场机制方面的作用不容忽视。政府在物业管理法律关系中的重要地位，主要表现在：（1）对业主委员会的监督和指导；（2）对物业管理企业的监督和管理；（3）对普通居住物业管理服务价格的监管；（4）对物业使用与维护行为的监督和管理；（5）对违反物业管理法规行为的处罚，等等。

3. 物业管理法律关系既涉及公权关系，也涉及私权关系

在传统的法律关系中，有的（如民事法律关系）只调整私权关系，当事人处于平等地位；有的（如行政法律关系）只调整公权关系，当事人的地位不平等。而物业管理法律关系则体现出公私权关系混合的特征。也就是说，有的物业管理法律关系（如物业管理行政监管关系）的当事人之间地位是不平等的，存在着一方服从另一方的问题；有的物业管理法律关系（如物业管理委托关系）的当事人之间的地位是平等的，双方的权利义务关系对等。物业管理法律关系的这一特点，同物业管理法律规范主要是从传统的行政法、民法中分离出来的这一渊源有着密切关系。正因为如此，我们可以把物业管理法律关系分为物业管理行政关系和物业管理民事关系两大类型。

4. 业主所有权（物权）的限制和监督权的扩大

一方面，在物业管理委托关系中，全体业主虽然拥有共用场所及共用设施设备的所有权，但对于单个（或部分）业主来说，由于共有物权的不可分割性，决定其不能单独行使对共有物业的物权权能，除使用权以外，单个（或部分）业主对共用场所及共用设施设备的占有、收益和处分的权利都受到不同程度的限制，打破这种限制就意味着权利的滥用，而这种制约的结果是业主大会能够代表全体业主行使共有物业的所有权；另一方面，与其他商事法律关系不同，由于物业管理服务的消费和生产存在于同一过程，为维护具有所有者和消费者的双重身份的业主的利益，法律赋予委托者充分的监督权，行使物业管理监督权的主体，不仅局限于业主大会和业主委员会，而且扩大到每位业主和使用人。

5. 物业管理行为是一种提供公共性服务商品的法律行为

物业管理行为与其他商事行为的一个重要区别，就在于它提供的商品主要是公共性服务，而非特约性服务。公共性服务的一个重要特点，是存在着享受服务的公众性与交费义务的个体性的矛盾，这一矛盾的直接后果是，个别业主拒缴费用的违约行为必然导致其他守约业主共同利益受损的结果，而如果守约业主与违约业主享受同样的服务，无疑是对守约业主的不公平，由此可能产生拒缴费用的不良示范效应，并最终导致物业管理工作的无以为继。物业管理法律关系客体的这一特征，反映在法律文件上就是，物业管理委托关系除了通过物业管理合同来约定外，还需要通过业主公约来规范，业主公约体现了多数业主共同意志对少数业主个别意志的约束，不仅是物业管理活动正常开展的保证，也是物业管理立法的补充。

三、物业管理法律关系的调整和完善

探讨物业管理法律关系的构成和特征，其根本目的在于，寻求构筑科学合理物业管理法律关系的方法和手段。由于物业管理法律关系是以物业管理法律规范的存在为前提的，没有物业管理法律规范，就没有物业管理法律关系。因此，重新检视我国现阶段的物业管理法律规范，是正确认识物业管理法律关系现状的基础。

从法律结构上看，目前我国调整物业管理行业的法律规范主要分为五个层次：第一层次，法律。指全国人民代表大会及其常务委员会颁布的法律，如《合同法》第二十章关于"委托合同"的规定可用于调整物业管理委托关系。第二层次，行政法规。指国务院制定的规范性法律文件，如《建筑工程质量管理条例》中有关"工程保修"的内容可适用于物业管理。第三层次，地方性法规。指地方国家权力机关及其常设机构制定的物业管理法规，如《广东省物业管理条例》等。第四层次，国务院各部委和地方政府的规章。指国务院各部委和省、自治区、直辖市、计划单列市政府依职权制定的有关物业管理的规章，如建设部的《城市新建住宅小区管理办法》，北京市人民政府的《北京市居住小区物业管理办法》，等等。第五层次，地方人民政府职能部门的规章。指地方政府房地产行政主管部门及相关职能部门制定的有关物业管理内容的政策性文件，如《上海市物业管理企业资质等级管理暂行办法》、《北京市居住小区综合验收办法》，等等。

分析以上五个层次的法律渊源，我们不难看出，我国现阶段物业管理的立法是薄弱的，其中最主要的表现是：目前我国缺乏一个全国性的统一的物业管理行业法规。虽然一些部委、地方政府根据本行业、本地区的特点制定了一些

有关物业管理的规范性文件，但由于这些规范性文件不具有普遍的约束力，而且地方法规之间、地方与部委规章之间不可避免地存在着一些差异和冲突，无疑削弱了这些法规的效力。物业管理立法薄弱的另一个表现是：物业管理法规的绝大部分是以地方政府职能部门规章的形式存在的，这些规章立法层次低，缺乏长期性、稳定性和权威性等法律属性，而且由于职权的局限和经验的缺乏，使得物业管理领域存在着大量的"立法空白"和"立法误区"。现阶段物业管理立法上存在的问题，在物业管理法律关系上主要表现为主体地位的不确定性和权利义务的片面性，这种不确定性和片面性，严重影响了物业管理行业的健康发展和物业管理的市场化进程。

　　基于以上认识，笔者认为，调整和完善物业管理法律关系的当务之急，是加强物业管理的立法工作，其中首要的工作是尽快颁布全国性的统一的物业管理的行政法规——《物业管理条例》，以其作为物业管理行业法律规范体系的核心。在此专门立法的基础上，应着重针对我国目前物业管理行业尚未解决的重大难题，如业主委员会法律地位及权利保障机制、物业管理企业与政府有关部门及公用事业单位的权责划分、开发企业对前期物业管理的相应义务、业主违约责任的承担方式和追偿手段等，进行有关对策研究并制定相关的配套法规，以填补法律的空白。同时，还应针对原有物业管理法律规范中存在的缺陷和弊端，及时进行修改、补充和编撰工作，以尽快构筑一个科学严密的物业管理法律规范体系。

物业管理的行业调解^[1]

2007年

伴随着商品住房在我国的出现和发展，物业管理行业也蓬勃兴起。在物业管理活动中，企业之间、企业与业主之间以及企业、业主与其他主体之间的矛盾纠纷大量涌现。在解决这些纠纷的过程中，调解这一主要化解方式得到了广泛的应用。物业管理纠纷调解工作，主要包括人民调解、行政调解和司法调解三大部分。其中，物业管理行业调解属于人民调解的一种类型，主要由各地的物业管理行业协会来完成，物业管理行业协会在纠纷的解决过程中起到了重要的作用。

在丰富调解手段和提高调解效果上，各地物业管理行业协会进行了有益的探索和实践。其中包括：成都市武侯区正在试点实行由人民法院根据行业调解的和解书制作司法调解书的工作；上海市物业管理行业协会借助独立专业委员会来加强行业调解的客观公正性；天津市由行业主管部门主导调解过程来强化行业调解的可接受性，等等。各地物业管理行业协会在实际工作中调处了大量纠纷，解决了诸多社会矛盾，为和谐社会的建设做出了积极的贡献。

同时应当看到，物业管理行业发展的时间较短，物业管理相关法律制度建设相对滞后，直到2007年《物权法》出台，物业管理区域内一些基本性的区分所有建筑物的权利问题才有了原则性的法律规定。同时，物业管理行业调解的支持性法律政策缺位，我国目前尚无一个效力层级比较高的法律文件，来对行业调解的效力、行业调解与司法以及其他纠纷解决方式的衔接做出明确规定。这些因素都阻碍了物业管理行业调解的进一步发展。

物业管理矛盾纠纷的及时合理解决，无论对业主还是物业服务企业都很重

---

[1] 此文在修改完善最高人民法院牵头开展的《多元纠纷解决机制》课题研究报告基础上形成，该报告由笔者与高飞共同执笔。

要，由于物业管理工作关系到老百姓的切身利益，所以物业管理纠纷的及时调处对社会和谐稳定的意义更是重大。在总结已有物业管理纠纷解决经验的基础上，进一步研究物业管理行业调解的特征、存在的问题及其应对措施，以期对今后的行业调解工作有所助益，就是本文的主要目的。

一、物业管理行业调解的性质与作用

（一）物业管理行业调解的内涵

物业管理行业调解，是伴随着市场经济的发展和行业协会作用的提升，逐步发展起来的一种以物业管理行业协会为调解主体，凭借行业专家的专业优势和行业协会的公信力，参与物业管理纠纷处理的非诉讼纠纷解决方式。

物业管理行业调解的内涵可以从调解主体、调解客体和调解方式三个方面来描述。

1.物业管理行业调解的主体

物业管理行业调解的主体，主要就是物业管理行业协会及其附属组织。在我国，行业协会是行业自律组织，属社会团体范畴，行业协会的宗旨主要在于维护和增进本行业的利益。同一行业的经济组织建立行业协会的目的之一，就是为协会成员间协调解决问题搭建共同的平台。所以，行业协会作为协会成员之间以及协会成员与其他相关主体之间的纠纷调解主体，有着很大的优势和便利。对于物业管理行业来说，纠纷的良好解决，关系着业主的切身利益和企业的长远利益。

2.物业管理行业调解的客体

行业调解的客体，主要是行业成员之间的以及行业成员与其他相关主体之间发生的矛盾纠纷。行业纠纷的调解是由纠纷双方的合意来启动的，行业纠纷的调解成功基于纠纷各方的合意获得。这里的"合意"有两层意思：首先是纠纷各方对纠纷解决程序有共识；其次是纠纷各方对纠纷解决方案有共识。在纠纷解决机制启动的阶段，纠纷各方找到行业协会来寻求问题的解决，就已经隐含了纠纷各方对行业协会调解纠纷的基本认可。行业协会也因此基于纠纷各方的合意而取得调解主体的地位。从这个意义上来说，物业管理协会不仅能够调解协会成员之间的纠纷，而且能够调解行业协会成员与其他相关主体之间的纠纷。

3.物业管理行业调解的方式

调解方式主要指的是行业调解的程序，其主要分为调解的启动、调解的过程和调解协议的制作三个方面。如上所述，行业调解的启动基于纠纷各方对行业协会作为纠纷调解主体的合意。调解过程中，行业协会可以聘请专家学者或者委托其他中立评估机构和专业委员会来增强调解的公正性和客观性。在上海市物业管理行业协会的调解实践中，比较注重通过第三方评估和技术鉴定的方式来参与矛盾纠纷的解决，价格专业委员会、设施设备专业委员会、合同纠纷解决专业委员会等第三方认证和评估机构参加物业管理纠纷的研究论证，其中立性和专业性对上海物业管理行业协会的调解工作起到了很大的推动作用。

（二）物业管理行业调解的性质

物业管理行业调解，与其他纠纷解决机制相比，具有以下三个独特的性质特征。

1. 自愿性

主要包括两方面：一方面，调解程序启动基于纠纷各方的自愿；另一方面，调解协议的合意基于纠纷各方的自愿。同时，在调解过程中，纠纷各方基于自愿还可以随时退出调解程序。自愿性是物业管理行业调解的主要特性之一。

2．专业性

由于现代社会专业分工更加细致，使得行业协会对行业事务的熟悉成为纠纷解决中最宝贵的资源。具有丰富物业管理从业经验的纠纷调解员，对于物业管理纠纷中的焦点问题，更能够从专业和技术的角度厘清各方的权利义务关系，在纠纷调解中比普通调解员更加游刃有余，更能够快速合理地解决行业纠纷。

3．权威性

这一点是和其他调解方式比较而言的，在调解行业内部成员之间的纠纷过程中，物业管理协会作为行业内部诚信自律的组织，会对调解的成功起到一定的促进作用。与人民调解委员会等调解主体相比，行业协会对行业内失信行为的惩戒权，可以为增强纠纷调解效力提供一定保证，使物业管理的行业调解更具权威性。

（三）物业管理行业调解的地位

物业管理行业调解的地位问题，也就是物业管理行业调解在物业管理纠纷解决机制中的地位问题。一方面，行业调解是我国纠纷解决机制的重要一环，它承载着或者应该承载着大部分的行业相关纠纷的解决。行业纠纷多源自同行间的竞争或合作，或者行业成员与相关利益主体的交易行为，他们之间的关系常常是既有竞争又有合作，所以调解作为一种高效且相对比较平和的纠纷解决方式，常为纠纷各方主体所青睐。另一方面，通过行业调解解决大部分法律关系比较简单、利益纠葛不很复杂的纠纷，把重大疑难问题留给法院，也是当前我国实施多元化纠纷解决机制战略的应有之义。

物业管理行业调解协议的效力问题，事关行业调解的地位。我们认为，基于调解各方合意形成的调解协议书，是纠纷各方对他们之间相关权利义务安排的认可。《合同法》第二条规定，合同是平等主体的自然人、法人、其他组织之间设立、变更、终止民事权利义务关系的协议。由于行业调解协议是纠纷各方当事人对原有法律关系的一种确认或变更，因此符合合同成立要件的物业管理行业调解协议书应当具有合同的效力。

（四）物业管理行业调解的作用

商事纠纷之弱对抗性决定了适用行业调解方式的优势。因为在商事纠纷中，当事人之间具有多次博弈的需求，双方当事人往往会考虑到纠纷解决之后合作的可能性，相对于其他纠纷解决方式，商事纠纷的调解解决方式更有利于商业关系的维护，所以行业调解作为多元化纠纷解决机制中的一环，有着不可替代的重要作用。物业管理行业调解尤为如此，其独特作用主要表现在以下几个方面。

1．有利于指引纠纷解决的方向

由于行业协会在行业中的指导地位，其做出的调解方式和结论在某种程度上对今后发生的类似纠纷的解决有着指导作用。对于物业服务企业和业主来说，同样有着避免和减少同类纠纷的指向性作用。特别是在同一物业管理区域中，由于人员相对集中，信息传播快，先行的纠纷调解结果对后来发生的纠纷处理的指引性功能尤为明显。

2．有利于提高纠纷解决的及时率

相对于比较严格的诉讼程序来说，调解程序灵活简易，更有助于纠纷的尽快解决。特别是物业管理服务中出现的相邻关系纠纷、物业费纠纷等，具有争议量大、面广、金额小和时效性强等特点，调解方式在提高纠纷解决及时率方面的优越性更加突出。

3．有利于提高纠纷解决的成功率

物业管理行业协会的专业性和权威性，使得纠纷各方在行业协会引导下达成的调解协议更具有信服力、更具有可执行性，为提高纠纷解决的成功率奠定了基础。

4．有利于降低纠纷解决的成本

这里的成本不仅仅指金钱成本和时间成本，还指协议执行的成本。行业调解的高效性和专业性，提高了纠纷各方履行调解协议的自觉性，有利于将纠纷的解决成本降至最小。

5．有利于促进社会和谐

行业调解使得纠纷各方能够平和地坐到一起寻求解决矛盾的办法，这本身就减少了社会不安定因素。调解的非对抗性，使得纠纷各方能够继续彼此之间的经济交往，有利于商业合作关系的长期维护。在业主与物业服务企业的纠纷中，物业服务合同的持续性决定了纠纷解决前后两者之间的商业关系并未间断，调解这种不伤和气的解决方式就显得尤为合适。

6．有利于优化行业环境

通过行业协会的调解，其调解过程和结论都具有一定的示范作用，有利于减少同类纠纷，建立公平竞争的市场秩序，进而提升服务质量、优化行业发展环境。

二、物业管理行业调解的优势与不足

我国目前矛盾纠纷的解决方式，主要包括调解、仲裁和诉讼三大类。由物业管理行业协会来调解行业内部或行业成员与外部主体之间的纠纷，总的来说，具有专、快、好的特点。专，是指行业调解具有专业、专家的优势；快，是指相比其他诉讼纠纷解决方式，调解可以达到更快捷的效果；省，是指在时间上和财力上的节省。具体地说，物业管理行业调解具有以下优势。

1．方式比较灵活

物业管理行业协会借助与仲裁机构、人民调解委员会、人民法院等部门的合作，可以采取多样的方式来提高调解的公信力和成功率。

2．专业优势明显

物业管理行业协会了解本行业的情况，能够促进纠纷双方有效地进行沟通，可以为纠纷双方提供切合实际的建议或纠纷解决方案。在物业管理纠纷中，物业服务企业和业主的矛盾多是因为信息不对称引起的，当行业协会以专家身份出面调解时，就有利于从专业角度说服业主和物业服务企业，减少误解和偏见，提高纠纷解决效率。

3．程序简便易行

相对于诉讼和仲裁，行业调解不拘形式，只要能有效地促进双方沟通交流、合理解决纠纷，程序可以灵活多样，可以根据双方的意愿随时改变或者终止。

4．成本相对较低

如果行业纠纷进入诉讼程序，意味着要投入较高的诉讼成本。诉讼成本包括两个方面：一个是社会成本，一个是经济成本。社会成本包括声誉成本和关系成本；经济成本则包括各种费用的支出、时间耗费以及可能带来的各种机会成本的损失。如果纠纷各方利用行业协会进行调解，社会成本和经济成本都会相对减少很多，而且为纠纷各方今后的持续合作留下余地。

物业管理行业调解同样有一些不足之处，其中的大部分都可以通过在现有法律框架内进行制度完善来解决。

首先，在实践层面上，目前物业管理行业调解还没有成为行业内纠纷和行业内主体与其他主体间纠纷的主要解决方式，物业管理行业调解公信力有待进一步提高。现有的行业协会很多是挂靠在相应的行政管理部门，从某种程度上讲，行业调解依然借助政府的行政影响力。在对南宁市物业管理行业协会的调研中，该协会反映，虽然调解工作这几年有了很大进步，但是行业调解作为民间机构调解的一部分，其公信力和执行力还是没有得到充分的认可。同时，纠纷各方一旦反悔不履行调解协议，行业协会只有从规制内部会员的角度施加影响，而这种影响是有限的，调解协议的履行情况也不容乐观。

其次，在制度层面上，行业调解与其他纠纷解决方式的结合有待进一步完善。虽然近年来行业调解在与诉讼、仲裁以及人民调解、行政调解的结合上有一定的创新，比如：青岛市道路运输协会实行了行业协会与仲裁委员会相结合的行业纠纷解决模式，山东省保险行业协会内设调解委员会模式等，都收到了比较好的效果，但是大多数物业管理行业协会基本上没有这类机制，调解结果的执行力和可接受性难以得到保障。

三、物业管理行业调解的基本原则

（一）依法性原则

行业调解的依据主要是法律，当然也包括行业习惯和相应的技术规范。虽然调解不像诉讼一样要严格依据法律分配纠纷各方的权利义务关系，但是在行业调解过程中还是应该以法律规定为基准来协调各方利益和化解争端。行业协会在调解过程中，要争取各方对法定权利义务的认可，找出平衡点，使各方达成合意。依法调解是行业调解和司法调解衔接的基础，只有行业调解过程中尽量地以法律规定的各方权利义务为基础进行调解并达成合意，才更加便于司法部门以行业调解结果为基础形成具有法律效力的司法调解书。

（二）自愿性原则

无论在调解程序启动、调解过程中以及最后达成调解协议，纠纷各方的地位平等，可以自愿参加或终止调解程序。这是行业调解的灵魂所在，也是行业调解的一大优势。特别是在调解行业内部会员与其他主体间产生的纠纷时，坚持平等自愿原则，使得行业调解更能为纠纷各方所接受，更有利于提高其公信力和权威性。

（三）中立性原则

中立性原则是指行业协会在调解纠纷各方争议过程中，一定要保持中立的地位。行业调解不但涉及行业协会内部成员之间的纠纷，而且还涉及行业协会内部成员与其他外部主体间的纠纷，行业协会不能因为自己是行业成员的利益代表者就在调解过程中偏袒内部成员，要以整个行业长远利益为重，坚持中立性原则，运用自己的专业知识努力促成调解协议的达成。

（四）专业性原则

行业调解之所以为当事人所青睐，最主要的原因之一是调解人能以行业领域的专家身份迅速进入角色。行业专家对本行业的法律规范和技术标准有着较为精深的了解，他们所具有的丰富从业经验，是其他调解主体在短时间内无法获得的，这是当事人之间的纠纷能够按照行业惯例和专业标准得以适当解决的先决条件。

四、物业管理行业调解的方法与技巧

物业管理行业调解需要行业协会发挥其沟通协调的作用，使纠纷各方对彼此之间矛盾的性质有充分的认识，促成各方对纠纷的解决形成一致意见，在调解过程中，行业协会就是一个纠纷解决的平台。

首先，物业管理行业协会要作为中立专家提供专业意见。纠纷各方因为信

息不对称，往往并不清楚纠纷的性质和涉及的法律法规，这需要行业协会担当行业事务专家的角色，促进纠纷各方进行沟通和交流，为双方达成合意创造条件。在对各地物业管理协会的调研中，我们发现，专家和学者参与的物业管理纠纷调解，其成功率更高。

其次，物业管理行业协会要依据法律事实做出公正判断。行业协会的判断应当以法律和事实为基础，先找出某个合意点，以否定离此太远的当事人主张，并通过尽量推动当事人向此合意点靠拢的方式来引导合意的形成。当然，合意点并不是行业协会主观臆断的，而是需要依据社会常识、法律规范、行业惯例以及纠纷本身的事实关系等客观因素来确定。比如在物业管理纠纷中，纠纷的一方可能从法律角度讲更有优势，也就是俗称的更有理，但是如果真正进入诉讼程序，证据却不一定完整，或者导致精力消耗或品牌贬损，此时在法律应然的结果周围就形成了很大的调解空间，也给双方妥协达成合意奠定了基础。

最后，物业管理行业协会要利用行业资源促成调解方案。行业协会对纠纷双方而言，具有中立性和专业性的地位，其对纠纷的判断又常常与法院裁判的结果相接近，行业协会可以利用对于物业服务企业的影响力促成双方合意的达成，当然行业调解不能以保护个别物业服务企业为出发点，而应当着眼于物业管理行业整体利益和长远发展。

要使物业管理行业调解的作用真正得以发挥，除了总体原则指导之外，还要运用一些具体的调解技巧，一般来说有以下几种：

（一）冷却处理法

调解初期，纠纷各方矛盾一般比较尖锐，此时调解员要完成的首要任务，就是适当地冷却白热化的纠纷，为各方理性的交流沟通创造条件。在矛盾纠纷激化的情况下，调解人员要临阵不乱、冷静思考，首先采取有效方法和策略，制止事态扩大蔓延，然后依照法律法规，对双方当事人分别耐心细致地做思想工作，待双方心平气和后，抓住有利时机，及时进行调解。

（二）依法先行法

在启动纠纷调解程序之初，调解员要通过自己的研究以及专家的帮助把待解决矛盾纠纷各方的法定权利义务基本厘清，并且向纠纷各方解释清楚。这是调解工作依法进行的基础，也是调解成功及纠纷各方自愿履行的保证。

（三）换位思考法

在纠纷调解中，当事人通常由于过多考虑自身利益，跳不出个人圈子，好钻"牛角尖"。调解员可以启发双方当事人转换角色，换位思考。在考虑己方得失的同时，也要替对方利益着想，做到知彼知己、相互理解，然后循循善诱、因势利导地进行调解。

（四）案例引导法

案例引导法是指运用调解成功的相似案例，以案说法进行剖析，让双方当事人结合案例，对纠纷症结重新思考，最终达成调解协议。在很多不易调解的复杂案件中，这一参照普通法原则的纠纷调解方法尤其有用。

（五）独立第三方认证法

在行业调解的过程中，如果遇到争议比较大的专业性问题，行业协会可以委托第三方专业评估机构认证评估。独立第三方的认证评估，一方面可以使行业调解的中立地位得到加强，增加调解结果的可接受性；另一方面，也可以借助中立第三方的认证把技术性的问题排除在争议之外，有利于争议的迅速解决。比如，在物业维修养护纠纷中，作为独立第三方的物业设施设备专业委员会的鉴定意见，对纠纷各方共识的达成以及纠纷最终妥善解决起到很大的帮助作用。

五、国外行业调解先进经验的借鉴

在国外，行业调解不是一个独立的纠纷解决概念，它是内置于整体的非诉讼纠纷解决机制（ADR）中的一环。研究国外的非诉讼纠纷解决机制，对于理解和建构我国的物业管理行业调解有着重要的意义。

（一）美国非诉讼纠纷解决（ADR）体系

美国是推广和使用ADR最有成效的国家之一。早在20世纪80年代，美国法律部门为了应对日益增多的诉讼和司法资源的紧张，大力发展非诉纠纷解决制度。美国的ADR体系，主要包括附属于法院的仲裁、早期中立评价、调解、和解会议、调解--仲裁（Med-Arb）等，美国调解制度的合理设计，以及司法系统对ADR的支持，成为美国社会大部分纠纷能以调解方式解决的主要原因。在理念上，实用主义的考虑使美国对调解等诉讼外纠纷解决方式的接受难度明显减小，更何况ADR本身呈现出另外一种正义观。正如美国前任首席大法官沃伦·伯格说："我们能够提供一种机制，使争议双方在花钱少、精神压力小、比较短的时间内获得一个可以接受的解决结果，这就是正义。"

在司法系统内，1974年，美国的民事案件管理计划(Civil Appeals Management Plan，CAMP)规定在诉讼程序中引入法院附设调解，该项计划的首要目的是鼓励缩短烦琐的诉讼程序以求迅速解决该类案件。法院附设调解首先在小额案件中试行，很快因其低风险及非正式性而在州及联邦法院中广泛运用，结案率相当惊人。作为ADR主要形式之一的调解·是当事人双方在中立第三方的协助下，在没有强力迫使解决争议的前提下，通过谈判相互协商以求得双方均满意的争议解决方案的一种非正式程序。法院调解通常在证据开示程序即将结束时展开，由调解员主持调解工作。调解员一般情况下不由法官担任，而由非营利团体的调解协会组织受过专门训练的律师担任，调解程序根据法院制定的规则进行。与诉讼的强对抗性有可能造成双方的关系断裂相比，法院附设调解，因其是双方在友好的基础上进行交流、协商而达成相互可接受的解决方案，可能形成双方受益的局面，而且此程序还会使双方发现在诉讼程序中永远也不可能实现的创造性的争议解决方案。

在司法系统以外，ADR也在迅速发展。美国800家最重要的企业和律师事务所代表组成的美国公共资源中心纠纷解决协会（the CPR Institute for Dispute Resolution），致力于向成员和其他人进行教育，推广更好的纠纷解决之道。在教育方面，美国几乎所有的法学院现在都开设了ADR课程，甚至许多商学院和规划学院也是如此。在美国有1.95万人在5500个社区中心进行调解，其中大部分是自愿者。美国发达的商业环境决定了诉讼解决纠纷的高成本和不经济性，所以在商业合同中，律师大都订立相应条款使得合同的纠纷首先适用于调解。在各州的立法中，通常会为某些案件类型设置特殊的纠纷解决机制，特别是在劳动领域，如今调解已经成功地替代了仲裁成为美国劳动纠纷的主要解决手段。另外，在调解人的选定上，立法者和法院通过规定调解人的准入条件来确保调解的质量。

美国的司法体系和我国有着很大的差异，但是其非诉讼纠纷解决体系和技巧方法，对于我国的行业调解还是有很多借鉴意义的。比如说通过立法来发挥调解在诉讼启动前的缓冲作用，再比如通过法院指导和地方立法来规范调解人的准入条件。但是，总体来说，美国的市场机制已经比较成熟，能通过民间协会等机构的竞争，形成可以信赖而又高效的调解主体。而这一点恰恰是我国现阶段所缺乏的，所以只有通过立法及司法的强行规制来保证调解主体的可信赖性。另外，美国法院在案件中强制或自由裁量优先适用ADR程序的方式值得我们借鉴，如果中国司法系统能建立此类制度，将为作为中立第三方的行业协会开展调解创造良好的条件。

（二）英国非诉讼纠纷解决（ADR）体系

英国的ADR体系在方式种类上和美国大同小异，所不同的是，英国模式更注重当事人意思自治的选择空间，法院更少地介入ADR机制，而是由大量的专家组织（专家协会、ADR集团、纠纷解决中心等）提供服务。

英国调解方式的主要应用领域是不公平解雇案件。调解是一种法定的方式，通常在案件提交工业裁判所审理之前进行，由咨询、调解与仲裁事务局归口管理，该机构的法定义务之一是努力找出当事人一致同意的解决这类纠纷的方式。咨询、调解与仲裁事务局享受中央政府的财政拨款，从历年的平均数值来看，咨询、调解与仲裁事务局的介入，使大约1/3的工业裁判所案件不需审理就能够得到解决。

在英国的《民事诉讼规则》中，法院利用诉讼费用制度促使当事人采取ADR解决方式。比如新规则36.10条规定，如果一方当事人在诉讼程序启动前提出和解要约的，法院在做出有关诉讼费用的命令时，应该考虑有关当事人提出的和解要约。新规则第36.20条规定，如果原告不接受对方和解要约和付款，并且在其后的诉讼中没有取得比该要约或付款更好的结果的，原告应该补偿对方的所有诉讼费用及附加利息。上述规则，为调解机制的运行提供了良好的制度保障。

英国的制度设计使得调解成为重要的纠纷解决机制之一，这一点很值得我们在构建行业调解体系时学习。特别是英国将启动和解要约与诉讼费承担相关联的做法，更有效地促进了ADR程序的适用。不仅如此，英国的专家协会培训合格的纠纷解决第三人的做法，是保证调解制度良好运行的基础，也是我国行业调解急需借鉴的。

（三）日本非诉讼纠纷解决（ADR）体系

日本的司法体系及法律文化与我国相类似，日本的ADR体系和我国一样，处于迅速发展过程之中。2004年日本制定了《促进裁判外纠纷解决程序利用法》，对日本ADR的基本理念、国家职责、民间ADR机关认证制度、ADR纠纷解决程序的法律效力等问题做了全面规定。

在日本，ADR的适用领域包括：（1）法院的民事调停。调停由一个三人委员会主持，该委员会由一名法官做主席，另有一名律师和一个具有普通常识的市民组成，法律规定"解决应通过当事人互相妥协，以实现与情理和事实相符"。（2）污染纠纷调解委员会。1970年日本建立了污染纠纷调解委员会，聘请该领域的专家，通过一些灵活的程序如调停、斡旋、仲裁等处理纠纷，日本与污染有关的绝大部分纠纷是由调停解决的。（3）交通事故纠纷处理中心。该中心采用了裁判制度，由律师组成的裁判委员会听取双方的意见，并在进行独立的调查之后给出一个中立的意见，供当事人选择。（4）消费者中心和产品责任中心。在消费领域，有两类纠纷解决机构：其一为消费者中心，负责解决消费者提交的争议，大部分纠纷涉及小额请求；其二为产品责任中心，负责处理瑕疵产品导致的损害和赔偿。产品的领域非常广泛，包括医药、化学建材、汽车、家电、玩具和日常生活用品等。

日本的ADR主要分为三个层次：司法层面、行政层面和民间层面。这与我国的调解制度很相类似。与仲裁相比，协调型的ADR应用更加广泛，调停不仅在很大程度上应用于持续性的法律关系，如房东和房客间的案件、婚姻案件，而且还在交通事故案件、环境污染及产品责任案件上取得显著成果。日本的ADR基本法，对调解主体、程序、救济以及调解机关认证等方面都做了详细的规定，其中：第六条规定了认证的基准，比如ADR机构的专业知识及经营管理能力等，以及ADR机构包括保密等的各项义务；第十一条规定了认证的公示制度；第二十条至第二十四条规定了负责认证的行政机关对被认证民间ADR机构的监管权限和措施；第二十五条规定了时效的中断制度。这些都为调解和诉讼的结合预设了良好的接口。

（四）香港的非诉讼纠纷解决（ADR）体系

香港在非诉纠纷解决机制方面不仅继受了英国法的一部分制度，还有着自己的创新之处。比如香港仲裁条例中的调解制度，从香港现行的仲裁立法来看，香港对于由合同授权进行的调解是予以支持的。这一点主要表现在：《仲裁条例》第2A(1)和(3)条对可能存在的不完整的"调解"条款作了补充，规定了在没有达成协议的情况下，选定法院可以根据协议一方的申请指定调解员的机制，除此之外，还规定了时间标准以帮助确定何时"调解"失败，从而可以开始仲裁程序。《仲裁条例》第2A(2)条规定，若仲裁协议约定了"调解员"的选定方法，并进一步规定倘若调解失败，该获委任的调解员得出任仲裁员，则任何一方不得以其先前的调解员身份为借口反对其获委任为仲裁员。

香港虽然没有直接规定调解协议的强制执行性，但是即使调解协议在此基础上是不可强制执行的，《仲裁条例》把调解条款纳入其中仍具有深远的意义。因为根据此类条款，一方当事人只需按照合同条文的规定，便可向对方当事人建议使用调解，而不必害怕这样做显示自己处于弱势。此外，此类条款的存在，对法院来说也是强有力的信号；当法院断定所面对的案件适合用调解来处理的时候，法院便可行使自由裁量权颁布命令中止诉讼程序，来促使调解协议得以实施。

2004年3月，香港司法机构民事司法改革工作小组发表了香港民事司法制度改革《最后报告书》。该报告对法庭如何将替代性争议解决方法引入民事司法程序作出规定：法律援助署署长有权在合适的案件类别中，以申请人须寻求ADR作为批准法律援助的条件之一，若一方不合理地拒绝寻求ADR，或在ADR过程中不予合作，该方将会承担支付诉讼费用的风险；授权法庭促使达成自愿调解(voluntary mediation)，即在任何诉讼人收到对方送达的要求调解通知书后，或在法庭已主动提议调解或应对方的申请提议调解时，如果该诉讼人无理拒绝接受调解，法庭在考虑有关情况后，应有权做出不利于该诉讼人的讼费令。

（五）国外经验的启示

国外非诉讼解决体系（ADR）对构建我国行业调解制度，有以下几点启示：

1．行业调解程序的启动

ADR程序的启动，需要立法和司法方面的密切配合。无论美国的《民事司法改革法》、日本的《促进裁判外纠纷解决程序利用法》及中国香港民事司法制度改革《最后报告书》，都强制规定部分诉讼案件必须首先适用ADR或赋予法官优先适用ADR的裁量权。由此可以看出，立法和司法的保障对行业调解的启动至关重要。

2．调解人员的培养和认定

不同的立法模式下，对于调解人员的认定，有的国家基于立法规定，有的国家基于法官的指定或当事人的认可。各国均重视调解人员的培养，对于我国行业调解来说，调解人员的素质是保证调解工作能否顺利开展的核心问题。对于物业管理行业调解来说，调解员要具备包括法律和物业管理两方面的专业知识，才能在纠纷中厘清各方的权利义务关系，为纠纷的良好解决打好专业基础。物业管理行业协会，可以联合法院对物业纠纷调解员进行培训和认证，以提高调解员的专业素质，进一步规范行业调解活动。

3．调解结果的认可

在立法及司法认可的ADR程序下产生的调解结论，因为有公权力的支持，所以更能得到双方的认可。反过来说，调解结果得到认可，很大程度上应当依赖司法的支持。因此，设计出行业调解与司法裁判良好的衔接制度，是推进行业调解持续发展的重要前提。目前，最高人民法院酝酿中的司法意见正在朝着这个方向努力。

六、中国特色物业管理行业调解模式的构想

（一）行业调解在当下中国之可行性

行业协会在我国的发展时间还不长，其前身多为计划经济时代政府的行业管理机构，直到现在，也没有完全从以往的行政管理部门完全脱离出来。1956年社会主义改造完成后，全国进入高度集权的计划经济体制，国家直接指挥企业的生产经营活动，行业协会的自我管理并无生存的土壤。自20世纪70年代末开始的改革，直接导致社会利益的多元化和政府在某些领域的退出，在行业管理方面，政府逐步将管理职能集中到宏观方面，行业协会则逐渐承担了一些具体的、技术性的、操作性的职能。初期的行业协会大多是"自上而下型"的，最大特点是准行政化的运作机制和"二政府"的非独立地位。在转型阶段，一方面，为了适应市场经济的发展，以及政府机构改革的需要，国家主动推动行业领域的自治；另一方面，国家出于自身的考虑，又要限制行业自治，行业协会仅仅扮演了政府助手的角色，实质的参与和监督功能难以形成。

1993年6月，全国第一家地方物业管理行业协会——深圳市物业管理协会成立，此后广州、海南、上海、青岛、常州等地相继成立了物业管理协会。中国物业管理协会于2000年成立，物业管理行业协会的发展与物业管理的市场化进程是同步的。目前，和其他行业协会一样，物业管理协会面临的问题在于缺乏对协会作用和定位的正确认识，由于在长期实行的计划经济体制之下，对政府的行政管理过分依赖，非政府组织生存发展空间狭小，对发挥行业协会等自律性组织在行业管理中的作用普遍认识不够。由于历史的原因，多数物业管理行业协会是作为行政主管部门的派生和依附而存在的，早期的物业管理行业协会大多具有与行政主管部门"一套人马、两块牌子"的中国特色，这就使得许多协会的政府色彩浓厚，缺乏自身应有的独立地位，在行政监督管理和行业自律管理混同的情况下，物业管理行业协会的性质是模糊的。在定位不明的情况下，行业协会服务会员的意识不够，服务企业的动力不足，服务工作也不能到位。

中共十七大报告提出，要"加快行政管理体制改革，建设服务型政府"。"要加快推进政企分开、政资分开、政事分开、政府与市场中介组织分开，规范行政行为，加强行政执法部门建设，减少和规范行政审批，减少政府对微观经济运行的干预。"在建设服务型政府的大背景下，政府与行业组织脱钩是大势所趋，新时期如何建构政府与行业协会的新型关系，是我们面临的一个崭新课题。

考察西方国家行业协会的建构范式，主要分为大陆法系的同属范式和英美法系的斗争范式两种。所谓同属范式，是指公民信赖政府，并认为政府与为维护社会成员利益而成立的社会自治性组织一样，会为其谋取共同的利益。在这些国家，代表社会成员利益的行业组织会主动积极地帮助或替代政府实现管理目标，行业协会与政府基本处于同一地位，共同对社会进行公共管理，所以称为"同属范式"。而在英美国家，人们宁愿让政府以外的其他代言人来代表其共同的利益，行业协会作为社会成员的利益代表与政府处于对立地位，它主要通过与政府的讨价还价来维护和争取其成员的利益，所以称为"斗争范式"。目前西方国家的这两种范式之间逐渐呈现融合趋势，特别是在英美国家，传统的斗争范式已经被一种协商关系所替代，英美国家的行业协会日益呈现被整合到政府规划和决策过程之中的趋势，在行业组织这一类利益集团与政府之间，不再是仅仅对立的斗争关系，而是通过相互接受和渗透逐渐形成一种信赖关系。

借鉴西方国家经验，物业管理行业协会应该做到：既能作为公众代表协助政府对社会及成员进行管理，实现政府目标，维护公共秩序；又能作为行业代表对政府进行制约监督，参与政府决策，维护行业利益。具体说来，今后物业管理行业协会应该建立和完善以下几种职能，作为自身定位的基础。

1. 自治职能

物业管理行业协会应该进一步强化行规制定权和对会员的惩戒权。由会员共同制定行规，自愿受其约束，规范会员行为，维护行业整体利益，是行业协会本身固有的权利。还应当进一步完善监管权，包括标准制定和实施权，以及认证权和许可权。行业协会有权制定本行业服务标准和质量规范，经法律法规授权和政府部门授权，有权参与制定本行业规划和国家强制性标准。行业协会还有权根据会员要求，代表本行业进行行业重大决策、项目论证等工作，并向政府提出促进行业发展的政策建议。

2. 调解职能

调解职能是行业协会中介性的体现，物业管理行业协会作为会员共同利益的代表，有权从行业整体利益出发，协调会员企业间、会员企业与非会员企业间、国内企业与国外企业间因行业经营活动产生的纠纷；有权代表本行业参加行业性集体谈判；有权根据会员要求，对会员企业间、会员与消费者之间、本行业协会与其他行业协会或经济组织之间的纠纷进行调解；有权代表本行业及行业内企业向政府有关部门表达意见；有权对行业中会员企业在经营活动中的冲突进行政策协调，对会员企业在市场划分、销售价格、竞争方式等方面进行协调和自律。

3．咨询职能

行业协会的宗旨是维护行业利益，维护行业内企业利益，为行业服务，为行业内企业服务，物业管理行业协会应把咨询服务作为一项基本职能。行业协会并不是简单地搜集信息，而是在搜集信息的基础上进行分析评估，而后提供给企业，作为决策的依据。在市场竞争中，企业经营决策的风险日益增加，这就要求行业协会能够为会员企业提供专业咨询，根据会员要求出具鉴定报告，举办专题讲座和报告会，开展职业教育培训工作。

总之，物业管理行业协会应该逐渐完成从一个政府管理代理人到行业利益代言人的转变。这绝不仅仅是单纯地放弃一些管理职能就可以完成的，恰恰相反，在某些方面需要行业协会加强对会员企业的自律管理。代表行业利益是行业协会的定位基点，从这个基点出发，物业管理行业调解不仅仅是为了解决个案纠纷，而是应当站在行业长远发展的高度上来完成一个个具体纠纷的调解。

（二）物业管理行业调解的内部制度支持

行业调解的内部制度支持，主要是指行业协会为实施调解职能所进行的相关人员机构的安排以及内部调解程序规则的设计。与其他调解主体比较，物业管理行业协会具有专业性较强、公信力较强、机构较完善等特征。虽然物业管理行业协会此前也一直开展调解行业内部矛盾的工作，但是，欲使其成为真正合格的行业调解主体，进一步发挥其潜力，还需要一系列制度上的保证。

1. 制定专门的调解程序

程序公正是调解工作成功的基础，物业管理行业协会要依据本行业特点，结合实际情况制定行业调解程序，并予以公示。目前比较合适的做法是：中国物业管理协会制定一般性、普适性的行业调解规则，各地物业管理行业协会以此为依据制定符合本地区实际情况的调解细则。具体地说，行业调解程序规则主要包括：

（1）调解的启动。行业调解启动的前期引导，可以通过司法委托、纠纷各方申请委托、合同约定纠纷解决委托等形式进行。在正式调解之前，当事人双方要将双方的争议点以及与争议点有关的主要证据提交负责调解的物业管理行业协会，并由协会确定调解日期。调解员首先要使双方对调解地点、参与人员等程序事项达成一致意见，并形成书面协议。对于标的较小、情节简单的纠纷也可以根据双方合意简化上述程序。

（2）调解的进行。调解可以双方"面对面"方式，也可以双方"背对背"方式进行。调解员首先要听取各方当事人对案件的简短陈述及己方的主张，然后进行调查询问。对案件进行初步评估后，调解员可将评估意见与各方当事人进行私下的沟通交流，以确定正式的调解方案。调解没有诉讼那样要求严格及规范的举证及质证程序，同时证人也可不出庭，调解过程气氛较为宽松。在行业调解中，调解员要发挥专业优势，在纠纷各方充分阐述自己的观点和意见后，要从专业角度进行分析，引导各方在事实问题上先行达成共识。如果需要第三方独立评估的，应该让各方先出具同意文件。调解员应当将法律规定、实际情况和各方期待相结合，尽量促成各方和解。调解方案做出后，调解员应当向各方当事人发出通知，并要求在确定的期限内做出同意或反对的明确答复。

（3）调解的终止。如果经过调解，当事人分歧依然很大，或者有一方对达成的调解方案反悔，调解员应该及时终止调解，建议各方当事人进入其他纠纷解决程序。

（4）调解协议的达成。经过努力，纠纷各方对争议事项达成一致意见，同意最终的调解方案的，调解员需要根据调解方案制作书面的调解协议。调解员应当确认各方当事人能够充分理解调解协议约定的内容，并做出书面签认。

2．设置专门的调解人员

为做好行业调解工作，物业管理行业协会除了加强本行业专业人才的培养，还要进一步吸收法律、经济等跨学科专业人才参与调解工作，应该在行业内建立统一的调解员能力素质标准，由行业主管部门进行认证，同时定期开展培训，保证调解员的知识更新。物业管理行业协会还可以设立行业调解委员会，聘请本行业内的专家、学者和律师等担任调解委员会委员，对于重大复杂的案件，行业调解可以交行业调解委员会处理。委员会一般由三人以上奇数的调解员组成，最终调解意见以多数表决为准。

（三）物业管理行业调解的外部制度完善

1．业必归会制度的建立

物业管理行业协会代表行业利益的前提条件之一，就是行业内绝大部分企业主体成为协会会员。只有在行业内的绝大多数企业都加入协会时，协会的行业调解才具备足够的约束力和公信力，因此，业必归会制度是发挥行业调解作用的前提条件之一。物业管理行业的业必归会制度，目前并未在全国范围内建立起来。《深圳经济特区物业管理条例》第五十八条规定："物业服务企业应当在取得资质证书三个月内加入深圳市物业管理协会"，在物业管理行业内，深圳首先实行了业必归会的制度。业必归会制度的建立，无论对行业协会的自身发展，还是对行业调解的成功实施，都起着非常重要的作用。

2．调解程序前置制度的推广

行业调解程序的启动是根据纠纷当事人各方的合意来完成的。上文已经反复论证，司法程序和行业调解的良好衔接是分流司法压力、促进纠纷解决的保障。推广调解程序前置制度是高效专业解决纠纷的最佳途径。一方面，应当扩大调解前置程序的范围。目前劳动争议首先适用调解程序，今后在可能的立法或者司法解释中，应当规定如保险纠纷、物业服务纠纷、工程技术纠纷等专项小额纠纷适用行业调解前置程序。另一方面，应当赋予法官自由裁量权，对一部分涉及行业纠纷的案件（如物业管理纠纷），法官在立案时有权决定是否前置行业调解程序。

3．恶意调解补偿机制的探索

由于纠纷各方进入调解程序，并不能保证纠纷各方真正地进行磋商并达成协议，因此要求有一定的制度来惩戒恶意协商的一方当事人。在这种情况下，可以探索将拒绝协商和恶意协商与诉讼费用、调解费用及律师费用的负担联系起来。在今后立法或司法解释中可以尝试规定：对于拒绝协商、恶意协商或者对达成的调解方案反悔的一方，以及原告不接受对方和解要约或支付，而在其后的诉讼中没有取得比该要约或支付更好的结果的，恶意原告方应该补偿对方的调解费用、律师费用和诉讼费用及附加利息。

4．调解协议确认制度的推行

行业调解协议虽然具有合同效力，但是如果有一方反悔，仍需重新启动司法程序，行业调解节省诉讼资源的目的前功尽弃。为了尽量减少此种情况，可以考虑在今后的立法或司法解释中规定，纠纷一方或双方可以将行业调解协议提交法院确认，制作司法调解书。一方或双方对调解协议反悔并起诉到法院的，法院受理后只审查该协议是否具有《合同法》规定的合同无效或可变更、可撤销等情形，如果调解协议存在上述情形，法院可以宣告调解协议无效，启动案件的司法程序；如果调解协议不存在瑕疵，当事人反悔进入司法程序时，法院可以直接根据调解协议制作判决书。

（四）物业管理行业调解的立法和司法保障

行业调解是一个综合的纠纷解决过程。中国物业管理协会作为最高人民法院多元纠纷解决机制改革工作中行业调解的试点单位，针对当前物业管理行业调解的状况和需要解决的问题，已经向最高人民法院提交了关于出台行业调解的司法保障制度的建议。今后立法和司法应当着力从以下几个方面为行业调解提供保障。

1．改进行业调解程序启动制度

（1）合同示范文本中明确行业调解前置程序。

在涉及行业主要经营活动的合同示范文本（如物业服务合同、管理规约等）的争议处理条款中，加入优先适用或者选择适用行业调解的相关程序性规定。这样就能为优先适用行业调解程序打开便捷之门，使得行业调解能够快速普及，成为纠纷调解机制中的重要组成部分。

（2）立案后适用行业调解前置程序。

在美国、日本及中国香港等国家和地区都强制性规定，部分诉讼案件必须首先适用ADR或赋予法官优先适用ADR的裁量权。在我国，除劳动争议首先适用调解程序外，在今后的立法或者司法解释中，应该进一步扩大调解前置程序的范围，比如保险合同纠纷、物业服务纠纷、工程技术纠纷等专项小额纠纷等都可以适用行业调解前置程序。同时，还可以通过司法解释赋予法官自由裁量权，对一部分涉及行业纠纷的案件，法院在立案时应当首先适用行业调解前置程序。

2．强化行业调解结果确认制度

（1）加强确认行业调解结果的效力。

在今后立法或司法解释中可以规定，纠纷双方可以直接将行业调解协议提交法院确认，制作司法调解书，法院只需对其进行形式审查。如果一方对行业调解书达成的协议反悔而起诉到法院的，法院受理后只审查该协议是否具有《合同法》规定的合同无效或可变更、可撤销等情形，如果协议存在瑕疵，法院宣告此协议无效，可以对此案件进行审理；如果不存在合同无效或可变更、可撤销等情形，当事人反悔进入司法程序的，法院可以直接根据其内容制作相应的判决书。

（2）加重否认行业调解结果的责任。

在今后的制度设计中，可以把诉讼费与行业的适用结合起来，使得不愿进入调解程序或不承认调解协议的当事人承担更多的诉讼费用。比如，可以规定纠纷一方当事人在起诉前，可以就全部和部分争议提出和解要约，如另一方不接受的，诉讼费用将由不接受调解的一方承担更高的数额；还可以在制度中明确规定，若一方不合理地拒绝优先进入行业调解程序，或在程序进行中不予合作，法庭在考虑有关情况后，应有权做出不利于该诉讼人的诉讼费支付裁定。

3．相关司法解释建议稿

第一条　人民法院可以邀请与当事人有特定关系或者与案件有一定联系的企事业单位、社会团体或者其他组织，以及具有专门知识、特定社会经验的组织和个人协助调解工作。

人民法院在处理涉及物业服务纠纷、保险纠纷、工程技术纠纷等专项纠纷时，可以委托相关行业协会、专家进行调解。

经各方当事人同意，人民法院委托相关单位或者个人对案件进行调解的，达成调解协议后，人民法院应当依法予以确认。

第二条　当事人在和解过程中申请人民法院对和解活动进行协调的，人民法院可以委派审判辅助人员或者邀请、委托有相关单位、行业协会等组织以及个人从事协调活动。

当事人在诉讼过程中自行达成和解协议的，人民法院可以根据当事人的申请，依法确认和解协议，制作调解书。双方当事人申请庭外和解的期间，不计入审限。

第三条　人民法院在处理涉及物业服务纠纷、保险合同纠纷、工程技术纠纷等专项纠纷时，可以建议当事人委托相关行业协会以及其他组织进行先行调解。

经各方当事人同意，当事人委托相关行业协会以及其他组织进行先行调解的，达成调解协议后，人民法院应当依法予以确认。当事人请求制作调解书的，人民法院应当制作调解书送交当事人。当事人拒收调解书的，不影响调解协议的效力。一方当事人不履行调解协议的，另一方当事人可以持调解书向人民法院申请执行。

第四条　涉及物业服务纠纷、保险合同纠纷、工程技术纠纷等专项纠纷的一方当事人在起诉前或诉讼进行中，可以就全部和部分争议提出调解或和解要约。若另一方当事人不接受，而且在其诉讼中没有取得比该要约有利的结果的，由不接受调解或和解的一方当事人承担更加不利的诉讼费用。

第五条　当事人不能对诉讼费用如何承担达成协议的，不影响调解协议的效力。人民法院可以直接决定当事人承担诉讼费用的比例，并将决定记入调解书。

第六条　调解协议具有下列情形之一的，人民法院不予确认：

(一)侵害国家利益、社会公共利益的；

(二)侵害第三人利益的；

(三)违背当事人真实意思的；

(四)违反法律、行政法规禁止性规定的。

调解制度不但在我国有着悠久的传统和肥沃的土壤，而且对于构建和谐社会有着重要而积极的作用。对于案件总量已经名列各类纠纷前茅的物业管理行业来说，引入并推广行业调解刻不容缓。物业管理行业调解制度是一个系统工程，需要各种内外部条件的配合和助力。任何一项制度的设立和完善，都是一个长期发展进化的过程，希望此文能够成为探索我国物业管理行业调解机制的一个开始。

物业管理的客户满意

1999年

市场竞争中物业管理企业的现实选择

竞争是市场经济的本质属性。从竞争角度分析，物业管理市场化的进程一般可分为三个阶段：第一是垄断阶段，特征是物业管理企业利用与发展商的隶属关系直接获得管理权；第二是相对竞争阶段，特征是物业管理企业在政府指导下由发展商通过招投标方式竞争管理权，也可称之为争夺发展商阶段；第三是绝对竞争阶段，特征是客户（产权人和使用人）根据市场规则直接决定管理权的归属，也可称之为争夺客户阶段。目前，虽然经济、社会发展的不平衡决定了我国不同地区在物业管理市场化进程中步调不一，但是逐步进入绝对竞争阶段是物业管理行业发展的必然趋势。如何争夺客户成为摆在所有物业管理企业面前一个不容回避的问题，而这也正是物业管理行业导入客户满意战略的根本动因。

CS是英文"Customer Satisfaction"的简称，可译为"顾客满意"或"客户满意"，是指客户（或顾客）在消费活动中逐步积累起来的对产品（或服务）的持续的客观评价，反映为一种经过长期沉淀而成的情感诉求。客户满意战略，又称CS战略，则是企业根据调查分析的结果，综合、客观地测定目标客户的满意程度，并以此为依据合理配置各种资源，不断改善其产品（或服务）的质量，以提高客户满意度，并以此增加企业效益的经营战略。客户满意战略于20世纪80年代初兴起于美国汽车业后，很快就被导入运输、金融、旅游等服务性行业，并迅速在日本等发达国家传播推行。实践证明，顾客满意是树立良好口碑的基础，而口碑市场对形成企业品牌效应的作用远远大于追求短期轰动效应的广告市场，口碑市场是企业持久竞争力的重要组成部分。

从服务对象来看，物业管理有两大目标：一是满足作为产权人的客户实现其所有物业的保值、增值的需求；二是满足作为使用人的客户拥有方便、舒适、优美的居住空间的需求。客户对物业管理者的工作成果的最终评价，取决于管理者对上述两个基本需求的满足程度，而如何保障或提高客户的满意度，正是客户满意战略所要解决的问题。客户满意战略的视角是以客户为中心，要求企业的整个经营活动要以顾客满意度为指针，要从客户的角度而非企业自身的利益和观点来分析市场需求，并不断地最大限度地满足客户需求。

从企业自身来看，物业管理企业的目标可以概括为三方面：经济效益、社会效益和环境效益。在市场竞争中，以上三方面的目标同样可以依靠客户满意战略得以实现。在物业管理企业的经营活动中，客户的满意度直接影响客户对企业的忠诚度，而客户忠诚度不仅能保证物业管理委托关系的长久稳定，提高企业的收费率（经济效益），并能激发客户对物业环境的自觉维护（环境效益），还能为企业创造良好的口碑（社会效益）。这些都有利于企业将众多的潜在客户转变为现实客户，通过扩大市场份额和形成规模效益等手段增强企业的竞争力，为更好满足客户需求创造有利条件。

从下图中，我们不难看出，在物业管理领域，客户满意战略是促进客户需求和企业供给之间良性互动，进而实现企业和客户双赢的最佳选择。

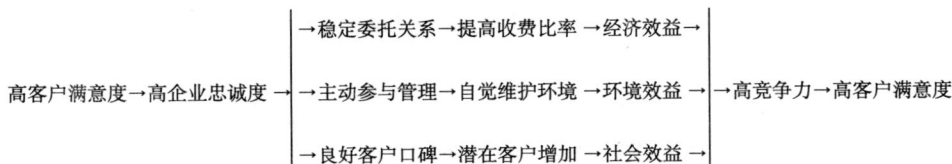

<pre>
                          ┌→稳定委托关系→提高收费比率 →经济效益→┐
高客户满意度→高企业忠诚度 →│→主动参与管理→自觉维护环境 →环境效益→│→高竞争力→高客户满意度
                          └→良好客户口碑→潜在客户增加 →社会效益→┘
</pre>

物业管理客户满意战略良性循环图

物业管理客户满意战略的基本内容

在现有客户满意战略理论的基础上，结合物业管理行业的特点，笔者认为，物业管理企业客户满意战略的基本内容，应当包括以下四个方面：

一、 客户需求的研究和识别

识别客户需求作为现代质量管理的一项基础性工作，是提高客户满意度的前提，也是企业进行准确的市场定位的依据。物业管理企业导入客户满意战略，首先要求管理者全面掌握客户的自然状况、财务情况、消费特点和个人偏好等相关信息，建立完备的客户档案资料，在此基础上，对目标客户群体的需求作细致的研究和精确的识别，由此判断不同客户的基本需求层次和满足方式。例如，普通物业客户的基本需求是居住方便和实惠，而高档物业客户则对享受和尊重有较高的要求。物业管理者还应针对服务对象多样性的特点，从多元化的客户需求中严格区分普遍需求和个别需求、有效需求和无效需求、主要需求和次要需求、基本需求和扩大需求，等等。

二、 管理服务环节的全过程控制

物业管理环节的连续性和服务内容的综合性，使得客户满意体现在物业管理企业为客户提供产品（即服务）的全过程，这就要求物业管理者在从事先参与、验收接管、签约入住的前期管理到清洁、绿化、保安、消防、维修、交通管理等日常管理的每一个环节中，都要以客户满意为目标推行全面的质量控制措施。同时，针对物业管理的长期性特点，为了保证高质量服务的稳定性以持久地实现客户满意，还要求物业管理企业规范管理行为，推行标准化、规范化的服务。

三、 客户满意度评价体系的建立和完善

虽然客户满意是一种带有强烈主观色彩的消费心理，存在着难以量化的主观品质，但是如果对客户满意度的市场分析和调研只停留在定性的层次，那么客户满意战略对企业科学决策的作用就要大打折扣。对物业管理行业而言，客

户满意度的分析和评价体系可以建立在对物业管理各种基础数据（如入住率、收费率、投诉率、满意率）的收集和分类的基础上，通过跟踪调查、现场诊断等手段对特定范围的客户满意情况进行原因分析和综合评价，并以此为依据为日后的分析和评价准备原始数据和档案资料。建立和完善一套科学、严密、完整的客户满意度评价体系，是物业管理客户满意战略的核心内容。

四、管理服务策略的调整和改进

一方面，依据客户满意度的分析和评价结论，物业管理企业可以发现特定物业区域内客户满意度上存在的问题和不足，并通过对客户满意构成要素（如价格、功能、环境、服务态度、物业环境等）的剖析研究，寻找出解决客户不满意的方法，采取积极有效的措施对具体的管理行为做出及时的修正，以最大限度地满足客户的需求。另一方面，由于物业管理服务工作的长期性，客户对服务质量的期望值存在着不断增长的趋势，客户满意度是一个动态变化过程，这就要求管理者必须具有长远的眼光，在认真分析自身的长处与不足的同时，根据客观条件的变化不断调整和改进管理服务策略，不断提升服务质量，以实现客户满意度的最大化。

实施客户满意战略的具体措施

一、树立"客户满意"的企业价值观

现阶段，我国物业管理与发达国家和地区的最大差距之一就是观念的落后，这种差距表现在物业管理企业主要站在自身的立场上制定经营管理战略，提供服务产品，而忽视了客户需求的满足。导入客户满意战略，就是赋予传统意义上的"服务意识"以时代的精神，要求企业主动地进行换位思考，以"客户满意"作为企业文化的精髓不断地向员工灌输，激发员工实现客户满意的积极性和创造性，"客观满意"成为物业管理企业一切经营活动的出发点和归宿。

二、切实提高服务人员的职业素质

员工是企业的品牌，物业管理能否实现客户满意，很大程度上取决于服务者的素质。在物业管理领域，高素质的员工，不仅意味着高学历，同时还意味着较高的政策水平、较强的协调能力和良好的职业道德。提高员工素质，企业不仅要实行优胜劣汰的用人机制，更要注意建立一套科学、客观、实用的培训体系，定期以客户满意为标准对员工进行实务技能和职业素养的训练，培养员工的自我管理能力，使他们面对客户的不同需求，能够真正提供全方位的"周到"（眼到、耳到、心到、口到、手到）服务。

三、规范化和个性化服务相结合

满足群体客户的普遍要求是日常性管理服务的重点，为了保证日常服务质量的高水平和稳定性，物业管理企业必须将客户满意的理念化为各种制度、流程、方法、技术手段，并付诸清洁、维修、绿化、保安等管理实践。实现制度规范基础上的行为规范，不但有益于树立服务的产品形象，同时可以提升企业的品牌形象。除此之外，企业还应当关注多样化客户的个别需求，适时提供相应的个性化服务（如各种特约服务项目），这同样是提高客户满意度的有效手段。

四、预防性和补救性服务并重

通过识别客户需求和评价客户满意度，物业管理企业不仅应当前瞻性地预测客户需求并提前满足相关需求，还应当对可能导致客户不满意的因素采取预防性措施，有效减少客户不满的发生。例如通过事前签署各种文件和反复强调装修注意事项等方式防止装修纠纷的发生；在危及人身安全的地带设置明显标识以防万一，等等。另外，由于客观条件和综合因素的制约，实际管理工作势必存在一些客户不满意的情况，对此，企业必须采取及时妥善的补救措施，化解客户的不满情绪。重视抱怨和投诉的补救性服务至关重要，任何管理者都要记住以下"客户满意口碑定律"：一个非常不满意的顾客可能把不满告诉至少20个人，而这些人在产生相同需求时几乎都不会光顾该被批评的企业。

五、全方位拓宽沟通渠道

国外研究表明，只有三分之一的顾客是因为产品（或服务）的性能和质量不满，其余三分之二的顾客不满意大都出于沟通不良。可见，充分与客户沟通是提高客户满意度的一个重要手段。在物业管理服务工作中，拓宽与客户沟通渠道的方法很多，如召开业主（或管委会）座谈会，进行民意调查，印发小区通讯，组织客户代表联谊会，定期走访住户，开展社区活动，等等。在与客户沟通过程中，管理者应本着尊重优先的原则，采取真诚、谦逊的态度，最大限度地赢得客户的理解、满意和支持。

21世纪的物业管理市场，短缺已成为历史，垄断正渐被打破。实施客户满意战略，不仅意味着企业价值观的变革，更预示着企业核心竞争力的重构，将直接关系到物业管理企业的可持续发展。

物业管理的行业底线

2011年

如同短板决定了木桶的容量，行业底线决定了物业管理生存和发展的空间。

——题记

从20世纪80年代的创业到90年代的创优，从新世纪与时俱进的创新到当下时不我待的创富，中国物业管理走过了高歌猛进的前30年。谋划物业管理行业的未来，我们有必要暂时收拾急迫的心情，放缓匆忙的脚步，思考这样一个问题：当我们高奏革故鼎新、求变图强的进行曲，一次次创造冲向行业进步终点线的奇迹时，是否已经淡忘了我们起跑的底线？守正方能出奇，经过30年的积淀而逐步形成的物业管理行业的普世价值和核心理念，是其生存和发展的基本底线，是衡量行业成熟度的重要标志。物业管理的行业底线，是抵御物业管理创新风险的可靠屏障，是奠定物业管理百年基业的坚固柱石。

坚守法律政策的底线

市场经济是法制经济，所有的物业管理活动都应当在现行法律政策的框架内开展。物业管理行业既要服从适用于一般民事主体的普通法的规范，也要接受物业管理领域的特别法的约束。任何违反法律法规中禁止性和强制性规范的行为，都将面临巨大的法律风险。一个突破法律政策底线的行业，无论多么求新求变，都不可能走得太远。坚守法律政策的底线，物业管理行业应当遵守《物权法》的有关规定，充分尊重业主的建筑物区分所有权，未经业主的合法授权，物业服务企业不得擅自处分业主的共有部分，不得擅自利用共有部分开展经营活动和收益，一个靠侵占客户共同利益生存的行业是没有前途的。坚守法律政策的底线，物业管理行业应当遵守《劳动合同法》的有关规定，充分尊重员工的劳动者权益。物业服务企业不得通过压低或克扣员工工资、社会保险和福利待遇的方式来控制企业生产成本，不得依靠损害员工权益的低成本竞争来获取企业利润，一个靠侵占员工劳动权益生存的行业是没有未来的。坚持法律政策的底线，物业管理行业应当遵守《物业管理条例》及其配套政策的有关规定，充分尊重行政主管部门的监管权。物业服务企业应当积极配合有关部门的指导和监督，自觉承担行政法规规定的各项法定义务，一个试图规避行政监管的行业同样是无法长久的。

坚守合同契约的底线

物业管理关系的本质是合同契约关系，契约精神是物业管理市场的灵魂，合约必须遵守，以（临时）管理规约为基础的（前期）物业服务合同是规范物业服务企业与（建设单位）业主之间权利和义务关系的契约性文件，是物业服务企业开展物业管理活动的基本依据。坚守合同契约的底线，物业管理行业应当本着诚实信用的原则，忠实履行合同约定的义务，不得滥用交易信息优势地位侵占合同相对人的利益。物业服务企业的契约义务，不仅限于（前期）物业服务合同的约定，还涉及行业规范确定的维修、养护和管理义务，而且包括企业公布的服务承诺和服务细则。坚守合同契约的底线，物业管理行业应当本着平等互利的原则，切实维护合同约定的权利，敢于直面业主契约精神缺失的现实。物业服务企业在履行（前期）物业服务合同过程中，应当注意强化证据意识，充分运用法律手段，主动追究建设单位和业主的违约责任。坚守合同契约的底线，物业管理行业应当本着权责分明的原则，明确行业的责任边界，不应轻易屈服于相关部门的压力。物业服务企业对于外部强加的物业服务合同约定以外的义务和责任，应当做到不接受、不妥协、不苟且，据理力争，有礼有节，主动消除误解偏见，正确引导舆论宣传，最大限度减轻各种不合理的社会负担。

坚守职业道德的底线

法治是渐进的，合约永不完善。缺乏道德基础的法律和合约没有生命力，无异于一纸空文，只有将冷冰冰的法律合约与温情脉脉的职业道德（商业伦理）相结合，才能建立起持久稳定、和谐互信的物业管理关系。坚持职业道德的底线，物业管理行业应当注意商业性与社会性、服务性的平衡。作为提供准公共产品的服务者，物业服务企业在关注自身商业利益的同时，还应当兼顾服务品质和管理成效，真正做到项目扩张不以稀释管理资源为前提，成本控制不以降低服务质量为代价。坚持职业道德的底线，物业管理行业应当注意契约理性与公众情结的平衡。作为委托人物业的善意管理人，物业服务企业在严格履行合同约定的明示义务的同时，还应当尊重客户的交易习惯和道德评判，认真履行公开、通知、协助、保密等附随义务，以确保客户预期合同目标的实现，坚决杜绝不顾公众情绪"一夜之间蒸发"的败德现象。坚持职业道德的底线，物业管理行业应当注意短期利益和长远利益的平衡。作为前期物业服务合同的供方，物业服务企业既不能受制于建设单位的强势，在前期物业管理阶段漠视业主共有物权的维护，也不能凭借对业主专业信息的优势，在日常管理阶段谋取不正当的商业利益。违背职业道德的急功近利，必然导致长久可持续发展根基的丧失。

坚守专业价值的底线

一个行业在竞争性市场环境中谋求生存和发展，专业化是必由之路。永远做自己最擅长的。物业管理行业有别于其他服务行业的独特优势，在于能够提供难以替代的物业服务产品，具有以专业价值为基础的核心竞争力。坚守专业价值的底线，物业管理行业应当坚持物业设施管理者的基本定位。为了适应现代物业硬件设备复杂化和智能化的发展趋势，物业服务企业应当不断提升物业设施管理的技术含量和专业能力；为了满足不同类型物业多元化的功能需求，物业服务企业应当根据物业的不同属性提供专业化的物业设施管理服务，以实现物业使用功能最大化和物业价值贬损最小化的客户目标。坚守专业价值的底线，物业管理行业应当坚持客户行为管理者的基本定位。为了维护全体业主的共同利益，物业服务企业经过业主团体或者大多数业主的有效授权，应当限制和制止个别（少数）客户不当使用物业共用部分的行为，充任业主共同利益捍卫者的角色；为了建立和谐互信的客户关系，物业服务企业应当处理好管理和服务之间的辩证关系，在服务中实现管理，在管理中体现服务，充任业主公共关系协调者的角色。坚守专业价值的底线，物业管理行业应当坚持人力资本塑造者的基本定位。为了确立行业的专业地位和专业优势，物业服务企业应当站在人力资本的高度看待专业人才的重要性，着力培养和造就一支高端的技术创新人才队伍和职业经理人才队伍；为了提升行业的专业素质和专业形象，物业服务企业应当坚定不移地推进和完善物业管理师制度，从根本上改变专业人才短缺的行业困境。

坚守商业规律的底线

物业管理活动的本质是商业活动。物业管理是房屋管理市场化的产物，传统房屋管理向现代物业管理的转变，不仅表现为从事房屋管理服务的主体由事业单位转变为企业法人，而且表明了房屋维修养护活动由按照国家计划转变为服从市场规则，更是意味着房屋管理活动由根据不计成本的行政命令转变为遵循等价交换的商业规律。物业服务企业的商业性和物业管理行业的市场化，奠定了物业管理可持续发展的经济基础。坚守商业规律的底线，物业管理行业应当坚持自主经营的商业规则，抵制强加或转嫁给物业管理行业的不合理负担和风险；物业服务企业应当坚持市场主体的独立地位，在进入和退出市场的决策过程中，准确评估商业风险，谨慎承诺商业要约，不能为市场份额而不顾亏损风险，不能迫于建设单位压力而以商业原则做交易。坚守商业规律的底线，物业管理行业应当坚持等价有偿的商业规则，杜绝以不计成本和不顾利润为代价的"超值服务"；物业服务企业应当坚持商业利润的基本价值追求，在商定物业服务收费标准过程中，以服务成本为基础，以合理利润为导向，不能以依靠建设单位的补贴来维持生存，不能因扭曲价格形成机制而误导市场。坚守商业规律的底线，物业管理行业应当坚持公平竞争的商业规则，建立机会均等、优胜劣汰的物业管理市场秩序；物业服务企业应当坚持公开、公平、公正的竞争法则，在参与物业管理招投标的过程中，认真遵守规则程序，如实披露投标信息，不能通过贬低对手以赢得自身的竞争优势，不能通过虚假承诺以扰乱客户的市场判断。

坚守行业信心的底线

信心比黄金更珍贵。国家民族如此，公民个体如此，行业企业同样如此。在短短30年的发展历程中，物业管理行业饱受质疑、误解、责难乃至妖魔化的困扰，客观公正评价的缺失，导致社会公信力的不足，加之市场竞争的加剧、管理风险的加大和平均利润的下降，似乎给行业前景蒙上了悲观无望的阴影。但这一切都不能动摇我们已树立的行业信心，物业管理行业不仅需要他信，更需要自信。坚守行业信心的底线，物业管理行业应当坚信市场环境日趋完善。发达国家和地区的成功经验启示我们，物业管理市场具备自我调节和自我完善的功能，只要各方主体真正做到"政府立法、行业立规、企业立信、业主立德"，只要充分发挥行政监管和行业自律结合互动的作用，业主与物业服务企业之间自由缔约和自由竞价的市场机制终将建立。坚守行业信心的底线，物业管理行业应当坚信行业价值不可或缺。在新的历史时期，物业管理行业在改善民生环境、提升幸福指数、创新社会管理、缓解社会矛盾、实现节能减排、优化生态环境、增进社会财富和促进经济增长等方面的作用，将进一步得到社会的认可和重视。坚守行业信心的底线，物业管理行业应当坚信行业发展的广阔空间。作为现代服务业的重要组成部分，宏观经济的持续稳健发展，必然对物业管理行业起到带动和引导的作用；城镇化进程的加快，必然创造出更多数量和更高质量的物业服务需求；转变增长方式的改革方向，必然为物业管理行业提供更加广阔的生存和发展空间。

有人说，这是物业管理发展最好的时代；也有人说，这是物业管理问题最多的时代。孰是孰非，见仁见智，角度不同，结论各异。但是无论何种说法，都无法否定一个基本判断：如同短板决定了木桶的容量，行业底线决定了物业管理生存和发展的空间。只有坚守底线，物业管理行业才能在现代服务业激烈的竞争环境中立于不败之地；只有坚守底线，物业管理行业才能实现从朝阳行业向永续行业的跨越。

法释篇

我们拥有世界上最多的物业服务企业和从业人员，并不意味着我们拥有最好的物业管理；我们拥有世界上最完备的物业管理政策法规体系，并不意味着我们拥有最完美的物业管理法律治理。

作者参与的部分立法成果

十年三叹

2013年

——纪念《物业管理条例》实施十周年

中国物业管理发展史，一定意义上是中国物业管理法制建设的历史。在物业管理法制建设历史中，《物业管理条例》（以下简称《条例》）是一个里程碑。物业管理人不会忘记一个特殊的日子 — 2003年9月1日，从那一天开始，《条例》正式付诸实施。迄今为止，乃至今后很长一段时间，也许很难再有一部法规对于物业管理的影响能够超越《条例》，它必将以奠定物业管理规范发展制度基础的特殊地位而载入物业管理发展史册。正是以上认知，促成了笔者在《条例》实施十周年之际，提笔写下这篇纪念文章。

惊叹：物业管理的黄金十年

如果我们对物业管理的发展历史进行划分，就会发现这样一个现象，无论以市场化还是法制化为标尺，物业管理的发展进程都可以分为三个阶段：1. 萌芽阶段（1981 — 1994年），其特征是仅有少数沿海发达城市产生物业服务企业雏形，尝试物业管理地方立法；2. 起步阶段（1994 — 2003年），其特征是内地大中城市逐步开展物业管理，以《城市新建住宅小区管理办法》为标志的物业管理制度建设的探索和推动；3. 初级阶段（2003 — 2013年），其特征是物业管理覆盖规模和服务质量稳步提升，以《条例》为标志的物业管理政策法规体系的形成。笔者认为，物业管理市场化进程与法制化进程的同步，绝不是一种偶然的巧合，而是一种互为因果关系的必然。物业管理30年的发展历史证明，物业管理是市场经济的产物和组成部分，市场经济是法制经济，市场化和法制化是物业管理发展进步缺一不可的双引擎。

《条例》实施的十年，是物业管理法制建设的黄金十年，我们不能不为十年间构筑的完备的物业管理法治框架体系而惊叹：

以《条例》确立的七大基本制度为基础，我们相继制定了一系列配套法规政策；在总结《条例》实施经验的基础上，我们丰富了《物权法》第六章"业主的建筑物区分所有权"的内涵，并指导各地开展物业管理政策法规的立改废工作，全国目前已有60多个省、自治区和城市进行了物业管理专门立法，相关规范性文件上千个。一个内容全面、结构合理、科学规范、特色鲜明的物业管理政策法规体系已基本形成。

以《条例》的贯彻实施为契机，我们建立了一个覆盖国家、省（自治区、直辖市）、市、县四个层级的物业管理行政监管系统，一个物业管理与社会管理相结合的中国特色的物业服务监管体系已基本形成。

以《条例》的全面适用为导向，我们配合最高人民法院颁布实施了《关于审理建筑物区分所有权纠纷案件具体应用法律若干问题的解释》（以下简称法释〔2009〕7号）和《关于审理物业服务纠纷案件具体应用法律若干问题的解释》（以下简称法释〔2009〕8号）两部司法解释，实现了行政执法与司法审判的有效衔接。

以《条例》的社会效果为目标，我们探索建立了物业管理主管部门、审判部门、司法行政部门和民政部门四方参与的物业管理纠纷调处工作机制，初步构建了社区、街道、区县、地市四级联动的物业管理纠纷调解网络。

《条例》实施的十年，同样是物业管理发展进步的黄金十年，我们不能不为十年间物业管理经历的巨大时代变迁而惊叹：

从企业时代走向业主时代。尊重和维护业主的财产权利，是《条例》坚持的指导思想。业主大会制度开启了业主民主管理共同财产的破冰尝试，业主大会作为业主共同管理财产的组织，成为公民社会的先声。《物权法》在确认

《条例》关于"物业管理权利和财产权利相对应原则"的基础上，明确了区分所有建筑物的三种管理方式，赋予业主管理物业更多的选择权。随着物业管理观念渐入人心，关注业主需求，保护业主财产权益，最大限度实现业主满意，不仅是企业从事和开展物业管理活动的核心价值，同样也是政府规范和推进物业管理工作的首要目标。

从管治时代走向自治时代。协调好单个业主利益和全体业主共同利益的关系，是《条例》遵循的立法原则。管理规约制度旨在建立业主民主协商、自我管理、平衡利益的机制，管理规约和业主大会议事规则作为调整业主之间权利义务关系的契约性文件，在物业管理中对业主自我协调和自我约束的作用日益显现。政府职能的转变和行业协会的转型，使得以行政管控为特征的传统的企业资质管理制度面临变革的要求，建立以行业自律为特征的企业信用管理制度是大势所趋。

从垄断时代走向竞争时代。创造公平、公正、公开物业管理市场环境，是《条例》追求的立法目标。前期物业管理招投标制度打破了"谁开发、谁管理"的垄断模式，前期物业管理权从由建设单位垄断到通过招投标方式决定，物业服务企业从争取开发商的认可到争取客户（业主和使用人）的满意，招标类型从居住物业到各种类型物业，招标主体从建设单位到业主大会、行政机关和企事业单位，以招投标方式决定物业管理权的归属已成为物业服务市场的主要竞争方式。随着物业管理招投标的普遍推行，物业管理市场机制初步形成。

从就业时代走向专业时代。鼓励物业管理采用新技术、新方法，依靠科技进步提高管理和服务水平，是《条例》倡导的行业发展方向。物业管理师制度是物业管理科学发展的必然选择，有利于全面推进物业服务专业化、规范化、市场化和国际化的进程。物业管理师数量不断增长（目前已有近5万名），一批具备专业素养和职业道德的经营管理人才和技术创新人才不断涌现，推动物业管理行业逐步从劳动密集型向科技密集型和知识密集型转化。在保持促进就业的行业优势的同时，物业服务的精细化和专业化程度不断提高，物业服务的专业能力持续满足不动产管理所有领域的需求。

从混沌时代走向有序时代。确定和调整物业管理各方主体之间的法律关系，是《条例》规范的主要内容。物业承接查验制度通过明确建设单位、物业服务企业和业主在承接查验活动中的权利义务，减少开发遗留问题，降低物业服务企业管理风险，化解物业管理矛盾纠纷，维护业主的共同财产权益。住宅专项维修资金制度通过明确维修资金的交存主体、交存方式、使用程序、分摊规则、监管机制以及法律责任，保障住宅共用部位、共用设施设备的维修和正常使用，维护资金所有者的合法权益。《条例》在准确定位业主与物业服务企业之间平等民事主体关系的基础上，还进一步理清了业主与业主团体之间、建设单位与业主以及物业服务企业之间、供水供电等单位与业主以及物业服务企业之间、社区居委会与业主大会以及物业服务企业之间、物业管理各方主体与政府之间的关系，为建立和谐互动的物业管理新秩序奠定了基础。

我们应当看到，物业管理黄金十年的大背景是房地产黄金十年。我们更应当看到：十年间，物业管理经历的每一个时代变迁，都离不开现实性与前瞻性结合的《条例》的指引；物业管理取得的每一个发展进步，都离不开规范性与创新性并存的《条例》的推动。《条例》实施的十年，不仅增进了立法、执法、司法和守法的同步联动，切实改善了物业管理的法治环境，而且实现了业主、建设单位和物业服务企业的良性互动，逐步构筑了三方共赢的良好局面。由此可见，《条例》是让所有物业管理相关主体共同受益的制度变革，十年的《条例》实践，不仅创造了经济学中帕累托最优改进的经典范例，也以无可辩驳的事实证明：《条例》是推动物业管理发展进步的良法！

正是由于《条例》正能量的持续释放，十年间我国物业管理取得了前所未有的增长速度。目前我们已经拥有世界上最大的管理规模、最广泛的客户群体、最多的物业服务企业、最庞大的从业人员队伍……我们所取得的成就，不仅远远超越了十年前我们的期望，也足以令海内外物业管理同行叹为观止。

感叹：法律效用的现实制约

罗马不是一天建成的，物业管理法治建设同样也不是十年就能完成的。如果说十年前《条例》出台时，我们还抱有一分"法律万能论"的狂热的话，那么十年后的今天，回顾《条例》实施过程中遇到的种种困难和障碍，我们更多了一分"法治渐进论"的冷静。在一个没有经历民主议会文化的洗礼、传统民法精神的浸润和现代商业伦理的滋养的国度，《条例》法律效用的发挥，不可避免地受到我国固有的历史传统和文化土壤的多方制约，面临先天不足、后天乏力的尴尬和缺憾，法律理想主义者难免发出这样的感叹：仅有《条例》是不够的！

制度设计的局限

制度是时代的产物，再完美的制度也必然受到时代的局限。起草于20世纪末，颁行于十年前的《条例》自然不能例外，同样带有鲜明的时代烙印，其中最典型的莫过于"物业管理"的界定。《条例》以推行市场化、社会化、专业化的物业管理模式为目标，以推动物业管理行业发展为导向，将"物业管理"定义为业主与物业服务企业之间通过合同契约而形成的市场交易活动，是符合当时实际情况的。但是，随着物业管理行业的发展壮大以及《物权法》赋予业主管理建筑物的多种选择权，"物业管理"是否应当从狭义的市场化的房屋管理模式发展为广义的建筑物管理模式？《条例》的调整范围是否应当从仅局限于物业管理市场推广为包含建筑物管理的所有形式？这不仅是对近年来关于《条例》遵从物业管理行业话语体系和立法逻辑的质疑的必要回应，而且也符合转变职能后政府加强民生关怀和减少监管盲区的必然要求。同理，出于保护多数业主的共同利益和维护物业管理法律关系的稳定性考虑，《条例》规定了物业管理基本事项的简单多数表决原则（双二分之一）和重大事项的特别多数表决原则（双三分之二），但由于该规定在实践中缺乏可操作性，造成物业管理事项表决难以及住宅专项维修资金使用难的制度障碍。制度设计的局限性还体现在，地方立法经常不顾法律的统一性，任意突破《条例》的基本原则和规定。以空置房物业费收取标准为例，虽然《物权法》第七十二条原则规定"业主不得以放弃权利不履行义务"，《条例》第四十二条明确规定"已竣工但尚未出售或者尚未交给物业买受人的物业，物业服务费由建设单位交纳"，但一些地方在制定物业管理地方性政策法规时，往往自行其是地规定空置房按20%、50%或者80%的标准交纳物业费，制度冲突的结果，不仅损害了物业服务企业的利益，而且成为引发矛盾纠纷的隐患。

物权基础的薄弱

物权是物业管理的本源，共有物权是业主行使物业管理权的基础和依据，因此《条例》将"物业管理权与财产权（共有物权）相对应"确立为一项基本原则。由于住房制度改革中对出售公房产权界定和划分的普遍忽视，由于不动产产权管理中公共物权登记公示工作的相对滞后，导致目前大部分区分所有建筑物的共有部分的内容和范围成为物业管理的"斯芬克斯之谜"。共有物权的不明晰，直接导致日常物业管理服务中的三大难题：一是物业管理区域划分的难题。《条例》仅对物业管理区域划分原则作了概括表述，由于物业管理区域划分系房地产开发的前期工作，其时业主共同利益团体尚未形成，在目前成片综合开发和统一管理的模式下，物业管理区域划分普遍偏大，存在着转嫁政府公共管理职责和加重业主物业管理负担之嫌。二是建设单位、业主、物业服务企业权益冲突难题。《条例》第二十七条规定"业主依法享有物业共用部位、共用设施设备的所有权或者使用权，建设单位不得擅自处分"，第五十五条规定"利用物业共用部位、共用设施设备进行经营的，应当征得相关业主、业主大会、物业服务企业的同意后，按照规定办理有关手续。业主所得收益应当主要用于补充专项维修资金，也可以按照业主大会的决定使用"。由于缺乏明晰的共有物权界定，无论是判定建设单位擅自处分业主共有物权，还是确定物业服务企业侵占业主共有部位经营所得收益，都成为现实中的不可能。三是专项维修资金的使用难题。《条例》第五十四条规定"专项维修资金用于物业保修期满后物业共用部位、共用设施设备的维修和更新、改造"，在物业共用部位、共用设施设备未能明确划定的前提下，专项维修资金的使用范围自然存在争议，同时，目前许多地方并未对"区域内共用部分"（全体共有）和"楼宇内共有部分"（部分共有）进行详细界定，也给专项维修资金使用的表决和分摊造成困难。

公共意识的淡薄

公共意识是个人参与公共事务必须具备的精神特质，公共意识是物业管理的公共服务特性对业主素质的基本要求。19世纪苏格兰人约翰·汤姆逊观察中国人演奏乐器，发现国人能用管弦乐器演奏出很好地表达哀伤和喜悦的小曲子，但不懂得和声，当一个乐团一起演奏时，要么整齐一致，要么彼此冲突，总有抢拍子的人。于是他分析认为，从深层文化意义上讲，中国人要么异口同声，要么杂乱无章，缺少丰富的层次感和多元的协作精神。100多年前一个外国人对中国国民性的观察，对我们理解当今国人的公民意识状态仍然具有启迪。事实证明，大多数业主薄弱的公共意识，是《条例》强壮躯体中的"阿喀琉斯之踵"。业主公共意识淡漠的第一种表现是消极对待公共事务。许多业主往往只关心自己的专有部分利益，对于共同的物业管理事务，普遍存在"搭便车"的心理。多数地方业主大会无法发挥作用的主要原因，在于未能有过半数的业主参加会议和进行表决，导致《条例》关于"业主不仅是一个被保护的群体，而应当是一个有能力保护自身利益的群体"的立法目标无法落地。第二种表现是选择适用公共规则。许多业主认为管理规约和业主大会议事规则可有可无，未能给予足够的关注，对于业主大会和业主委员会的决定，经常采取"有利支持、不利反对"的简单利己主义态度，使得《条例》关于"管理规约对全体业主具有约束力"以及"业主大会或者业主委员会决定，对业主具有约束力"的规定流于形式。第三种表现是任意处分公共财产。部分业主从个人方便和利益出发，违反《条例》自行改变公共建筑和共用设施的用途，擅自占用、改动物业管理区域内的道路、场地，违反规定装修装饰房屋，最终造成共有财产的价值贬损和安全隐患。

契约精神的缺失

契约精神是市场经济的灵魂，《条例》明确物业服务企业和业主之间是平等合同主体，是服务与被服务的契约关系，正是抓住了物业管理市场商业伦理的契约精神灵魂。尽管如此，在《条例》实施过程中，各方主体的行为依然存在着与诚实信用的契约精神相背离的现象。对于建设单位来说，在前期物业管理阶段，具有物业产品生产者和初始业主的双重身份，建设单位应承担的前期物业管理责任，不仅是《条例》规定的法定义务，也是前期物业服务合同的契约义务。虽然《物业承接查验办法》明确了建设单位在物业承接查验工作中的义务和责任，确立了物业承接查验协议的核心地位，但是部分建设单位滥用其在前期物业管理阶段的优势地位，与物业服务企业共同规避承接查验义务的情况仍然存在，由此造成了大量的开发遗留问题。对于物业服务企业来说，为了在市场竞争中占据先机，个别企业在物业管理招投标中不惜采取"低价中标、高价签约"的不正当竞争策略；为了在低收费标准下取得商业利益，个别企业在日常管理服务中使用"以次充好、偷工减料"的低成本运营方式；为了达到长期控制物业管理权的目标，个别企业在物业服务合同到期后拒不退出物业管理区域，拒不移交物业管理用房和管理资料。对于业主来说，由于物业管理具有享受服务公共性和履行义务个体性的特征，容易产生"搭便车"无偿消费物业服务的自利趋向，面对客观存在的建设单位和物业服务企业的履约瑕疵，其本能反应是拒绝履行交纳物业服务费的义务，于是，欠费就成了业主维权的首选方案，普通居住物业收费率偏低成了普遍现象。2005年轰动一时的北京市朝阳区人民法院强制执行欠费业主的"堵被窝"事件，是观察物业管理中契约精神缺失现象的最佳视角，从该案件当事人的反弹和媒体的喧嚣中，我们能够深刻感受到契约精神和法律权威在传统道德观念面前的无力和无奈。

体制机制的障碍

我国物业管理植根于计划经济体制的土壤，新兴物业管理市场在前行过程中必然受到旧有体制的阻碍，从计划到市场的过渡性制度安排形成的路径依赖，容易过早导致运行机制的僵化，进而形成制约行业发展的反向力量。尽管《条例》第五十二条和第四十五条均明确规定了供水、供电、供气、供热等市政公用单位承担物业管理区域内相关管线和设施设备的维修养护责任和收费义务，尽管十年来多地物业服务企业开展维权抗争，但是公用部门凭借优势地位转嫁维护和收费风险的现象依然屡见不鲜。尽管《条例》第四十六条和第四十七条明确规定了建设、规划、环保、治安、消防等行政管理部门对物业管理区域内违法行为和安全事故的处理职责，但现实中对于发生在物业管理区域内的违法案件，有关行政管理部门常常以已实施物业管理为由推诿卸责，"执法进社区"很多时候仅仅停留在宣传口号之上。尽管《条例》第四十一条明确了物业服务收费与服务水平相适应的原则，并鼓励业主和物业服务企业通过物业服务合同约定物业服务价格，但多数地方的价格管理部门普遍趋向于执行保守的价格管控政策，在制定和执行物业服务价格政策时，缺乏对价格规律的遵循和对经营者权益的尊重，过分考虑消费者的心理承受能力和社会稳定等因素，忽视了成本上涨和供求关系对价格的影响，存在人为压低价格和擅自扩大政府指导价适用范围等问题，导致物业管理市场的"价格失灵"，不仅影响物业服务企业的良性运行，也损害了业主的共同财产权益。

司法公正的误区

司法是正义最后的关口，法谚云：正义不仅要得以实现，而且要以看得见的方式得以实现。《条例》作为规范物业管理活动的行政法规，为审理物业管理纠纷的司法活动提供了看得见的准则，促进物业管理中看得见的正义的实现。尽管如此，《条例》的法律位阶和法律属性，以及司法活动的中立性和独立性，都决定了《条例》对物业管理纠纷案件审判活动影响的有限性。个别缺乏专业性和公正性的司法判例，还有可能制约《条例》法律效用的发挥，甚至弱化《条例》的法律权威，正如笔者曾言："**人们真正惧怕的不是法律，而是法律的执行。**"总结十年来物业管理纠纷案件的审判实践，主要存在三大误区：一是诉讼渠道不畅和成本高昂。由于近几年来物业管理诉讼案件激增，一些基层法院人为控制物业服务企业起诉业主欠费案件的立案数量（个别法院甚至长达几年时间对追索物业费案件不予受理），存在剥夺企业诉讼权利之嫌，而且对数量众多的同类型的追索物业费案件，要求逐一分别立案，加大了当事人的诉讼成本。二是司法审判干预意思自治。一些法院在处理物业管理纠纷时，过于考虑审判的社会效果和政治效果，过于重视平衡双方的法律利益而忽视尊重双方的意思自治，惯于采用"物业费打折"方式折中处理案件纠纷，甚至出现以法院判决替代合同约定的物业费标准的极端判例。三是司法解释加大解约风险。最高人民法院出台的法释〔2009〕8号司法解释第八条规定："业主大会按照物权法第七十六条规定的程序做出解聘物业服务企业的决定后，业主委员会请求解除物业服务合同的，人民法院应予支持。"该规定不以解除合同法定条件的成立为前提，实际上赋予业主大会任意解除物业服务合同的权利，导致物业服务合同随时处于不稳定状态，给商事活动带来巨大的潜在法律风险，成为高悬在物业服务企业头上的"达摩克利斯之剑"。

霍布斯曾经断言："法律只有在得到绝大多数人遵守并得以惩罚少数人时，才能树立权威，否则，滥用权威终将丧失权威。"法律制度的形成绝不意味着法律秩序的形成，如果说十年前的《条例》仅仅是纸面上法律的话，那么今天我们在为《条例》中的许多内容成为实践中的规则而感到庆幸的同时，还应当勇于直面现实中许多与《条例》立法精神相背离的现象，理性分析当前乃至今后相当一段时期制约《条例》法律效果的现实因素，积极寻求完善物业管理法治建设的长治久安之策，这是我们总结《条例》十年时，应当具备的客观和务实。

咏叹：法治建设的理想愿景

21世纪以来高速成长的房地产业，为物业管理开辟了源源不断的增量市场。过去十年，物业服务业仅仅依靠提供简单初级产品就获得了超乎寻常的发展，但这种状态不可能长期持续。随着国家宏观调控政策的不断发力，房地产黄金十年似乎已经终结，在上游房地产业增长放缓的趋势之下，物业服务业面临着管理资源供给递减的压力。随着《物权法》关于建筑物管理三种模式的普遍认知，简单初级的商业模式已不能适应新的市场环境，物业服务业面临着产品转型和产业升级的挑战。十年《条例》的实施，仅仅是个开端，未来物业管理的持续健康发展，依然要依靠制度的力量。新的历史时期，如何按照改革的思路，运用市场的方法，遵循发展的规律来推进物业管理法治建设？如何通过创新法律理念、增强法律功能、破解法律难题来优化物业管理法治环境？如何用法律理想谱写物业管理永续发展的咏叹调，将考验着新一代物业管理人的智慧和意志。

法治建设的二元价值

中国物业管理法治建设的核心价值是什么呢？有别于传统的"有法可依、有法必依、执法必严、违法必究"威权主义法治价值理念，未来物业管理法治建设的核心价值应当建立在两个基石之上。一个是普世价值：推动公平、实现正义，简称为公平正义；另一个是中国特色：改善民生、发展经济，简称为民生经济。从公平正义的角度，以民权主义为特征的物业管理法治建设，在保护物业管理市场参与主体的三大自由（财产自由、契约自由、商业自由）的同时，也明确了规范相关市场各方的三大行为准则（意思自治、诚实信用、客观公正），未来的法治建设将围绕如何促进业主的意识自治、企业的诚实信用和政府的客观公正开展立法、执法和司法工作，以建立公开透明的竞争机制，维护公平合理的市场秩序；将通过协力发挥社区综合管理机制、业主自治组织机制和矛盾纠纷调处机制的作用，促进物业管理与社会管理的结合互动，以实现法治在化解社区矛盾、维护社区稳定和促进社区和谐方面的特殊功能。从民生经济的角度，以民生主义为导向的物业管理法治建设，将围绕两个目标展开：一是以保障和改善民生为目标，从推广物业服务满意测评制度、建立老旧小区物业管理长效机制、探索物业管理保障体制和完善住宅专项维修资金制度等方面推进物业管理制度建设；二是以行业和经济发展为目标，推行有利于通过扩大物业服务覆盖面来扩大国内消费需求，通过提高物业服务质量来促进产业优化升级，通过创新商业模式来培育新的经济增长点，通过创造物业财富来提高经济增值中的行业比重的财政、税收和价格等产业扶持政策，支持物业服务业持续发展，增强行业综合竞争能力，发挥行业在促进经济平稳较快发展中的积极作用。公平正义的普世价值和民生经济的中国特色，不仅是筑牢物业管理法治现实的基石，而且是腾飞物业管理法治理想的双翼。

法律框架的三条主线

评价以《条例》为核心的物业管理法律体系，只有从《条例》当时的立法背景出发，才能做到尊重历史和实事求是。在物权法律制度尚未建立的情况下，《条例》采取将私权自治和公权管理并存，民事与行政不分的混合式立法模式（以七大基本制度为例，其中业主大会制度和管理规约制度属于民事制度，物业服务企业资质管理制度和物业管理师制度属于行政制度，而前期物业管理招投标制度、物业承接查验制度和住宅专项维修资金制度则介于二者之间），不仅符合当时物业管理的发展状况，而且是一种务实的创新。但是，在《条例》实施十年之后，应当顺应社会经济环境和政策法律环境发展变化的趋势，与时俱进地更新规划物业管理法律体系。构筑新型的物业管理法律框架，基本前提是：打破原有的狭义的市场化房屋管理的界线，将物业管理法律制度调整的范围涵盖建筑物管理的所有形态；基本思路是：改变原有的民行不分的混合式立法体例，根据业主、物业服务企业和政府不同的话语体系对物业管理法律规范进行专业细分。多年以来，制定一部统领全局的《物业管理法》似乎是许多法制理想主义者的期盼，但笔者认为，暂且不论立法的可能性，如果不是科学合理地重新梳理多元复杂的物业管理法律关系，而仅仅是简单地将《条例》上升为位阶更高的法律，其象征意义远大于法律实效。随着时间的推移，修改《条例》也许成为一种必要，但更为必要的是从服务于物业管理法治建设核心价值出发，从厘清不同性质物业管理法律关系的角度，重新设计物业管理法律制度的基本框架。笔者认为，物业管理法律制度的基本框架，在涵盖建筑物管理所有形式的前提下，应当围绕以下三条主线规划设计：一是区分所有建筑物管理法，其主要功能是进一步明晰共有物权的界限和内涵，进一步规范共同管理权的行使和限制，破解制约物业管理的权利本源难题；二是业主大会组织法，其主要功能是从法律地位、组织属性、运作机制、资金来源和人员素质等方面加强业主大会的组织建设，提高其履约能力和诉讼能力；三是物业服务业促进法，其主要功能是通过维护公平合理的市场秩序和扶持行业发展的产业政策，建立正向激励机制，促进物业服务业的持续健康发展。

刚柔并济的行政执法

在柔性的政策建议更多地取代刚性的行政命令的立法趋势之下，传统的行政执法方式面临着变革和创新的压力，未来物业管理的市场监管将逐步呈现出"刚柔并济"的特征。一方面，正确行使传统行政执法的"刚性"监管权力。要扭转"重准入、轻退出"的行政执法惯性，将资质管理与信用管理相结合，将静态审批与动态检查相结合，将示范激励与警示惩戒相结合，进一步优化物业管理市场的准入和退出机制；要揭开"物业管理招投标的面纱"，针对物业管理招投标中出现的弄虚作假、串通投标以及低价中标、高价签约等不正当竞争行为和侵犯业主权益的违法违规行为，加大依法惩处的力度；要治愈"前期物业管理顽疾"，监督建设单位和物业服务企业严格按照规定的程序和内容，做好物业共用部位和共用设施设备的承接查验工作，全面落实物业承接查验制度，最大限度减少开发遗留问题。另一方面，充分发挥现代行政服务的"柔性"指导功能。要加大对业主大会和业主委员会指导和协助的力度，通过改善业主委员会的运作机制，来克服业主怠于行使共同权利的难题，提高业主大会的决策能力和执行能力；通过建立业主大会的自我约束机制，来防止业主委员会滥用权利；通过建立业主委员会的培训评价制度，来提高业主委员会委员的专业素质，增强业主大会的缔约能力和定价能力，为物业管理创造良好的市场需求环境。要加大对物业服务企业扶持和激励的力度，通过理顺管理体制，厘清物业管理相关各方主体的权利义务关系，减轻物业服务企业的社会负担；通过完善市场机制，赋予物业服务企业和业主自主定价的权利，鼓励物业服务企业通过扩大规模、提高品质、树立品牌来做大做强，增加市场竞争能力；通过实施产业政策，结合"营改增"税制改革的推行，落实酬金制收费模式下的营业税减免政策和保障性居住物业服务与高端物业服务的差别税收政策，降低物业服务中水、电、气等生产要素成本，对在节能减排、稳定就业和民生工程中贡献突出的物业服务企业，予以资金支持和政策优惠。

专业高效的司法裁判

对于司法裁判的重要性，弗朗西斯·培根曾作过精辟的比喻："一次不公正的裁判，其恶果甚至超过十次违法，因为违法虽是无视法律——好比污染了水流，而不公正的裁判则毁坏法律——好比污染了水源。"针对以往物业管理司法裁判的误区，要真正清洁公正的水源，应当从专业审判和高效裁判两个维度入手。从提高审判活动专业性的维度，首先，司法机关应当把握物业管理行业的一些本质特征：物业管理的准公共性和持续性，决定了物业服务企业行使抗辩权的困难；物业服务收费的不同模式（酬金制和包干制），决定了物业服务合同的不同性质；物业服务产品的特殊性，决定物业服务质量不仅取决于物业服务企业的水平，还取决于开发企业的水平和业主本身的素质，以及物业服务合同的无名性、物业服务企业的后合同义务，等等。其次，司法机关应当合理平衡物业服务合同双方的权利义务关系：以法释〔2009〕8号司法解释第八条规定的适用为例，司法机关赋予业主大会无条件的任意解除权，不仅忽视物业服务企业的正当商业利益，破坏物业服务企业的合理商业预期，而且该条款容易被部分业主滥用，使物业服务合同的稳定性受到极大挑战，使物业无法得到持续正常的维护养护，最终损害业主的财产利益，可能导致各方利益受损的"负和博弈"的法律效果，因此，在司法实践中适用该条款应慎之又慎。从实现纠纷解决高效性的维度，首先，司法机关应当针对物业服务纠纷标的小、数量多的特点，从便民利民的角度，加大《民事诉讼法》第一百六十二条简易程序和一审终审的适用力度，进一步开辟运用仲裁、调解等快速专业的方式解决物业服务纠纷的渠道，实现诉讼与调解、诉讼与仲裁、仲裁与调解之间的有效衔接，为物业服务纠纷多元解决机制提供制度保障，切实提高纠纷解决效率，降低纠纷解决成本；其次，司法机关应当着力解决业主共同利益诉讼的难题，虽然《物权法》第八十三条和法释〔2009〕7号司法解释第十五条对"损害他人合法权益的行为"的内容和性质作了具体规定，但在实践中，对侵害业主共同利益的诉讼解决方式的适用依然凤毛麟角，只有在业主共同利益得到及时有效的司法救济时，正义才不会迟到（法谚云：迟到的正义是非正义）。

诚信守法的公民意识

公民意识是市场经济和民主社会的思想基础，其核心是法制意识。当作为市场主体和社会成员的物业服务企业和业主缺乏基本的公民意识的时候，物业管理法治建设的美好愿景只能是浮在水面上的油、悬在天空中的楼。对于企业公民来讲，诚信不仅是商业伦理的命脉，更是法制精神的灵魂。在前期物业管理阶段，物业服务企业的诚信体现在于能够面对建设单位的强势和压力，客观公正地开展物业承接查验工作，切实维护业主的共同财产权；在日常管理服务阶段，物业服务企业的诚信体现在能够不滥用物业服务的信息优势，建立公开透明的客户沟通协调机制，充分尊重业主的知情权；在物业服务合同的缔约过程中诚信于同行，遵守价值规律和市场准则，杜绝"低价中标、高价签约"的欺诈行为，公平参与物业管理市场竞争；在物业服务合同的履约过程中诚信于客户，严格按照合同约定和公开承诺的标准提供服务，杜绝"偷工减料、偷梁换柱"的违约行为，忠实履行物业服务合同义务。作为公民的业主是物权的主体，是业主团体所有权利和义务的出发点和归宿，要规范业主大会和业主委员会，首先必须规范业主，没有守法的业主，就不可能有守法的业主大会和业主委员会。对于业主公民来讲，守法不仅意味着遵守现行的法律制度，还应包含着更为广泛和深刻的内涵：遵守公共居住准则，养成爱护公共设施和维护公共秩序的良好生活习惯；遵守内部自治规则，形成自我决策、自我约束和自我监督的财产自我管理机制；遵守外部商业契约，自觉履行交纳物业服务费的法律义务；遵守司法裁判文书，主动承担违约失信行为的法律后果。应当相信，当大多数企业公民和业主公民同时说出"我不喜欢这个判决，但我必须服从这个判决"的时候，物业管理的法治时代就离我们不远了。

我们拥有世界上最多的物业服务企业和从业人员，并不意味着我们拥有最好的物业管理；我们拥有世界上最完备的物业管理政策法规体系，并不意味着我们拥有最完美的物业管理法律治理。在纪念《条例》实施十周年之际，在咏叹物业管理法治建设的理想愿景之余，我们永远不要忘记让·雅克·卢梭的那句至理名言：

一切伟大的法律不是刻在大理石或者铜板上，而是铭记在公民们的心中！

良好的开端　渐进的变革

2004年

——写在《物业管理条例》实施周年之际

法律的生命在于经验而非逻辑，在于实践而非教条。如果说2003年《物业管理条例》（以下简称《条例》）的颁布奠定了我国物业管理法制建设的里程碑，那么一年来《条例》的实施，则标志着我国物业管理在法制轨道上持续健康发展的良好开端。

一、立法、执法和司法同步促动——物业管理法治环境优化改善

在立法层面上，《条例》颁布实施的一年，正是全国物业管理行业的"立法之年"，无论是国务院建设行政主管部门，还是地方各级房地产行政主管部门，在过去一年时间里出台的政策法规的数量均大大超过往年。由于法律位阶上的行政法规属性，国务院相关部委和全国各地的物业管理政策法规均以《条例》为准据法，在与《条例》保持一致的情况下，根据实际情况进行相应的修改和调整。为保证《条例》的贯彻实施，建设部相继就业主大会、前期物业管理招标投标、物业管理收费、物业管理企业资质等内容出台了配套性政策文件；北京市国土房管局则启动"1195"工程，即出台一个政府规章、一个贯彻《条例》的过渡意见、九个配套文件和五个示范文本。其他地方各级人民政府和房地产行政主管部门也同样改变以往在政策制定上过分强调地方特色的做法，不失时机地围绕《条例》进行政策法规的立、改、废工作。可以肯定的是，以《条例》为准则在全国范围内展开的全方位的立法活动，既保证了地方政策和国家法规的协调统一，也使《条例》的规定更具可操作性，一个内容全面覆盖、效力层次分明的物业管理政策法规体系正在逐步形成。

在执法层面上，《条例》实施以来，各级房地产行政主管部门依照《条

例》赋予的法定职责，在指导和监督业主大会和业主委员会，督促建设单位履行前期物业管理的相关义务，监督业主依法使用和维护物业共用部位和共用设施设备，监管物业管理企业服务和收费行为等方面，行之有效地开展了大量的执法工作。同时，根据《条例》中"法律责任"的规定，一些地方房地产行政主管部门对违反《条例》的行为加大了行政处罚力度，有些地方还成立了物业管理专门执法队伍，充分利用行政制裁手段维护《条例》的权威性。

在司法层面上，《条例》的实施，使各级人民法院在审判物业管理纠纷案件时，不仅可以根据《合同法》、《民法通则》等普通法，而且适用《条例》这一行业特别法。为正确审理物业管理纠纷案件，北京市高级人民法院参照《条例》的有关规定，于2003年年底出台了《关于审理物业管理纠纷案件的意见（试行）》，以指导基层人民法院开展物业管理纠纷案件的审判工作。最高人民法院也将在全面充分的调研工作基础上，结合《条例》的相关规定，于近期出台有关审理物业管理纠纷案件的司法解释，以指导全国物业管理纠纷案件的审判工作。司法机关的上述举措，有利于保证法官按照《条例》正确行使自由裁量权，避免立法本意与司法实践背道而驰的尴尬局面。

二、业主、建设单位和物业管理企业良性互动——三方共赢良好局面逐步形成

从业主来看，物业管理权是财产权的重要组成部分，依法行使物业管理权直接关系到公民财产权的保护。随着财产权观念和公共权利意识的增强，越来越多的业主对物业管理从被动接受转化为主动参与，而《条例》的实施、业主大会和业主公约制度的推行更是为业主参与物业管理区域内的公共事务管理、维护共同利益提供制度保证，广大业主正由被保护的群体逐步培养成有能力保护自身权益的群体。

从建设单位来看，随着《条例》的贯彻实施，许多建设单位认识到自身在前期物业管理阶段作为物业产品生产者和初始业主的双重身份，重新调整自身的定位，主动承担《条例》规定的相关义务，并设法通过自身努力将前期物业管理中的问题和矛盾消除在萌芽状态。建设单位这些具有长远眼光的做法，为物业管理创造了良好的外部条件，而良好的物业管理同样反过来提升了建设单位物业产品的附加值。

从物业管理企业来看，《条例》改变了行业规则，使得从业更加规范、透明，所有的物业管理企业都应当在变化的规则面前找到应对措施。为了能够在未来的竞争中赢得优势，越来越多的物业管理企业开始了从粗放型向集约型经营模式的转换，在保证专业化水准的前提下正确处理好管理和服务的关系，在信守物业服务合同的基础上正确处理好基础服务和个性服务的关系，充分发挥沟通和协调建设单位和业主的桥梁作用，不断提高客户的美誉度和忠诚度。

三、相关现实问题的理性解决——物业管理正确理念渐入人心

市场化程度低是物业管理行业由来已久的问题。《条例》实施的一年时间里，北京、上海、深圳等发达城市物业管理招投标项目的数量显著增加，招标项目从居住物业推广到办公、商业和工业物业，招标主体从建设单位扩大到业主大会，许多中小城市也开始了物业管理招投标的尝试。随着"谁开发、谁管理"的垄断模式的打破和分业经营的推行，公平、公开、公正的市场竞争机制正在逐步建立，固有的"开发物业利益共同体"偏见正在逐步扭转。

管理责任界限不清问题长期困扰着物业管理企业。《条例》第三十六条以"物业服务合同约定"作为承担"业主人身和财产的损害责任"依据的清晰界定，在实践中为物业管理企业明确责任、防范风险提供了法律指引。《条例》实施以后，许多物业管理企业改变了原有轻易承诺、大包大揽的做法，在交易

中重视与建设单位和业主的合同约定，在明确相关各方权利义务边界的情况下，强调有所为和有所不为，理性地摒弃一些作茧自缚的盲目承诺，"物业管理万能论"观点已经在很大程度得以矫正。

市政公用部门转嫁收费义务是普遍存在的不公平现象。《条例》第四十五条关于"供水、供电、供气、供热等单位应当向最终用户收取有关费用"的规定，不仅使《条例》实施后新的转嫁行为于法无据，而且为各地的物业管理企业摆脱业已形成的"代收费"困境提供了法律支持。一年来，重庆、珠海、厦门等地的行业协会和物业管理企业相继以不同方式与供水、供电、供热等垄断性公用部门进行了积极的协调并取得初步成果，是以《条例》为武器维护行业合法权益的最好例证，也在一定程度上消除了全社会对物业管理行业职能的片面认识。

四、漫长渐进的制度变革——《条例》适用的清醒认识

法律的不完整性，决定了《条例》同样是一部永待完善的法律。随着《条例》的实施，由于时代的局限和客观条件的制约，原有立法中的不足之处渐次显现：如业主大会的法律地位问题、公共财产的约定和登记问题以及前期物业服务合同的期限问题，等等。同时，由于未能完整准确把握《条例》的精神实质，个别地方在实施《条例》过程中也存在有失偏颇之处。客观地说，这些问题的解决不可能一蹴而就，还有赖于《物权法》的出台及配套法规和地方立法的跟进。

法律只有在得到绝大多数人遵守并得以惩罚少数人的情况下才能树立其权威，《条例》实施一年多的实践，再次证明了这一点。《条例》在今后发挥更大效用的前提，依然是相关各方主体的自觉守法意识。与此同时，我们还要培养业主、建设单位和物业管理企业的守约意识，使遵守业主公约和物业服务合同成为一种习惯，使业主在行使物权时尊重他人权益和公共利益成为习惯。同时，《条例》要真正树立权威，还需要加大房地产行政主管部门的执法力度，及时有效地制止违反《条例》的不法行为；还需要进一步提高司法裁判的专业性，逐步解决业主委员会诉权行使、司法成本高昂以及旧合同与新法规冲突等现实难题。

冰冻三尺，非一日之寒。《条例》虽然做出"业主和物业管理企业是平等民事主体"的准确定位，以立法形式还物业管理企业以本来面目，但物业管理企业与建设单位及公用事业部门存在的信息不对称和抗风险能力差的问题，并不可能在短时间内得以解决，大多数物业管理企业自由缔约和自由竞价的市场主体地位并未真正确立。在这种情况下，还需要物业管理企业苦练内功，通过行业协会等自律性组织，建立行业标准和执业规范，加强规范化的内在自律，限制行业内的无序竞争，共同改善行业环境，以行业本身力量发挥《条例》的现实作用。

如同法律不能等同于法治一样，《条例》的实施也不意味着物业管理法治建设的终结。在规范中实践，在实践中规范，物业管理的制度变革和创新是一个漫长的渐进过程。马克思说过，"法律是人民自由的圣经"，在从必然王国向自由王国迈进的过程中，有无数的问题和困难等待着我们，要达到《条例》所追求的理想和目标，还需要所有的物业管理人付出艰苦不懈的努力。在《条例》实施周年之际，我们仍应保持这份清醒。

《物业管理条例》是一部什么性质的法律 2001年

均衡与互惠：行政立法的基本价值准则

行政法作为国家行政政策规范化和法制化的产物，日益成为政府行使其行政职能、实现其行政目标的重要手段。行政立法要想得以顺利地实施并发挥应有的作用，一个重要的前提条件就是该立法最大限度地调和各种矛盾，充分平衡相关各方的经济和社会关系，并在此基础上实现各方的利益互惠。这就是我们通常所说的"均衡互惠"的立法价值准则。

物业管理作为现代城市经济高速发展阶段的产物，与传统的经济行为相比，涉及更多的主体,相关的法律关系更为复杂。从目前实践来看，物业管理至少涉及建设单位、物业管理企业、业主、业主大会及其代表机构、房地产行政主管部门、政府相关职能部门等多个法律主体，物业管理法律关系既包括平等主体之间的民事法律关系（如物业管理委托关系），也包括非平等主体之间的行政法律关系（如物业管理行政监管关系）。这种公权与私权关系相混合的特征，使得物业管理法律关系不仅要通过传统的私法（如民法）来调整，也要通过公法（如行政法）来规制。在物业管理活动中，我们既要充分适用现成的各种平等商事主体之间的民事法律规范，也要根据行业特点不失时机地制定符合行业发展规范、兼顾行为各方利益的行政法律规范，才能为物业管理的市场发育营造一个良好的法律环境，而《物业管理条例（送审稿）》(以下简称《条例》）正是物业管理行政法律规范中的纲领性文件。

由此可见，"均衡与互惠"应当是《条例》的立法者必须追求的首要价值目标。面对物业管理中利益冲突的相关主体，如果我们单纯注重建设单位和物业管理企业（卖方）的利益，就忽视了业主和使用人（买方）利益的实现和权利的保护，长此以往，对买方权益的损害必然导致物业管理市场有效需求不足，这样卖方的市场利益也就成了无源之水、无本之木；反之，如果我们过多考虑服务对象（买方）的现实利益和心理承受力，物业管理企业（卖方）的服务价值无法得到合理补偿，其应有利益得不到有效保护，从短期来看，似乎业主、使用人得到了实惠，但从长远看，如果缺乏对卖方相应的利益驱动和权益保护，必然导致物业管理有效供给不足，影响服务的质量，并最终损害买方的实际利益。因此，"业主至上"与"管理者至上"都是有失偏颇、不足为取的错误立法观念。立法者在制定《条例》时，应将均衡和互惠作为基本价值取向，旨在消除各种利益冲突，实现国家、业主、使用人和物业管理者各方的权利平衡和利益互惠，只有这样，《条例》才能成为物业管理行业长久发展的政策支撑和法律依托。

公平与务实：《物业管理条例》的整体评价

根据以上分析，我们不难看出，虽然《条例》也规定了平等商事主体之间的行为规范和交易准则，但最突出、最本质的特征是其行政管理属性，这是其与一般民事法律规范的显著不同之处。因此，从本质上说，《条例》是一部物业管理活动的行政管理法。

在这种法律定位的基础上，对照《条例》的具体条文，我们认为，《条例》的内容基本上体现了"均衡和互惠"的原则精神。首先，在立法宗旨上，《条例》明确指出"规范物业管理行为，保障社会公共利益，维护业主和物业管理企业的合法权益，改善人民群众的生活和工作环境，促进物业管理行业的健康发展"原则目标。其次，在权利义务的设定上，《条例》分别在第十二条和第十三条规定了业主享有的六项权利和应尽的六项义务，分别在第二十二条和第二十三条规定了物业管理企业享有的五项权利和应尽的五项义务；《条例》分别在第二十七条、第四十一条和第四十二条规定了建设单位移交物业管理资料、提供管理服务用房和承担未售出物业服务费等法定义务；《条例》在第十六条、第十七条、第十八条分别对"业主会"权限和职能作了明确规定等，都体现了法律权利和义务的一致性和对应性。再次，在法律责任上，《条例》不仅规定了物业管理企业和业主违反法定义务应承担的相应责任。还规定了建设单位违反法定义务的法律责任，明确了房地产行政主管部门的行政责任和刑事责任。最后，《条例》还在第二章"一般规定"、第五章"物业的使用与维护"、第六章"物业管理服务"中对业主使用和维护物业的应尽义务、物业管理企业的管理职责和权利限制等做了详细规定。《条例》通过对业主、物业管理企业和建设单位三方权利义务的规制和平衡，构筑三者之间互惠互利的商业合作关系，这种公平关系保证了物业管理基本条件的满足，有利于物业管理企业和业主双方利益的最大化。

我们还应当注意到，物业管理行为的特殊性和我国物业管理行业所处的特殊发展阶段，决定了立法者在坚持"均衡"与"互惠"的公平原则的同时，还必须兼顾立法的现实性、对策性和可操作性。比如，针对社会上存在任意扩大物业管理服务中"治安责任"的普遍现象，《条例》第二十五条明确规定"物业管理企业不承担业主的人身保险责任"；针对垄断性公用事业单位向物业管理企业转嫁收费风险的不合理现状，《条例》第四十四条明确规定"物业管理区域内，水、电、气、热、通信、有线电视等费用，由相应管理服务单位向最终用户收取"，等等。同时，在《物权法》尚未出台的情况下，为弥补法律空白，《条例》在第二章"一般规定"和第五章"物业使用与维护"中对"业主的相邻关系"及"业主在物业使用维护中的义务"做出相应规定，使得以维护公共利益为出发点的物业管理行为不再处于无法可依的状态；在业主委员会法律地位尚未确定、业主委员会的自律机制尚未健全的情况下，为避免权利的滥用并为今后法律修改预留空间，《条例》创制了"业主会"的概念并仅就其法律属性做出原则规定等。毫无疑问，《条例》为解决我国现阶段物业管理若干问题所做的探索和努力，充分反映了立法者实事求是的务实精神，《条例》这种鲜明的时代特色是值得肯定的。

谬误与偏见：相关立法建议的误区

基于以上的整体评价，反观现阶段社会上对《条例》出台的种种立法建议，颇有众说纷纭、莫衷一是之感。相关立法建议中的"合理内核"固然值得肯定，但其中存在的偏见和误解显而易见。概括起来，众多的立法建议在核心思想上主要体现为三种立法价值观："业主至上"、"管理者至上"和"政府至上"。为具体说明问题，在前面论述的基础上，笔者对此三种立法观逐一分析如下。

一、"业主至上"：《条例》是否限制了业主的合法权利？

强调"业主至上"的人，认为《条例》限制了业主的合法权利，主要理由有三：（一）制定《条例》的目的只有一个，即保护业主的共同利益；（二）《条例》未对业主的自治管理作出规定，实际上干预了业主对管理方式的自由选择权；（三）前期物业管理合同的三年期限过长，业主会一旦成立，合同应自动失效。

笔者认为，以上三个理由均无法成立。首先将制定《条例》的目的仅局限于保护业主的利益，仅仅是建议者的主观愿望，《条例》第一条明确昭示了立法的宗旨目标，建议者在强调"业主利益"的同时，不要忘记物业管理是城市管理的重要组成部分，政府制定《条例》正是行使其行政监管职能的一项举措；其次，考虑到我国物业管理发展现状，出于推进物业管理行业发展的需要，《条例》倡导推行社会化、市场化、专业化的物业管理体制，充分体现了法律肯定和促进市场经济发展的积极功能，但是，《条例》中并没有"业主自治管理"的禁止性条款，更谈不上干预业主的自由选择权，如果仅因为《条例》提倡"甲"就认为其禁止"乙"，这种判断和推理显然是不符合基本法律逻辑的。

对于第三个理由，从表面上看，这一要求似乎合理，并充分赋予业主会选择权，实际上如果按此操作，物业管理企业随时都有被解聘的危险，其短期利益随时可能灭失，其经营风险被无限放大，物业管理委托关系的稳定性根本无从谈起，而《条例》维护交易安全性和稳定性的法律功能将丧失殆尽。所以，《条例》中关于前期物业管理委托合同的三年期限是基于物业管理交易安全和业主自由选择权的双重目标而规定的，显然要比仅基于业主利益的主观诉求所提出的建议来得客观公正。

二、"管理者至上"：《条例》等于"行业保护法"吗?

《条例》应突出保护物业管理企业主体地位和行业利益的观点，为当前物业管理相对发达的南方地区的业内人士所主张，基本理由是：在物业管理发展初级阶段，物业管理企业是物业管理活动最基本的实施者和推动者，是培育物业管理市场的主导者。

应当承认，缺乏引导和促进物业管理行业建立自我约束和自我发展机制的规定，是《条例》在立法预见性上的一个缺陷。但是，既然我国的物业管理立法是通过国务院行政法规的形式制定，既有别于英美法系国家（通常是在《住宅法》中作相关规定），也不同于大陆法系国家（一般是通过《区分建筑物所有权法》规制），当然更不能等同于仅限于同业利益伸张的"行业保护法"了。在物业管理发展初期，重视物业管理者的作用理所当然，但必须有一个

"度"，这个"度"不仅要为交易相对方的业主所接受，同时还要取得行业监管者——政府的认可，否则，无论以何种形式鼓吹"管理者至上"，都会被认为是对"弱势群体"——业主权益的侵犯，是对政府监管权威的蔑视，最终导致与美好愿望背道而驰的结局。

三、"政府至上"：政府主管部门应当扮演什么角色？

在物业管理发展的初级阶段，政府的监管作用不容忽视。但是，过分夸大政府主管部门在物业管理活动中的作用，甚至不切实际地宣扬"政府至上"却是一种倒退。物业管理是市场经济的一个组成部分，市场经济的本质特征是自由竞争，在自由竞争的物业管理市场舞台上，物业管理企业和广大业主是最主要的表演者，政府仅仅扮演"教练员"和"裁判员"的角色，如果政府的监管和干预超出了适度的界限，则难免有喧宾夺主之嫌。实际上，"政府至上"恰恰反映了计划经济下立法思维模式的根深蒂固！

既然称之为《物业管理条例》，当然有别于《民法通则》、《合同法》，也有别于《房地产管理法》、《消费者权益保护法》，这道理似乎让人不言自明；既然评判者的知识背景、社会地位和利益倾向不同，他们心目中的《条例》也肯定大相径庭，这情景似乎让人无所适从。但是，无论如何，**只要具备专业的素质、清醒的头脑、公平的理念和务实的作风，立法者虽然未必能够到达"天下为公"的理想彼岸，却能远离"一叶障目，不见泰山"的谬误陷阱。**

解区分所有之惑　释物业服务之义

2009年

——最高院两个司法解释的理解和应对

最高人民法院近期公布了《关于审理建筑物区分所有权纠纷案件具体应用法律若干问题的解释》（法释〔2009〕7号，以下简称"区分所有权解释"）和《关于审理物业服务纠纷具体应用法律若干问题的解释》（法释〔2009〕8号，以下简称"物业服务解释"），两个司法解释的施行，将有利于指导建筑物区分所有权纠纷案件和物业服务纠纷案件的裁判活动，规范业主和物业服务企业的行为，保护各方当事人的合法权益。在《物权法》第六章"业主的建筑物区分所有权"和两个司法解释的制定过程中，笔者有幸代表中国物业管理协会参加了修改论证工作。特别是2008年应最高人民法院之邀，中物协就两个司法解释草案三次提交了修改意见的报告，相关意见得到最高院的高度重视和充分采纳。笔者撰写本文，力图在客观评价和准确理解两个司法解释的基础上，与业界共同探讨物业管理行业的应对之策。

一、客观评价：兼收并蓄，务实求真

早在《物业管理条例》实施前后，上海、北京等地的高级人民法院就出台了指导当地基层人民法院审理物业管理纠纷的审判意见，最高人民法院也早在2003年就着手进行审理物业管理纠纷案件司法解释的起草工作，但由于种种原因一直未能完成。2007年《物权法》的出台，为重新审视物业管理活动提供了崭新的视角，从建筑物区分所有权与物业管理之间的有机联系出发，最高院于2008年年初起草了《关于审理建筑物区分所有权及物业服务纠纷案件具体应用法律若干问题的解释》，征求各方意见后，最高院敏锐地意识到这两类纠纷在共性基础上的个性差异，决定对建筑物区分所有权纠纷案件和物业服务纠纷案

件分别制定司法解释，又经过广泛征求全民意见和认真修改完善，最终两个司法解释得以出台。回顾整个立法轨迹，前后历时六载，从中不难看出司法解释机关在法治环境迅速变迁时代背景下的审慎和严谨。

马克思曾经说过，"法的关系正像国家的形式一样，既不能从它们本身来理解，也不能从所谓人类精神的一般发展来理解，相反，它们根源于物质的生活关系……"为了理解建筑物区分所有权以及物业服务的法律关系，司法解释的制定者致力于从相关物质的生活关系上寻根溯源，基本做法是深入开展调查研究，广泛听取来自各方的意见和建议，通过综合运用开门立法、民主立法、专家立法等多种形式，真正达到兼听则明、集思广益、博采众长的立法效果。中国物业管理协会参与立法解释的制定过程就是最好的例证，在不到半年的时间里，最高院三次就司法解释稿征求中物协的意见。经统计，在中物协三份书面报告中有22条具体修改意见得到全部或部分采纳。

我们建议增加的解释内容，得到采纳的主要有：1.专有部分和共有部分的界定；2.业主共有车位的界定；3.专有部分面积和建筑物总面积、业主人数和总人数的认定；4.明确业主对业主大会和业主委员会违反法定程序做出决定的诉权；5.物业服务企业对业主拖欠物业服务费的请求权；6.业主"不得以放弃权利不履行义务"规定的明确细化。

我们建议删除的解释内容，得到采纳的主要有：1.物业服务企业对业主专有部分维修养护的责任；2.关于供电、供水、供气、供热等管线属于共用设施的界定；3.物业服务企业在合理限度范围内承担安全保障的义务。

我们建议修改的解释内容，得到采纳主要有：1.在多个条款中要求增加"管理规约"作为判断相关行为合法性的依据；2.不支持单个业主以非合同当事人为由对物业服务合同提出抗辩；3.明确物业服务企业移交物业服务用房、退还预售物业服务费和业主支付拖欠物业费的义务；4.建议不将"经多次维修、养护和维护后仍不能达到物业服务合同约定的标准"作为物业服务企业的违约事项。

能以如此开放的姿态听取中物协的意见，最高院对地方各级法院、相关行政机关以及社会各界意见的重视程度可想而知。对比最初草案和正式条文，推敲司法解释的具体条款，虽然我们承认其中不可避免地存在一些局限性，如未明确界定市政公用部分、未涉及物权归属争议的解决以及未赋予业主委员会在物业服务纠纷中的被告身份等，但总体来说，两个司法解释基本做到了对相关各方合理意见的统筹兼顾，大多数内容密切联系实际并且具有可操作性，较为充分地体现了兼收并蓄和务实求真的立法理念。在赞誉最高院从善如流的同时，我们也为辛勤工作的点滴成果感到欣慰。

二、准确把握：解惑释义、拾遗补缺

司法解释是国家最高司法机关对如何适用法律规范所制定的具有法律约束力的司法规则，它不仅对各级人民法院的审判活动以及仲裁机构的仲裁活动起到具体的指导作用，而且对当事人的相关法律活动具有规范和引导的功能。最高院两个司法解释出台以后，如何正确理解规定的真实内涵，准确把握条文背后的精神实质，从而最大限度维护自身权益、防控法律风险，是摆在每个物业服务企业面前一个不可回避的课题。

与既有的法律规范相比，司法解释的作用，是在不违背上位法的前提下，解决既有法律的疑难问题，阐述规则制度的具体含义，细化法律原则的内容，修补原有规范的缺陷，即所谓的"解惑释义、拾遗补缺"。但是，具体到最高院的两个司法解释，在肯定共性的同时，我们应当认识到两者的差异：首先，它们都与《物权法》相关，但"区分所有权解释"是完全以该法第六章为基本依据制定的，而"物业服务解释"则更多地以《合同法》和《民法通则》为依据；其次，"区分所有权解释"主要调整业主之间、业主与建设单位之间的物权关系，而"物业服务解释"则侧重于规范物业服务企业与业主之间的合同关系；最后，区分所有权纠纷多数引起侵权之诉，而物业服务纠纷主要导致违约之诉。了解以上三点，就不难理解为何最高院针对两类案件分别制定司法解释，同时也有利于从不同角度判断两个司法解释将给我们今后的实际工作带来的不同影响。

准确把握"区分所有权解释"，我们应当注意到以下几个特点：

一是强化定义规范的实效。解释第一条对业主的界定不拘泥于绝对的登记主义原则，不仅将法律文书、征收决定、继承以及合法建造的主体认定为业主，而且明确了未取得房屋所有权证，但实际入住的房屋买受人的业主身份；第二条和第三条对专有部分和共有部分的界定，综合运用了列举法、描述法和排除法，引入特定空间和天然共有部分等概念，尽可能穷尽现实生活的各种可能性；第八条和第九条关于"专有部分面积和建筑物总面积"以及"业主人数和总人数"的认定方法，统一了人们的认识，弥补了原有法律的漏洞，避免实践中因当事人的不同理解而引起法律纠纷。

二是强化管理规约的地位。解释共19条，其中有5个条款（第四条、第七条、第十三条、第十五条和第十六条）涉及管理规约，管理规约不仅成为业主行使权利的依据，同时也是判断业主是否侵犯他人权益的根据。管理规约作为规范业主行使区分所有建筑物共同管理权的基础性契约的地位得以进一步确立。

三是强化建设规划的作用。解释第三条认定属于业主专有的整栋建筑物的占地，第五条认定"应当首先满足业主的需要"的车位、车库的配置比例，第六条认定《物权法》第七十四条第三款所称的车位，均以建设规划作为判断依据。由此可见，建设规划的法定性、确定性和公开性，决定了其在判断物权归属和法律适用中的重要作用。

四是强化公共利益的保护。解释第七条对《物权法》第七十六条第一款第（七）项规定的"其他重大事项"进行扩张性解释，直接后果是决定共有部分的用途、利用共有部分从事经营性活动和处分共有部分等事项，今后应当经专有部分占建筑物总面积过半数的业主且占总人数过半数的业主同意；第十一条和第十二条对"有利害关系的业主"的界定和认定，在有力遏制"住改商"行为的同时，也防止适用范围的无限制扩大；第十四条对擅自进行经营性活动的行为实行举证责任倒置的特别规定；第十五条对《物权法》第八十三条第二款所称的"其他损害他人合法权益的行为"的扩张性解释，都是以切实保护业主的公共利益为出发点。

五是强化业主权利的行使。解释第十二条明确规定，业主可以业主大会或者业主委员会做出的规定违反了法律规定的程序为由，请求人民法院撤销该决定；第十三条明确规定业主有权请求公布、查阅应当向业主公开的五方面的情况和资料，从程序上和实体上都强化了业主权利的行使，并保证业主在权利受到侵害时能得到有效的司法救济。

准确把握"物业服务解释"，我们应当注意到以下几个特点：

一是强化物业服务企业的义务。解释第三条针对实践中物业服务合同的约定内容相对简单，当事人常因物业服务的内容发生争执的现象，运用合同默示条款理论，扩充了物业服务企业承担义务的范围，除物业服务合同之外，物业服务企业还应履行法律法规、相关行业规范、服务承诺和服务细则规定或约定的义务。

　　二是强化行政法规的效力。解释第二条规定物业服务企业将物业服务区域内的全部物业服务业务一并委托他人而签订的委托合同无效，显然是对《物业管理条例》第四十条规定效力的强化；第七条关于业主与承租人、借用人和其他使用人承担交纳物业费的连带责任的规定，同样是对《物业管理条例》第四十二条第一款的肯定；第三条将法律法规的规定认定为物业服务企业的应尽义务，同样强化了行政法规在民事审判中的适用法地位。

　　三是强化诉讼主体的限制。解释第一条在明确前期物业服务合同和物业服务合同对业主的约束力的同时，规定业主以其并非合同当事人为由抗辩的，人民法院不予支持，防止了诉权的滥用和司法资源的浪费；第八条在赋予业主委员会解除合同请求权的同时，规定物业服务企业向业主委员会提出物业费主张的，人民法院应当告知其向拖欠物业费的业主另行主张权利，实际上否定了业主委员会民事诉讼的被告身份。

　　四是强化了合同主体的责任。解释第五条规定物业服务企业违规收费的责任，第九条规定物业服务企业退还预收物业费的责任；第十条规定了物业服务企业的退出和移交责任；第四条规定了业主实施妨害物业服务和管理行为的责任；第六条和第七条规定了业主交纳物业费的责任。相关规定在体现平等、自愿、公平和诚信的合同法原则的基础上，强化了物业服务企业和业主双方的法律责任，有利于物业管理目标的实现。

　　三、从容应对：明理守法、唯精唯专

　　最高院两个司法解释的出台和实施，是继《物权法》和《物业管理条例》之后，物业管理法律环境的进一步优化和完善。作为社会关系的调整器，法律除了一视同仁的平等性，还具有与生俱来的双重性，最高院的两个司法解释也同样如此。在法律这把双刃剑面前，物业服务企业只有明理守法、唯精唯专，才能做到从容应对、游刃有余。

（一）明确自身定位

如果说《物权法》为物业服务企业提供了调整自身定位的良机的话，那么两个司法解释则为这一调整指明了方向。"区分所有权解释"告诉我们，业主是共同管理权的行使者，物业管理是建筑物管理的一种形式，物业服务企业并非建筑物区分所有权的主体，参与建筑物区分所有权纠纷缺乏法理基础；"物业服务解释"则再次强调，业主和物业服务企业之间是平等的合同主体，是服务和被服务的关系，物业服务合同是物业服务企业和业主之间法律关系的唯一纽带，是确立物业服务企业自身法律地位的契约基础。

（二）认清权利边界

"区分所有权解释"进一步明确了专有部分和共有部分的界限、车位车库的归属、"住改商"的条件、业主和业主团体的权利、共有部分的经营权和损害物权的禁止性行为，上述相关规定有助于物业服务企业在从事物业管理活动中，认清不同主体之间的权利边界，避免越权和侵权行为的发生。实践中，物业服务企业要准确认清权利边界，还应当在承接管理项目之前，事先查明相关建筑规划和管理规约的内容，在进行共有部分的经营性活动中严格遵守规定程序，如实公布成本支出，谨慎介入业主之间的、业主与业主大会和业主委员会之间的区分所有权纠纷，尊重业主权益，规避侵权风险。

（三）加强合同管理

物业服务合同是物业管理活动中最重要的法律文件，物业服务企业在了解合同基本原理的同时，还应当深入认识物业服务合同的法律依据、法律性质、法律特征。在签约过程中，应当注意管理规约、投标文件和物业服务合同的关联性和一致性，仔细推敲服务内容、服务标准、服务费用和权利义务等实质条款。同时，应当避免合同中出现免除物业服务企业责任，加重业主委员会或者业主责任，排除业主委员会或者业主主要权利的无效条款，认真制定服务细则和管理规章。在履约过程中，应当严格遵守法律法规的规定和相关行业规范规定的维修、养护、管理和维护义务，谨慎做出不切实际的服务承诺，严禁擅自扩大收费范围、提高收费标准或重复收费的违规行为。

（四）依法维护权利

物业服务企业应当充分发挥法律的维权功能，对于业主违反物业服务合同或者法律法规、管理规约，以及实施妨害物业服务与管理的行为，物业服务企业应根据"物业服务解释"第四条规定，请求人民法院追究有关业主的法律责任；对于无正当理由拒交物业服务费的业主，物业服务企业经书面催缴后仍未见效的，应当通过诉讼的方式向欠费的业主主张权利，并根据法律规定追究物业承租人、借用人和其他使用人的连带责任。

（五）自觉履行义务

自觉忠实地履行应尽义务，既是企业的合同责任，也是职业道德的基本要求。物业服务企业不仅应当在合同期限内履行义务，在业主委员会依法解除前期物业服务合同或者物业服务合同期限届满后，物业服务企业仍应按照解释规定，自觉向业主退还已经预收但尚未提供物业服务期间的服务费，及时主动退出物业管理区域，移交物业服务用房和相关设施设备，以及物业服务所需的相关资料和由其代管的专项维修资金，以保证物业管理项目的顺利交接，维系客户关系的和谐稳定，最大限度地降低企业的法律成本。

附：中国物业管理协会致最高人民法院的三次报告

第一次报告

（2008年2月22日）

最高人民法院：

收到贵院《关于审理涉及业主建筑物区分所有权纠纷案件具体应用法律若干问题的解释（征求意见稿）》（以下简称"解释稿"）后，我会高度重视，立即组织全国二十家地方行业协会和物业服务企业进行研究，现从物业管理专业的角度，将有关修改意见报告如下：

一、"解释稿"的总体评价和建议

在《物权法》全面实施的大背景下，鉴于建筑物区分所有权纠纷案件的特殊性和复杂性，最高人民法院制定相关司法解释，有利于正确指导各级地方法院的审判活动，维护当事人的合法权益，缓和当前社会矛盾，对构建和谐社会具有十分积极的现实意义。

从总体上看，"解释稿"对《物权法》第六章基本精神的把握，对《物权法》相关条款的理解（如第三条和第六条），对当前物业管理纠纷现状的了解（如第十六条），以及对以往地方法院审判经验的吸取（如第十九条），都是相当到位的。不仅如此，"解释稿"在对业主身份的界定（第二十一条），物业服务合同的提前终止和顺延的处理（第十五条和第十七条）以及对业主不当行使专有部分所有权的处置（第十一条）等方面，均有所探索和突破，这是我们在提出修改意见时必须予以肯定的。

我们认为，从正确认识涉及建筑物区分所有权纠纷案件相关各方的法律关系出发，首先应当厘清一些基本概念：如物业服务企业并非建筑物区分所有权的主体，物业管理是区分所有建筑物管理的一种形式；物业服务范围是共有部分，并非专有部分；建筑物及附属设施的维修基金所有权属业主，其归集、管理和使用并非物业服务的内容等。从提高司法审判活动专业性的角度，应当把握物业管理行业的一些特殊性：如物业管理的准公共性和持续性，决定了合同双方主体行使抗辩权的困难；物业服务收费的不同模式（酬金制和包干制），决定了物业服务合同的不同性质；物业服务质量不仅取决于物业服务企业的水平，还取决于开发企业的水平和业主本身的素质等。

我们建议，从强化司法解释可操作性的角度，应当考虑当前区分所有建筑物管理的现实条件：如"专有部分"和"共有部分"的划分相当模糊混乱，缺乏权利登记依据；业主团体的数量、地位和能力均与其主体定位不相符，难以发挥其自治职能；市政公用部门（水、电、气、热）与业主之间的产权界限和维修责任不清等。从保证司法审判的公平性出发，应当关注以往同类案件审判活动可能存在的偏差：如一些案例对物业服务企业管理责任的判决是否过苛？一些业主团体败诉判决的法律责任承担是否能够落实？在不同收费模式下物业服务纠纷中债权债务主体是否不同？如果能在上述分析的基础上，总结各地法院的成熟做法和成功经验，将大大提高解释稿的科学性。

二、"解释稿"的具体修改意见

（一）建议增加的内容

1. "解释稿"必须明确人民法院受理涉及建筑物区分所有权纠纷案件的范围，根据以往北京、上海等地方法院的审判意见，均将业主与业主团体之间的纠纷排除在司法审查之外。虽然《物权法》明确了业主的诉权，但在业主对业主大会、业主委员会的决定（实体内容）可以提起诉讼的情况下，必须明确业主对业主团体做出决定的程序存在异议而提起诉讼时，人民法院是否受理，因为《物权法》第七十六条明确规定业主的表决权及其表决的法定生效比例。

2. "解释稿"第十六条、第十七条明确物业服务合同期限届满或提前终止的情况下物业服务企业的义务，是完全正确的。但在现实中，无论是物业服务合同期限届满或提前终止后，部分业主未履行交纳物业服务费用义务的情况更为常见。因此，从对等和平衡原则出发，应增加如下规定："物业服务合同期限届满或提前终止后，物业服务企业请求业主交纳拖欠的物业服务费的，人民法院应予支持。"

3. 鉴于《物权法》第七十六条规定了"面积"和"人数"作为业主表决的双重标准，但在现实操作中，专有部分面积和建筑总面积又是如何界定的？业主人数是以产权登记的人数（共有人）计算，还是以专有部分（产权单位）的数量计算？开发商按一个业主计算还是根据其拥有的专有部分数量计算？建议在解释稿增加相应解释内容，以统一审判口径。

4. 鉴于业主以未居住（空置）或未享受服务（乘坐电梯）等借口拒交物业服务费，侵害物业服务企业和其他业主合法权益的情况时常发生，建议在解释稿中将《物权法》第七十二条"不得以放弃权利不履行义务"的规定具体化，增加以下内容："业主代表人、经授权的业主委员会或者物业服务企业，请求业主履行交纳物业服务费或建筑物及附属设施维修资金的义务，业主以放弃共有权利作为抗辩理由的，不予支持。"

5.《物权法》第七十四条第二款规定规划车位由当事人决定归属权，第三款规定占用业主共有场地的车位属于业主。现实中，许多小区规划用于停放汽车的车位就在地面，这部分停车位到底是业主共有还是当事人约定，应当在解释稿中明确，以解决居住小区中日益增加的地面停车位权属和收益纠纷，同时也有利于使解释稿第九条的规定更具可操作性。

（二）建议删除的内容

1. 解释稿第十三条存在诸多问题，建议删除。理由如下：（1）业主专有部分的维修、养护和维护不属于物业管理的范畴；（2）第十三条中的三种情形如果属于违反物业服务合同约定的，可以按第十二条处理，如果不属于物业服务合同约定的内容（如应动用专项维修资金的维修、更新和改造），物业服务企业不承担法律责任；（3）实务操作中，影响物业正常使用的维修、更新、改造项目均使用专项维修资金，主动权在业主手中，不存在本条第一、二种情形；（4）本条第三种情形产生的原因多种多样，可能因为物业本身的瑕疵，可能因为现实技术条件的制约，不能简单将责任归咎于物业服务企业。

2. 建议删除解释稿第十三条（原稿错误，实际应为第十四条）的内容。理由是：《物权法》、《物业管理条例》及其他法规明确规定专项维修资金属于业主所有。虽然各地专项维修资金代管模式不同，但均由政府监管，物业服务企业代管可能属于个别历史遗留问题，今后不会出现这种情况，因此本条款规定的情况不具有普遍性。

3. 建议删除第二十一条第二、三款。解释稿的用意在于明确《物权法》第七十三条中"公共场所"和"公用设施"的范围，但在我国目前极不清晰的产权形态下，这种明示列举的结果很可能挂一漏万，同时该条款中对供电、燃气等设施的界定也与《物业管理条例》不符，可能为公用垄断部门规避维护公用设施责任提供法律依据，反而对维护作为弱势群体的业主不利。

（三）其他条款的修改意见

1. 第一条，建议增加第三类争议：（三）开发建设单位与业主因行使共有部分和共同管理权利产生的纠纷。理由是：解释稿中多个条款涉及开发建设单位与业主的纠纷，本条内容未能涵盖。

2. 第二条，建议该条第一、二款合并为一，综合表述为：开发建设单位在未能保证每一户业主能够购买或者租赁一个车位的情形下，将建筑区划内规划用于停放汽车的车位、车库通过出售、赠与或者出租等方式处分给业主以外的第三人，业主请求确认该行为无效的，应予支持。理由是：没有必要单独对"应当首先满足业主的需要"作出解释，而且原文的解释也不妥，没有考虑到由于规划条件的限制，无法确保每户拥有一个车位的现实，而且"一年之内"的规定既无根据，也不利于保护业主的利益。另外，建议本条增加一款规定：开发建设单位应当就其未违反前款规定，承担举证责任。理由是：业主难以取得开发建设单位的侵权证据，应实行举证责任倒置，加重开发建设单位商的举证责任。

3. 第六条，建议取消该条第一款中"第一款"的限定。理由是《物权法》第七十八条第二款所称的决定与第一款性质相同。

4. 第七条，建议在"也可以"后面增加"根据管理规约或"的内容。理由是：《物权法》并没有规定"授权业主委员会提起诉讼"的法定表决比例，业主有权根据管理规约的约定授权业主委员会提起诉讼。

5. 第八条和第九条，在"房地产开发企业"之前增加"业主、业主委员会"。理由是：实践中，业主、业主委员会经常是该条所列行为的侵权主体。

6. 第九条，建议在物业服务企业后面增加"擅自"二字。理由是：如果相关盈利性活动依据双方的合同进行，本条款就无实质意义。

7. 第十条，建议增加：（七）违反规定饲养动物；（八）拒付物业服务费。理由是《物权法》第八十三条有此内容，应保证司法解释和上位法的一致性。

8. 第十一条，建议删除"业主或者物业服务企业"。理由是：该条还应包括供水、供电、供热等市政公用部门等主体。建议将"共用部分"改为"共有部分",以保持与《物权法》一致,避免歧义。

9. 第十二条,建议取消业主作为诉讼主体。理由是物业服务合同一方主体是业主大会,如果赋予单个业主以业主共同利益的名义对物业服务企业提起诉讼的权利,有可能导致诉权滥用和司法资源浪费,容易造成物业服务合同不稳定。

10. 第十五条,建议删除"一方请求解除物业服务关系的,应提前三个月通知对方",或者将其修改为:"一方要求续约,应提前三个月通知对方,否则合同期限届满自然终止"。理由是:合同期限届满属合同自然终止的情形,不存在解除的问题,同时请求续约方应尽事前告知义务。

11. 第十六条,建议增加两款请求事项:一是退还预收、代收的有关费用;二是移交物业管理用房。理由是:在现实操作中,上述两项均属移交内容。

12. 第十八条,建议本条第一款修改为:物业服务企业未能履行物业服务合同的约定,致使业主遭到人身损害或者财产损失的,权利人请求其承担相应赔偿责任的,应予支持。删除本条第二款。理由是:该条款对物业服务企业过于苛刻,物业服务企业无力承担应由公权力机关承担的安全保障义务,其承担的赔偿责任应以物业服务合同的约定为准。

感谢贵院倾听物业管理行业的意见,并期待一部公平、专业、务实的司法解释的诞生。

中国物业管理协会

二〇〇八年二月二十二日

第二次报告

（2008年3月27日）

最高人民法院：

3月24日收到贵院送来的《关于审理建筑物区分所有权及物业服务纠纷案件具体应用法律若干问题的解释（征求意见稿）》，我们认真研析后，认为此次征求意见稿与上一稿相比，无论在名称、体例、表述、法律原文理解、法律关系界定、行业特征把握和现实问题解决等方面均有实质性进步。现在2月22日向贵院提交的报告的基础上，提出十二条具体修改意见，供参考。

一、第三条第二款中删除"及其附属物"的内容，理由是：附属物多数情况下是服务于全体或大多数业主的共有部分。

二、第四条第二款中删除"业主共有的"内容，理由是：避免公用部门以"业主共有"为由拒绝履行第三款规定的义务，以保证第四条第二款和第三款的协调一致。同时建议在第二款中增加"供热设施"、"有线电视设施"的内容。

三、第五条和第六条建议按照第二种意见集中表述。理由是：除上次报告中陈述以外，第五条"优先满足业主需要"的解释与现实存在差距且无法穷尽除外情形。

四、第六条建议增加一款规定：开发商应当就其未违反前款规定，承担举证责任。理由是：业主难以取得开发单位的侵权证据，应加重开发商的举证责任。

五、第七条"无法出售的，一户按一人计算。没有出售的所有专有部分，按一人计算"表述不准确，应修改为："开发建设单位未出售的专有部分，按一人计算"。理由是："出售"同样可以是业主的行为，必须指明其首次出售主体——开发建设单位。

六、第十二条、第十四条和第十五条中有关诉讼主体的规定值得商榷。理由是：在赋予单个业主诉权的情况下，法院对于作为业主团体的业主委员会的诉权，却加以"经专有部分占建筑总面积数过半数的业主且占总人数过半数的业主授权"的限制，由多位业主组成的业主委员会的诉权甚至比单个业主还小，在情理和逻辑上都说不过去。

七、第十三条"专用使用权"的表述和规定都存在问题。"专用使用权"和"专有使用权的共有部分"都是《物权法》中未出现的名词，应予以明确界定，同时应考虑该规定在实践中的具体应用范围。

八、第十四条中侵权主体除房地产开发企业和物业服务企业外，应增加"业主"、"业主委员会"，理由是：现实生活中业主和业主委员会侵权行为时有发生。

九、第十八条中赋予"业主或者业主委员会"在物业服务合同纠纷中的诉权不妥，建议取消单个业主作为诉讼主体。理由是：物业服务合同一方主体是业主大会，如果赋予单个业主对物业服务企业提起诉讼的权利，无疑是对《物权法》第七十六条"产权和业主人数多数决"原则的否定，有可能导致诉权滥用和司法资源浪费，容易造成物业服务关系的不稳定，最终对业主不利。同时，建议业主委员会应在"经专有部分占建筑物总面积过半数的业主且占总人数过半数的业主"授权的情况下行使诉权，理由是：业主委员会就是在上述授权条件下签订物业服务合同的。

十、第二十条"当事人未签订新的协议但均同意维持物业服务关系的"表述应斟酌。现实中可能出现当事人未签订新的协议，但也无同意维持物业服务关系意思表示的情况。

十一、第二十一条建议增加"移交物业服务用房"、删除"专项维修资金"。理由是："退出物业管理区域"与"移交物业服务用房"并非同一概念；而"专项维修资金"的所有权和管理权均与物业服务企业无关。

十二、鉴于业主以未居住（空置）或未享受服务（乘坐电梯）等借口拒交物业服务费，侵害其他交费业主和物业服务企业合法权益的情况时常发生，建议在司法解释中将《物权法》第七十二条"不得以放弃权利不履行义务"的规定具体化，增加以下条款内容："业主委员会或者物业服务企业请求业主履行交纳物业服务费或者建筑物及附属设施维修资金的义务，业主以放弃共有权利作为抗辩理由的，不予支持。"

感谢贵院的兼听各方和从善如流，希望进一步加强交流并得到指导。

中国物业管理协会

二〇〇八年三月二十七日

第三次报告

（2008年7月15日）

最高人民法院：

贵院于6月16日向社会公布了《关于审理建筑物区分所有权纠纷案件具体应用法律若干问题的解释（征求意见稿）》和《关于审理物业服务纠纷案件具体应用法律若干问题的解释（征求意见稿）》后，我会再次组织人员对两司法解释稿进行了认真的讨论研究。我会认为，与前两次征求意见稿相比，此次征求意见稿更为成熟，尤其是针对建筑物区分所有权纠纷案件和物业服务纠纷案件分别制定司法解释的做法，使法律关系更加清晰明确，在立法理念上较前两稿具有根本性突破。

为进一步反映物业管理行业的诉求，从公平、科学、合理地解决物业管理纠纷的现实出发，在2月22日和3月27日向贵院提交的两份报告的基础上，我会对两司法解释稿提出以下修改完善意见。

一、关于"建筑物区分所有权"司法解释稿的修改意见

1. 第二条第三款"但楼顶平台根据规划文件规定"和第三条第一款"建筑区划内根据规划文件的规定"后增加"同时临时管理规约约定"的内容。

理由是：无论是楼顶平台还是绿地，要明示属于单个业主所有，不仅应符合行政性审批的规划文件规定，更应符合业主意思自治的临时管理规约的约定。因为临时管理规约是全体业主共同意志的体现，根据《物权法》和《物业管理条例》，临时管理规约虽由开发建设单位制定，但必须在房屋销售之前向房屋买受人明示并予以说明，房屋买受人应予以书面承诺。

2. 第三条第三款中的"供电、供水、供热、供气、有线电视设施"的内容建议予以删除，或按前次征求意见稿的内容作如下表述：供电、供水、供热、供气和有线电视企业分别对属于业主共有的供电设施、供水设施、供热设施、供气设施和有线电视设施承担维修养护的义务。

理由是：（1）根据"物权法定"的原则，在目前法律、行政法规没有明确规定的情况下，如果又没有管理规约等业主共同意志的基础，司法解释将建筑区划内的供电、供水、供气、有线电视设施认定为业主共有的"公用设施"，似乎缺乏法律依据；（2）国务院《物业管理条例》第五十二条明确规定"供水、供电、供气、供热、通信、有线电视等单位，应当依法承担物业管理区域内相关管线和设施设备维修、养护的责任"，如果将建筑区划内的供电、供水、供热、供气、有线电视设施规定为各业主共有的"公用设施"，公用垄断部门可能以"业主共有"为借口拒绝承担相关的维修养护的法律责任，不利于维护广大业主的合法权益；（3）建筑区划内的供电、供水、供热、供气，有线电视设施同建筑区划外的相关设施是不可分割的整体，都是公用单位提供供电、供水、供热、供气、有线电视服务的必要载体，将只有作为统一整体才能发挥功能作用的公用设施分割为不同的主体所有，不易划分和明确责任，容易引发矛盾和纠纷；（4）根据市场经济的基本原则，水、电、气、热、有线电视等收费构成中应包含相关设施的维护成本，将公用设施归属政府或公用单位所有并负责维修养护，不仅符合市场经济国家的通常做法，也有利于发挥公用部门的专业优势。

3. 第十三条建议增加"业主委员会怠于行使权利"的明确界定：业主委员会在收到业主书面请求的三个月内，未进行处理或者处理结果没有得到业主认可的，又未提出诉讼的，视为怠于行使权利。

理由是：单个业主就业主共同利益提出诉讼，前提是业主团体怠于行权，如果不对怠于行使权利做出明确规定，单个业主可能滥用此项诉讼权利，业主委员会就没有存在的必要了。

二、关于"物业服务纠纷"司法解释稿的修改意见

1. 我会坚持前二次报告的修改意见，建议删除第一条中"或者业主"的内容。

理由是：虽然存在单个业主委托物业服务企业的情况，但物业服务合同的特殊性在于它是全体业主（多业主）与物业服务企业的合约（《物业管理条例》第三十五条也是如此规定的），由于物业服务合同的主体为业主大会或业主委员会，根据合同相对性原理，就合同提起违约之诉的主体，应当是业主大会或业主委员会，如果赋予单个业主在物业服务合同违约之诉中的诉权，不仅不利于物业服务合同的稳定，而且可能造成大量累诉问题，浪费宝贵的司法资源。

2. 建议删除第二条中"或者经多次维修、养护和维护等仍不能达到物业服务合同约定的标准"的内容。

理由是：我会第一次报告中已经阐述，物业质量取决于开发建设单位的施工质量，现实中，经多次维修、养护和维护等仍不能达到服务标准的，原因多种多样，受建筑质量、技术条件和业主使用行为等多种因素制约，不能简单归责于物业服务企业违约。

3. 建议将第八条"合理限度范围内的安全保障义务"改为"物业服务合同约定的秩序维护义务"，同时删除第八条第二款的规定。

理由是：物业服务企业作为民事主体，无法也无力承担应由国家公权力部门承担的安全保障职能。物业服务企业和业主之间的权利义务关系，是由物业服务合同约定的，物业服务企业承担法律责任，应以物业服务合同的约定为依据，因此，《物业管理条例》第三十六条规定："物业服务企业未能履行物业服务合同的约定，导致业主人身、财产安全受到损害的，应当依法承担相应的法律责任。"司法解释稿规定参照适用《关于审理人身损害赔偿案件适用法律若干问题的解释》第六条第二款的规定，追究物业服务企业在第三人侵权损害事件中的责任，显属过苛，有失公平。

再次感谢贵院卓有成效的工作。

中国物业管理协会

二〇〇八年七月十五日

制度的生命在于执行　执行的成效在于规则

2009年

——关于《业主大会和业主委员会指导规则》的几个问题

业主大会制度是《物业管理条例》确定、《物权法》确认的一项基本制度，六年多的实践证明了它的科学性和前瞻性。为适应环境变化和现实需要，住房和城乡建设部在修改、补充和完善《业主大会规程》的基础上，制定并印发了《业主大会和业主委员会指导规则》（以下简称《规则》）。细节决定成败，任何宏大制度目标的实现都离不开细致具体规则的执行。作为业主大会制度的配套性文件，《规则》对新时期进一步规范业主大会和业主委员会的活动，积极稳妥推行业主大会制度将起到重要的促进作用。

为什么要制定《规则》？

1. 制定《规则》是适应法律环境变化的需要

2007年3月《物权法》出台，2007年8月国务院修改了《物业管理条例》，2009年3月最高人民法院发布了关于审理建筑物区分所有权纠纷案件和物业服务纠纷案件具体应用法律的两个司法解释。为了实现法律的统一性和协调性，必须使《业主大会规程》与相应上位法保持一致，以避免法律适用的冲突，保证国家法制的统一。近几年各地纷纷出台与业主大会制度相关的地方性法规和文件，也要求我们在全国层面上做出回应，要求我们根据法律环境的变化，与时俱进地进行业主大会和业主委员会活动规则的立、改、废工作。

2. 制定《规则》是切实保护业主权益的需要

在区分所有的情况下，建筑物的共同管理权由全体业主共同行使，业主通过业主大会和业主委员会行使共同管理权。业主大会能否及时成立并定期召开？业主委员会能否依法有效运作并履行职责？业主对共同管理事项的知情权和对业主委员会的监督权如何实现？政府主管部门如何协助、指导和监督业主大会和业主委员会？这些问题解决不好，不仅无益于建立民主协商、自我约束、平衡利益的业主自我管理财产机制，也不利于业主共同管理权的行使和共同财产权的保护。《规则》正是在总结实践经验的基础上，最大限度地为业主组织的成立和运作提供指导和协助，以促进"将业主培养成能够保护自身权利的群体"的业主大会制度目标的实现。

3. 制定《规则》是发展物业管理市场的需要

我国物业管理起步的独特路径，决定了政府主管部门和物业服务企业在物业管理市场发展初期的关键作用，但是"政府主导、企业推动"型的物业管理发展模式，存在着缺乏业主主动参与的天然缺陷。仅有政府的导向和企业的热情，没有业主的自发需求的物业管理市场是"跛脚的市场"，是供求严重失衡的单方市场，是不可持续的短期市场。《规则》正是通过对业主大会和业主委员会的引导和协助，逐步培育物业管理市场的成熟买方，解决物业管理市场基本主体的缺位和错位的问题，建立"政府主导、企业推动、业主自觉"的均衡发展模式，这是保证我国物业管理市场的持续健康发展的长久之策。

4. 制定《规则》是解决业主大会现实问题的需要

业主大会制度经过几年时间的实践，取得成绩的同时，也暴露出不少的问题：由于对业主大会和业主委员会的定位存在偏差，一些地方忽视其行权的本质，夸大其维权的功能，不利于其自我管理、自我约束作用的发挥，甚至存在泛政治化的倾向；由于现行制度下业主大会的协调成本高昂，业主委员会的参与收益低廉，许多地方业主参加业主大会、担任业主委员会委员的积极性不高；由于业主共同事项表决过程艰难、业主委员会监督制约机制缺乏，一些地方的业主委员会怠于履行义务，形同虚设，另一些地方的业主委员会则越权违规操作，甚至侵害业主的共同利益。《规则》的制定，不仅有利于在认识上纠正以往人们对业主大会制度的错误理解，而且有利于在程序上规范业主大会和业主委员会的日常运作。

5. 制定《规则》是提高行政监管效能的需要

业主大会和业主委员会作为业主财产管理组织，虽然本质上属于私权自治领域，但离不开公权机关的适度引导和监管，这并非是处于社会主义初级阶段的我国的独有做法，资本主义市场经济发达的地区也具有同样的实践（如香港地区的民政事务局具有协助和指导业主立案法团的职能）。政府主管部门在履行法律赋予的对业主大会和业主委员会的监管职责时，面临着如何做到适度干预和推动引导相结合、如何平衡业主自我管理和行政监督管理的关系、如何兼顾行政管理的公平和效率等一系列难题。因此，从行政管理部门角度，通过制定《规则》，有助于提高行政效率，减少行政风险，实现依法行政和高效行政的和谐统一。

《规则》主要解决了哪些问题？

1. 业主大会成立难

业主大会启动困难，除了业主积极性不高以外，还存在建设单位消极抵触、物业服务企业配合不力以及主管部门怠于履职等多方面的原因。为解决这一难题，对于建设单位，《规则》明确规定，在物业管理区域内，已交付的专有部分面积超过建筑物总面积50%时，建设单位应当按照物业所在地的区、县房地产行政主管部门或者街道办事处、乡镇人民政府的要求，及时报送筹备首次业主大会会议所需的文件资料，并规定建设单位未按要求报送筹备首次业主大会会议相关文件资料的，物业所在地的区、县房地产行政主管部门或者街道办事处、乡镇人民政府有权责令建设单位限期改正。对于物业服务企业，《规则》要求物业服务企业应当配合首次业主大会筹备组开展工作。对于主管部门，《规则》要求区、县房地产行政主管部门或者街道办事处、乡镇人民政府应当在收到业主提出筹备业主大会书面申请后60日内，负责组织、指导成立首次业主大会会议筹备组，同时，筹备组应当自组成之日起90日内完成筹备工作，组织召开首次业主大会会议。

2. 业主大会开会难

业主大会开会难主要是由业主人数多、业主身份难以确认、法定到会业主人数比例较高、开会程序不规范以及业主委员会怠于履行义务等多方面因素造成的。为解决这一难题，《规则》首先列举了业主大会议事规则应当规定的11项主要事项；其次，《规则》明确了业主身份的认定依据和业主投票权数的确定办法；再次，《规则》授权业主通过委托代理人和推选代表人的方式参加业主大会会议；最后，《规则》规定业主大会会议可以采用集体讨论的形式，也可以采用书面征求意见的形式，业主大会分为定期会议和临时会议，业主大会定期会议按照业主大会议事规则的规定召开，特殊条件下，业主委员会应当及时组织召开业主大会临时会议。此外，对于业主委员会不履行组织召开会议职责的，《规则》规定物业所在地的区、县房地产行政主管部门或者街道办事处、乡镇人民政府可以责令业主委员会限期召开。

3. 业主委员会更换难

业主委员会委员进行必要的变更和增补，业主委员会按照业主大会议事规则定期进行换届选举，是保障业主选举权和被选举权、保证业主委员会正常运作的有效手段。为解决业主委员会委员的更换问题，《规则》除了明确业主委员会委员资格自行终止的四种情形之外，还规定业主委员会委员存在不履行委员职责、利用委员资格谋取私利、拒不履行业主义务和侵害他人合法权益等六种情形的，由业主委员会三分之一以上委员或者持有20%以上投票权数的业主提议，业主大会或者业主委员会根据业主大会的授权，可以决定是否终止其委员资格。为解决业主委员会委员空缺的问题，《规则》规定业主委员会任期内委员出现空缺时，应当及时补足；业主委员会委员人数不足总数的二分之一时，应当召开业主大会临时会议，重新选举业主委员会。为解决业主委员会换届难的问题，《规则》要求业主委员会任期届满前3个月，应当组织召开业主大会会议，进行换届选举，并报告物业所在地的区、县房地产行政主管部门和街道办事处、乡镇人民政府；业主委员会在规定时间内不组织换届选举的，物业所在地的区、县房地产行政主管部门或者街道办事处、乡镇人民政府应当责令其限期组织换届选举；逾期仍不组织的，可以由物业所在地的居民委员会在街道办事处、乡镇人民政府的指导和监督下，组织换届选举工作。

4. 业主监督难

除了选举权和被选举权，业主的共同管理权还体现在对其选出的业主委员会具有监督权。业主的监督权在决策不透明、信息不对称的情况下是难以行使的，而知情权的实现是保障监督权的前提，因此《规则》从知情权角度来解决业主监督难问题，不啻为治本之策。《规则》明确规定业主委员会应当向业主公布物业服务合同、专项维修资金的筹集和使用情况、物业共有部分的使用和收益情况等八种情况和资料，以确保业主知情权的实现。《规则》规定，在业主大会筹备阶段，筹备组应当将成员名单以书面形式在物业管理区域内公布，筹备工作情况应当在首次业主大会会议召开15日前以书面形式在物业管理区域内公告；业主大会成立后，业主大会的决定应当以书面形式在物业管理区域内及时公告，业主委员会应当于会议召开7日前，在物业管理区域内公告业主委员会会议的内容和议程，听取业主的意见和建议，业主委员会应当在会议做出决定之日起3日内在物业管理区域内公告。此外，业主大会、业主委员会工作经费的收支情况，也应当定期在物业管理区域内公告，接受业主的监督。

5. 行政部门监管难

《物业管理条例》赋予行政机关指导和监督业主大会和业主委员会的职责，但具体如何进行指导和监督，特别是当业主大会和业主委员会未依法依规（管理规约和业主大会议事规则）运作时，行政机关仅依据《业主大会规程》的原则规定是无法实施有效监管的，因此近几年业主团体监管难是各地普遍反映的突出问题。作为行政法范畴的规范性文件，《规则》的一个重要功能是为行政机关提供具体明确的监督管理依据，从有法可依的层面上解决依法行政的立法基础问题。为强化行政监管的力度和作用，《规则》设专章共13个条款予以规范，《规则》第四章"指导和监督"从业主大会的筹备、开会、换届、终止、印章使用、财务移交和违规行为等不同环节和角度，详细规定了区、县房地产行政主管部门和街道办事处、乡镇人民政府的具体职责和权限。为从根本上解决业主团体监管难问题，《规则》从源头入手，严把业主大会筹备关，明确规定区、县房地产行政主管部门或者街道办事处、乡镇人民政府负责组织、指导首次业主大会筹备组，筹备组组长由街道办事处、乡镇人民政府代表担任；筹备组中业主代表的产生，由街道办事处、乡镇人民政府或者居民委员会组织业主推荐；筹备组根据物业规模、物权份额、委员的代表性和广泛性等因素，确定业主委员会委员候选人名单。为充分调动社会各方力量参与社会管理，《规则》借鉴吸收一些地方的做法和经验，鼓励组织由街道办事处、乡镇人民政府负责召开，由区、县房地产行政主管部门、公安派出所、居民委员会、业主委员会和物业服务企业参加的物业管理联席会议，共同解决物业管理中遇到的问题。

《规则》设计上有哪些特色?

1. 业主自治与行政监管的平衡

业主大会和业主委员会，是业主为实现自我管理共同财产的目标而设立的财产组织，无论是《物权法》还是《物业管理条例》都明确业主大会和业主委员会作为共有财产管理主体的法律地位。业主大会制度是区分所有财产（建筑物）制度的重要组成部分，业主大会和业主委员会问题，本质上是财产问题。尊重业主财产权是《规则》的基本指导思想，强调业主自治（财产意义上而非政治意义上）是业主大会制度的根本出发点。但是，我国社会经济制度的转型期和业主大会制度的初级阶段，都决定了业主自我管理财产能力的薄弱，政府公权力的适度介入不仅有利于保护业主的公共利益，而且有利于社会公共秩序的规范和维护，因此现阶段对业主团体进行行政监管是十分必要的。如何实现业主财产权和政府行政权的平衡？如何在尊重业主共同财产权的前提下有效地发挥政府主管部门监督管理权的作用？是《规则》制定过程中着力关注的首要问题。《规则》在体例结构、内容取舍、条款设置和措辞用语上，均以业主自治和行政监管的平衡作为基本的立法原则。

2. 指导与监督的并重

《规则》平衡业主自治和行政监管的立法理念，自然派生出指导和监督并重的调控手段。2003年出台的《物业管理条例》和《业主大会规程》在具体行政措施上偏重于监督管理，《物权法》出台后，在明确业主私有财产权的同时突出了业主团体的独立地位。《物权法》第七十五条规定，"地方人民政府有关部门应当对设立业主大会和选举业主委员会给予指导和协助"，这一规定反映了政府转变职能和立足服务的价值取向。《规则》冠以"指导"之名，就是要在尊重业主自我管理财产权利的前提下，强化政府有关部门在业主大会和业主委员会活动中的指引和导向功能。在一般情况下，《规则》对业主团体的活动多是给予程序性和方向性的引导和启发，法律条款中多采用任意性规范和授权性规范，法律用语中多使用"可以"和"有权"等软性词汇。在特殊情况下，当业主大会无法发挥应有作用或者业主委员会怠于履行应尽义务时，政府有关部门有权责令相关主体限期改正或监督相关主体履行职责，当业主大会、业主委员会从事违法活动或做出的决定违反法律法规时，政府有关部门应当行使行政强制措施纠正违法行为，所以《规则》条款中同样存在许多义务性规范和强制性规范，法律用语中也不乏"应当"和"不得"等硬性词汇。

3. 物业管理与社区管理的结合

近几年，各地在推行业主大会制度过程中，发现面对业主大会成立和业主委员会运作中的诸多问题，不能单纯依靠房地产行政主管部门的力量，必须充分发挥街道办事处和乡镇人民政府的作用，并逐步探索出一套物业管理与社区管理相结合的指导监督模式。实践证明，区、县房地产行政主管部门和街道办事处、乡镇人民政府共同参与业主大会和业主委员会的指导监督工作，有利于形成合力和资源共享，实现优势互补和良性互动，是现阶段我国推行业主大会行之有效的措施。《规则》在设计业主大会和业主委员会指导监督的主体、程序和规范时，充分体现了物业管理与社区管理相结合的东方特色：在区、县房地产行政主管部门的基础上，增加街道办事处、乡镇人民政府作为指导和监督的主体，充分发挥街道办事处、乡镇人民政府在地缘、设施、经验和人力资源等基层社区管理方面的传统优势，运用综合治理的方法将业主大会和业主委员会活动中的矛盾和问题化解在基层，实现物业管理与社区建设的有机统一与和谐发展。

4. 借鉴与创新的兼顾

我们注意到，通过多年指导和监督业主大会和业主委员会的实践，各地探索出许多行之有效的做法，总结出许多经验和教训。《规则》从减少制度成本的角度，非常注意借鉴和吸收各地的成功经验，及时加以归纳总结，上升为普遍规则在全国推广适用。例如，为解决分期开发项目的业主大会成立问题，《规则》规定首次业主大会会议应当根据分期开发的物业面积和进度等因素，在业主大会议事规则中明确增补业主委员会委员的办法；为保证业主委员会工作的规范性和连续性，《规则》规定业主委员会应当建立工作档案并明确了工作档案的主要内容；为避免业主大会和业主委员会印章的不规范使用，《规则》规定使用业主大会印章，应当根据业主大会议事规则的规定或者业主大会会议的决定，使用业主委员会的印章，应当根据业主委员会的决定等，都是在地方已有做法基础上的借鉴和改进。我们还注意到，随着《物权法》特别是最高人民法院两个司法解释的出台，不仅明确了业主团体作为共同管理权利行使主体的定位，而且统一了物业服务纠纷的司法裁判尺度。《规则》从维持法制统一、防止和避免行政执法与司法裁判相冲突的角度，较多地借鉴和吸收了《物权法》和最高院两个司法解释的相关规定。例如，业主大会和业主委员会对业主损害他人合法权益和业主共同利益行为的追究权利；业主身份的认定方法；业主投票权数中专有部分面积和业主人数的确定方法，等等，这种借鉴和吸收不仅增强了《规则》的时效性和可操作性，而且大大提高了《规则》的权威性和影响力。不仅如此，《规则》也不失时机地在现有法律的框架下尝试制度创新和方法改进，《规则》中一些内容在突破旧有做法的同时是否涉及相关主体的越位和错位，是否在程序安排中具有法律的正当性和合理性，是否涉及公权对私权的过度介入，等等，这些都有待今后的实践去检验。当前解决的途径是，尽可能将创新方法和手段明示给业主，由业主决定是否行使，《规则》仅仅起到引导和鼓励的作用。

《规则》内容上有哪些创新？

1. 共同管理权的行使限制

《规则》第二十条规定，"业主拒付物业服务费，不缴存专项维修资金以及实施其他损害业主共同权益行为的，业主大会可以在管理规约和业主大会议事规则中对其共同管理权的行使予以限制"，这一规定旨在督促业主履行公共义务，实现业主在共同管理事务中权利和义务的对等和公平。虽然此前一些地方的规范性文件中有"欠交物业服务费的业主不得担任业主委员会委员"的类似规定，但业主委员会委员的被选举权仅为业主共同管理权的一项子权利，欠交物业服务费也只是损害业主共同权益的一种形式，因此《规则》从概括共同管理权内涵和扩充侵权行为外延两个方面对相关做法进行了提炼，并上升到制度创新的层面。正确理解和适用这一规定，我们应当注意以下几点：一是除了拒付物业服务费、不缴存专项维修资金以外，业主实施任意丢弃垃圾、排放污染物或者噪声、违反规定饲养动物、违章搭建、侵占通道等损害他人合法权益和业主共同权益行为的，同样构成限制其行使共同管理权的条件；二是有权限制业主行使共同管理权的主体是业主大会，而非业主委员会；三是限制行使共同管理权的依据是管理规约和业主大会议事规则；四是该条款属授权性规范，可供业主大会选择适用，并无强制执行的效力。

2. 未参与表决的投票权数

《规则》第二十六条第二款规定："未参与表决的业主，其投票权数是否可以计入已表决的多数票，由管理规约或者业主大会议事规则规定。"这一规定旨在督促业主参加业主大会会议并投票表决，以解决业主大会参与人数不足、表决过程艰难的现实问题。虽然一些地方为了促成业主共同管理重大事项表决的尽快通过，在实际投票表决过程中，采取"明示反对、默示许可"的变通做法，但此举不仅缺乏相关的法律和契约依据，而且存在任意剥夺和侵犯业主正当表决权利之嫌。《规则》之所以做出未参与表决的投票权数可计入已表决的多数票的指引性规定，其目的除了督促业主主动行使投票表决权以外，还在于促使业主共同合意的尽快达成，以保证业主共同决策的高效和共同管理事务的完成。但是，投票表决权毕竟是业主财产权利的派生，任何行政机关都无权加以干预，因此《规则》规定将未参与表决的投票权数计入已表决的多数票是业主自主选择的结果，而且这种做法还必须在管理规约或者业主大会议事规则中明确规定。

3. 共同管理权的长期委托

《规则》第二十八条规定，"业主可以书面委托的形式，约定由其推选的业主代表在一定时期内代其行使共同管理权，具体委托内容、期限、权限和程序由业主大会议事规则规定"，这一规定旨在进一步发挥业主代表的作用，减少业主大会的协调成本，提高业主共同管理权的行使效率。虽然依据《业主大会规程》规定，业主因故不能参加业主大会会议的，可以书面委托代理人参加（代理制），而且物业管理区域内业主人数较多的，可以幢、单元、楼层为单位，推选一名业主代表参加业主大会会议（代表制），但是无论是代理制还是代表制，都属于一次性委托，而且必须是以书面形式反映被代理（被代表）业主的意见，这两种委托方式尽管有利于业主真实意思的表达，但程序繁琐、成本高昂，而且不便于实际操作。《规则》将代表制从一次委托延长为一定期限内委托，在很大程度上将解决部分业主长期无法参加业主大会会议的现实问题。为防止违规操作和权利滥用，业主共同管理权的长期委托必须以书面形式委托给业主代表，同时具体委托内容、期限、权限和程序必须以业主大会议事规则的规定为依据。

4. 居民委员会的代行职责

《规则》第五十八条规定："因客观原因未能选举产生业主委员会或者业主委员会委员人数不足总数的二分之一的，新一届业主委员会产生之前，可以由物业所在地的居民委员会在街道办事处、乡镇人民政府的指导和监督下，代行业主委员会的职责。"这一规定旨在解决现实中存在的业主委员会缺位的问题，通过发挥居民委员会的作用来保证业主共同管理事务的连续性和稳定性。在实践中，由于业主委员会委员空缺人数超过总数的一半，或者由于换届选举业主委员会未经投票权数过半的业主同意，可能出现业主委员会缺位的情况。为保障业主的共同利益，保证业主大会会议的正常召开和业主大会决定的有效执行，在目前条件下，最切实可行的方法是由物业所在地的居民委员会代行业主委员会的职责。需要说明的是，尽管居民自治和业主自治同属社区自治的范畴，但居民委员会与业主委员会在性质、组成和职能上仍存在许多实质的差异，居民委员会代行业主委员会职责仅是一种应急状态下的权宜之计。为防止代行职责过程中居民委员会的越位和错位，《规则》明确规定居民委员会代行职责是在街道办事处、乡镇人民政府的指导和监督下进行的，新一届业主委员会一旦产生，代行行为随即终止。

《规则》执行中应注意哪些问题？

1. 重视业主公共意识的培育和提升

业主大会和业主委员会是全体业主组成和选出的组织，虽然《规则》没有对单个业主的权利和义务进行明示和规范，但业主是物权的主体，是业主团体所有权利和义务的出发点和归宿，要规范业主大会和业主委员会，首先必须规范业主，没有守法履约的业主，就不可能有守法履约的业主大会和业主委员会。因此，《规则》实施的社会思想基础，是业主自我管理意识的培育和提升，在普及物业管理政策法规的同时，逐步改变业主公共权利淡漠和契约精神缺失的现状，引导业主从财产、契约和消费层面理解物业管理的作用，是解决现阶段业主大会和业主委员会问题的根本之策。只有业主真正实现从被动接受到自觉参与的转变，物业管理才能从"企业时代"走向"业主时代"，业主大会和业主委员会才能真正成为一个有能力维护业主共同权益的业主组织。

2. 重视管理规约和议事规则的地位和作用

管理规约是业主使用、维护和管理建筑物及其附属设施的实体性约定，业主大会议事规则是业主大会议事方式和表决方式的程序性规定，两者都是业主自我管理共同财产的基础性契约，业主大会和业主委员会的活动必须遵守和执行管理规约和议事规则。实践中出现的业主与业主委员会、业主委员会与业主大会的矛盾冲突以及对业主大会决议有效性的质疑，大多是由于缺乏管理规约和议事规则或者管理规约和议事规则得不到严格的执行。《规则》对管理规约应当规定的7个主要事项和业主大会议事规则应当规定的11个主要事项进行了具体详尽的列举，就是为了便于相关主体在实际工作中参照适用。《规则》中许多涉及委托授权和权利限制的条款，均是通过管理规约和业主大会议事规则约定的方式赋予其正当性。重视管理规约和议事规则的地位和作用，有利于发挥业主自我管理的主观能动性，在业主内部形成自我约束和自我监督机制，进而减少行政监管的压力和行政违法的风险。

3. 重视激励惩戒机制的探索和建立

基于种种客观原因，《规则》在建立业主委员会激励机制上并无相应举措。未明确业主委员会的取酬权，固然有利于倡导公益公德，防止利益冲突，但也容易产生公共选择理论中的"代理人"问题，而且不利于提升业主委员会的专业化水平。与激励机制不同，在目前业主大会法人地位尚未确立的情况下，囿于《规则》的位阶和定位，建立业主委员会失职问责制度同样存在法律障碍，这显然不利于防止业主委员会委员在公共事务中滥用职权，不利于维护业主的共同权益。即使如此，一些地方在探索建立业主委员会激励和奖惩机制过程中已经做出了许多有益的尝试（如成都市业主委员会信用积分制度），这都将为今后业主大会制度的完善提供宝贵的经验。

4. 重视实际参照适用的求同和存异

考虑到各地实际情况的不同和相关法规政策的差异，《规则》对区、县房地产行政主管部门和街道办事处、乡镇人民政府的职责权限不做硬性规定，具体分工按照各省、自治区、直辖市人民政府的有关规定执行。《规则》是在严格遵循《物权法》和《物业管理条例》等法律法规的基础上制定的，其核心思想和主要内容符合业主大会制度的基本精神，这是各地在具体执行《规则》中必须遵守的法律依据和制度基础。但由于我国幅员辽阔，各地区的经济社会发展水平很不平衡，沿海地区与内陆地区、大城市与中小城市，在推行业主大会制度方面的物质基础和人文环境差异较大，各地应在坚持法律制度统一的前提下，从本地实际出发，求同存异，实事求是地参照适用《规则》。

制度的生命在于执行，执行的成效在于规则。虽然《规则》没有也不可能解决业主团体的法律地位问题，虽然《规则》没有也不具备定纷止争的司法功能，但不影响我们得出这样的结论：业主大会和业主委员会绝不仅仅是物业管理层面的问题，而且是我国今后社会管理将要面临的一个重要课题，业主大会制度的完善是一条漫漫长路，《规则》的制定无疑迈出了坚实的一步。

以规范合同为依托
以保护物权为核心　以行业发展为导向

2010年

——《物业承接查验办法》的理解和适用

物业承接查验制度是《物业管理条例》（以下简称《条例》）确定的七大基本制度之一。2010年10月14日，住房和城乡建设部制定并印发了《物业承接查验办法》（以下简称《办法》），将《条例》的有关规定进行细化、补充和完善，增强了物业承接查验制度的可操作性，明确了建设单位、物业服务企业和业主在物业承接查验活动中的权利义务。《办法》的出台，对减少建设单位的开发遗留问题，降低物业服务企业的管理服务风险，维护业主的共同财产权益，化解物业管理的矛盾纠纷，构建和谐互信的物业管理关系，具有重要的现实意义。

一、《办法》的法理依据

（一）规范合同行为——《办法》是合同法原理的实际应用

物业承接查验活动是履行前期物业服务合同的一个主要内容和关键环节，其本质是建设单位和物业服务企业之间的民事法律行为，应当坚持契约自由的合同法原则。但是，这并不意味着合同当事人的契约自由不受任何制约，国家通过法律法规规范合同行为是对契约自由的适度干预，符合现代社会市场经济的特征和要求。《办法》规范前期物业管理合同中的承接查验行为，正是合同监督管理理论的实际应用。目前政府之所以应当监管物业承接查验活动，主要基于以下两个方面的原因：一方面，物业管理活动具有准公共性，前期物业服务合同的主体，表面上是建设单位和物业服务企业双方，但合同的内容、履行和结果涉及物业管理区域内全体业主的利益，对物业承接查验这一合同行为进行规范和监督，有利于维护社会公共利益；另一方面，在竞争性的物业服务市场中，物业服务企业与建设单位处于不平等的缔约地位，迫于建设单位的选择权压力，物业服务企业往往不得不接受不公平的合同条件，前期物业服务合同双方权益失衡的情况较为普遍，其中的一个主要现象，就是物业承接查验活动的缺失或者流于形式。因此，有必要通过规范合同行为来平衡双方当事人的利益，以维护物业管理的市场秩序。

（二）保护业主物权——《办法》是物权法原则的切实体现

物业管理活动的出发点和归宿，是业主物权利益的最大化；物权法的基本原则，是最大限度保护业主的物权。虽然物业承接查验行为由建设单位和物业服务企业共同实施，但该合同行为的结果与物业的主人——业主密切相关。如果离开了保护业主物权这一合同目标，前期物业管理活动无疑丧失其权利基础。《办法》之所以应当在物业承接查验活动中切实体现保护业主物权的原则，其根本原因在于前期物业管理阶段业主大会缺位的现实难题。现代物业分割销售的开发模式和建筑物区分所有的产权模式，决定了建筑物的共有物权和共同管理权必须由全体业主来行使。在前期物业管理阶段，由于不具备业主大会成立的法定条件或现实条件，在业主共同利益代表者缺位的情况下，由建设单位（初始业主）代行业主大会的职责，选聘物业服务企业并签订前期物业服务合同，是合乎逻辑的商业惯例（虽然一直备受诟病却难以找出替代模式）；由物业服务企业（初始服务者）代替业主大会的职责与建设单位共同办理物业共有部分的承接查验手续，同样是合理和务实的制度安排。物业服务企业的选择权由建设单位代为行使，物业共有部分的承接查验权由物业服务企业代为行使，这种双重被代理的角色，决定了业主在前期物业管理阶段的弱势地位。因此，虽然规范建设单位和物业服务企业双方的合同行为是《办法》的主线，但无论从权利本源出发，还是从维护社会公平的角度，《办法》都应当以保护业主物权为最终落脚点。

（三）促进行业发展——《办法》是《条例》理念的全面贯彻

《办法》是《条例》的配套性政策，性质上属于广义的行政管理法，是政府行使物业管理行政监管职能、实现物业管理行政监管目标的重要手段。《办法》通过强化建设单位在承接查验工作中的义务和责任，通过加强对物业服务企业在承接查验工作中的指导和协助，最大限度地减少开发建设遗留问题，为前期物业管理活动创造有利条件，以促进物业服务行业的健康发展，体现了"发展为重"的理念。《办法》通过规范物业承接查验行为，最大限度地调和前期物业管理活动中的各种矛盾和冲突，充分平衡建设单位和物业服务企业的利益，以维护公平的交易秩序和市场环境，体现了"平衡利益"的理念。《办法》在充分认识前期物业管理阶段业主大会缺位的前提下，通过发挥房地产行政主管部门的监督和指导作用，依靠公权的适度介入来保护处于弱势地位的业主的权益，体现了"保护弱者"的理念。因此，从这个意义上，《条例》"发展为重、平衡利益、保护弱者"的立法理念，在《办法》中得到了全面的贯彻落实。在物业承接查验活动中，"发展为重"与"平衡利益"和"保护弱者"是相辅相成、互为因果和互为促进的共生关系。一方面，只有物业管理行业在摆脱生存困境的基础上得到发展壮大，只有物业服务企业与建设单位在前期物业管理市场上处于平等缔约和竞价的地位，才能保证前期物业管理资源得到公平、合理和有效的配置，才能从根本上保护作为前期物业服务合同第三方的业主的利益；另一方面，只有前期物业管理活动各方的利益得以平衡，只有处于弱势地位业主的权益得以保护，才能为物业管理的市场培育营造一个良好的法律环境，才能促进物业管理行业的长期可持续发展。

二、《办法》的指导思想

（1）以《合同法》、《物权法》和《物业管理条例》为依据，尊重业主的物权，尊重物业服务企业与建设单位的契约自由；以维护业主的共同利益和物业管理市场秩序为目标，明确房地产行政主管部门的指导和监督职能。

（2）正视前期物业服务合同双方权利义务失衡的现实，平衡建设单位与物业服务企业在物业承接查验中的利益；正视前期物业管理阶段业主大会缺失的现实，发挥物业服务企业在物业承接查验工作中的专业优势。

（3）规范建设单位在物业承接查验中的责任和义务，督促建设单位提高物业共用部位、共用设施设备的建设质量；规范物业服务企业在物业承接查验中的权利和义务，为前期物业管理活动顺利开展创造条件。

（4）强化物业承接查验工作的针对性和实用性，根据以往物业承接查验中存在的问题，有针对性地进行相关制度设计；强化物业承接查验工作的程序性和可操作性，通过具体详细的程序规定和操作规范，指导相关主体在实践中参照适用。

三、《办法》的立法重心

（一）加强对建设单位的约束，以督促建设单位在物业承接查验中切实做到"诚实信用"

首先，《办法》要求建设单位应当按照国家有关规定和物业买卖合同的约定，移交权属明确、资料完整、质量合格、功能完备、配套齐全的物业。其次，《办法》规定建设单位应当在现场查验20日前，向物业服务企业移交承接查验所必需的资料，未能全部移交的，建设单位应当列出未移交资料的详细清单并书面承诺补交的具体时限。再次，《办法》要求建设单位应当及时解决现场查验中发现的物业共用部位、共用设施设备的数量和质量不符合约定或者规定的问题，并组织物业服务企业复验；应当在物业承接查验协议签订后10日内办理物业交接手续，向物业服务企业移交物业服务用房以及其他物业共用部位、共用设施设备。最后，《办法》规定建设单位不得凭借关联关系滥用股东权利，在物业承接查验中免除自身责任，加重物业服务企业的责任，损害物业买受人的权益；不得以物业交付期限届满为由，要求物业服务企业承接不符合交用条件或者未经查验的物业。

（二）加强对物业服务企业的指导，以督促物业服务企业在物业承接查验中切实做到"客观公正"

对于物业共用部位、共用设施设备的名称和种类，物业承接查验的文件依据和具体程序，《办法》分别在第十六条、第十二条和第十三条中做出详细的列举和说明。对于建设单位移交的资料，《办法》提示物业服务企业重点核查共用设施设备出厂、安装、试验和运行的合格证明文件。对于现场查验的方法，《办法》指导物业服务企业综合运用核对、观察、使用、检测和试验等方法，重点查验物业共用部位、共用设施设备的配置标准、外观质量和使用功能。对于现场查验和交接工作，《办法》要求物业服务企业形成书面记录，并详细列明了查验记录和交接记录应当包括的具体内容。对于现场查验中发现的问题，《办法》指导物业服务企业将物业共用部位、共用设施设备的数量和质量不符合约定和规定的情形，书面通知建设单位。

（三）加强对违约行为的监管，以保证前期物业服务合同双方在物业承接查验中切实做到"权责分明"

为督促建设单位履行物业承接查验义务，《办法》明确规定了建设单位的三项法律责任。（1）物业交接后，建设单位未能按照物业承接查验协议的约定，及时解决物业共用部位、共用设施设备存在的问题，导致业主人身、财产安全受到损害的，应当依法承担相应的法律责任。（2）物业交接后，发现隐蔽工程质量问题，影响房屋结构安全和正常使用的，建设单位应当负责修复；给业主造成经济损失的，建设单位应当依法承担赔偿责任。（3）建设单位应当按照国家规定的保修期限和保修范围，承担物业共用部位、共用设施设备的保修责任。同样，为督促物业服务企业履行物业承接查验义务，《办法》也明确规定了物业服务企业的三项法律责任：（1）自物业交接之日起，物业服务企业应当全面履行前期物业服务合同约定的、法律法规规定的以及行业规范确定的维修、养护和管理义务，承担因管理服务不当致使物业共用部位、共用设施设备毁损或者灭失的责任。（2）物业服务企业应当将承接查验有关的文件、资料和记录建立档案并妥善保管。（3）物业服务企业擅自承接未经查验的物业，因物业共用部位、共用设施设备缺陷给业主造成损害的，物业服务企业应当承担相应的赔偿责任。

（四）加强对业主权利的保护，以保证各方主体在物业承接查验中切实做到"保护业主共有财产"

为防止前期物业服务合同终止后物业服务企业拒交物业承接查验档案，《办法》明确规定物业承接查验档案属于全体业主所有；为发挥业主在物业承接查验中的主观能动性，《办法》明确规定业主的知情权和监督权，并要求建设单位和物业服务企业应当将物业承接查验备案情况书面告知业主；为发挥各方主体的监督作用，《办法》规定物业承接查验可以邀请业主代表以及物业所在地房地产行政主管部门参加，可以聘请相关专业机构协助进行，物业承接查验的过程和结果可以公证，物业所在房地产行政主管部门应当及时处理业主对建设单位和物业服务企业承接查验行为的投诉。

四、《办法》的制度创新

（一）明确物业承接查验的基本条件

一方面，在各地取消综合验收的大背景下，为保证物业硬件符合交付使用条件，《办法》通过第十一条详细规定实施承接查验的物业应当具备的七个基本条件，并鼓励物业服务企业通过参与建设工程的设计、施工、分户验收和竣工验收等活动，向建设单位提供有关物业管理的建议，为实施物业承接查验创造有利条件。另一方面，在前期物业管理阶段业主大会缺位的前提下，为保证物业服务企业实施承接查验工作有约可依和有据可查，《办法》明确规定在以下三个契约性文件中，必须约定物业承接查验的相关内容：一是物业买卖合同应当约定建设单位所交付物业的共用部位、共用设施设备的配置和建设标准；二是临时管理规约应当对全体业主同意授权物业服务企业代为查验物业共用部位、共用设施设备的事项做出约定；三是前期物业服务合同应当包含物业承接查验的内容。

（二）明确物业承接查验协议的核心作用

在物业承接查验全过程中，签订物业承接查验协议是最为关键的核心环节。签订物业承接查验协议，既是对现场查验结果的确认，也是物业服务企业接收物业共用部位、共用设施设备的先决条件。《办法》中关于物业承接查验协议的规定有五个条款之多，凸现其在物业承接查验活动中的核心作用。《办法》明确规定了物业承接查验协议的内容、效力和违约责任：（1）物业承接查验协议的内容应当包括物业承接查验基本情况、存在问题、解决方法及其时限、双方权利义务、违约责任等；（2）物业承接查验协议是前期物业服务合同的补充协议，与前期物业服务合同具有同等法律效力；（3）物业承接查验协议生效后，当事人一方不履行协议约定的交接义务，导致前期物业服务合同无法履行的，应当承担违约责任。

（三）明确双方当事人的共同责任

《条例》第二十八条规定，物业服务企业承接物业时，应当对物业共用部位、共用设施设备进行查验。实践中，经常存在这一条款被误读的情况，物业承接查验如果被曲解为物业服务企业的单方义务，不仅纵容了建设单位逃避应尽的义务，而且不利于物业承接查验工作的顺利开展。为此，《办法》对《条例》的相关内容进行了必要的补充和完善：（1）在物业承接查验的定义中，《办法》明确规定物业承接查验的主体为物业服务企业和建设单位；（2）对于查验记录和交接记录，《办法》要求建设单位和物业服务企业共同签字确认；（3）对于恶意串通、弄虚作假，在物业承接查验中共同侵害业主利益的行为，《办法》规定建设单位和物业服务企业应当共同承担赔偿责任。

（四）明确行政部门的监管职责

制定《办法》的主导思想之一，就是要通过公权力的适度干预，平衡物业承接查验双方的权利义务，保护处于弱势地位的业主和物业服务企业的利益。为了加强日常监管工作，《办法》明确规定了物业承接查验备案制度，要求物业所在地区、县（市）房地产行政主管部门在物业交接后30日内，根据物业服务企业提交的物业承接查验协议等文件资料办理备案手续。为了纠正不履行物业承接查验义务的行为，《办法》规定物业所在地的房地产行政主管部门有权责令建设单位和物业服务企业限期改正，对于建设单位不移交有关承接查验资料的，《办法》规定物业所在地房地产行政主管部门可以按照《条例》第五十九条的规定行使处罚权。

五、《办法》的准确适用

（一）承接查验的内容和重点

关于物业承接查验的内容，应当按照前期物业服务合同的约定，没有约定的，按照《办法》第十六条列明的物业共用部位、共用设施设备的内容。同时，根据《办法》第十七条的规定，建设单位应当依法移交有关单位的供水、供电、供气、供热、通信和有线电视等共用设施设备，不作为物业服务企业现场检查和验收的内容。关于物业承接查验的重点，物业服务企业应当重点查验物业共用部位、共用设施设备的配置标准、外观质量和使用功能，而非物业共用部位、共用设施设备的内在质量和安全性能，以避免承担不必要的风险和责任。

（二）《办法》的定位和适用

关于《办法》的定位，作为《条例》的配套性政策和物业承接查验制度的细化和补充，《办法》既不能混同于"物业接管验收标准"，也不能等同于"物业服务项目交接办法"。与技术较性强的"物业接管验收标准"相比，《办法》更偏重于制度性和程序性；与涉及综合性整体项目的"物业服务项目交接办法"相比，《办法》涉及交接的内容仅为物业共用部位和共用设施设备。关于《办法》的适用范围，应明确限定为前期物业管理阶段的新建物业，虽然《办法》规定前期物业服务合同终止后，业主委员会和业主大会选聘的物业服务企业之间的承接查验活动可以参照执行，但这仅限于其中部分程序性和技术性的条款，《办法》中大量关于建设单位和物业服务企业的权利、义务及法律责任的实体规定，有主体的相对性和内容的时效性。

行业协会改革和发展的重大举措

2007年

——评深圳市物业管理"业必归会"

作为全国第一部地方性物业管理法规和第一个地方性物业管理行业协会的诞生地，深圳市即将于近期出台新的《深圳市物业管理条例》（以下简称《条例》），进一步规范新时期物业管理活动。该《条例》的一个显著特征（亮点）就是涉及行业协会的内容多达五个条款（第六条、第五十八条、第五十九条、第一百零三条和第一百零四条），分别对深圳市物业管理协会的性质、职能、入会时限、权利、义务和法律责任等作了详细规定，不仅明确了物业管理协会作为行业自律组织的法律地位，而且第一次以地方性法规的形式确立了"业必归会"（即"物业服务企业应当自取得资质证书之日起三个月内加入市物业管理协会"）的行业监管规则。通过地方性法规奠定物业管理行业自律管理的法律基础，深圳市做出了有益的尝试。

一、"业必归会"是物业管理行业协会改革和发展的必然选择

1. "业必归会"符合行业协会改革和发展的基本方向

2007年4月，国务院办公厅下发了《关于加快推进行业协会商会改革和发展的若干意见》（国办发〔2007〕36号）。该文件提出要建立"体制完善、结构合理、行为规范、法制健全"的行业协会体系，以充分发挥行业协会在经济建设和社会发展中的重要作用。行业协会作用的充分发挥，必须以行业协会的权威性和代表性为前提基础，"业必归会"使物业管理协会能够集中汇集所有物业管理企业和从业人员，具有最大限度的广泛性和代表性，为物业管理行业协会发挥规范行业活动的作用提供了组织保障。

2. "业必归会"符合现代行业管理的国际惯例

"人必归业、业必归会",通过行业协会和同业公会对行业实行自律管理,是西方市场经济发达国家以行业发展促进经济增长的成熟做法,并取得了行之有效的成果。我国已加入WTO,成为全球经济共同体的成员,理应借鉴发达国家和地区的经验,在行业自律管理模式上与国际惯例接轨,"业必归会"是题中应有之义。

3. "业必归会"符合物业管理的行业特性

物业服务产品具有公共属性,物业管理行业事关社会公共利益,决定了国家有必要对其设置包括行业协会在内的多层次监管;物业管理服务工作具有专业性,物业管理从业者必须具备专业知识和技能,决定了相应监管手段必须充分考虑到专业特征,而我国目前对事关公共利益的专业机构和从业人员(如律师、会计师等)多已实现"业必归会"的管理范式,物业管理行业参照律师、会计师行业的做法乃大势所趋。

二、"业必归会"对我国物业管理行业自律管理的突破创新

1. "业必归会"有利于行政管理与自律管理的互为补充和有机结合

同其他行业一样,现阶段我国的物业管理行业监管更多地依赖政府的公权力,但行政资源的有限性和行政权力的强制性,使得行业监管工作存在许多空白和误区。随着市场经济制度的建立和政府职能的转变,有必要进一步挖掘行业自律管理的潜能,而旧有的自愿入会的做法使协会的覆盖面过窄,发挥作用有限。实施"业必归会",政府的资质管理和协会的会员管理具有统一的对象和范围,便于沟通、交流和协作,实现协会自律管理和政府行政管理的互为补充,有利于形成行业管理的合力。

2. "业必归会"有利于行业调查工作开展和物业服务标准的推行

2007年5月开始，中国物业管理协会开展了全国范围的行业生存状况调查，从现有调查资料收集情况看，参与调查的对象主要为中物协和地方物协的会员，非协会会员参与者较少。今后如果做到"业必归会"，无疑能够扩大行业调查面，准确摸清行业底数。同样，物业服务标准作为行业性的标准，其推广的主体是物业管理协会，今后如果做到"业必归会"，无疑能够提高行业标准的普适性和通用性。

3. "业必归会"有利于自律监管权利的行使和惩戒处罚措施的运用

深圳市物业管理协会在几年前，曾针对个别会员企业在媒体报道中发布不负责任言论的行为给予通报批评，但因缺乏法律依据，效果十分有限。《条例》赋予协会对违规企业和人员责成其改正、警告、业内通报批评和公开谴责等权利，同时明确规定对于违规企业和人员采取禁止市场准入的强制惩戒处罚措施。相关制度权利和惩戒手段，只有在"业必归会"的条件下才能得以完全落实。

4. "业必归会"有利于行业调解的开展和行业矛盾的化解

行业专业性和职业认同感，使得行业内部的分歧争端有可能通过行业协会的力量解决，行业调解相比于诉讼手段，具有弱对抗性和低成本等优势。"业必归会"的推行，为建立物业管理纠纷的行业调解机制提供了一个很好的平台，有利于更加便捷、高效、公平地化解物业管理行业内部的矛盾和纠纷。

三、"业必归会"对物业管理行业发展的积极意义

1. 提升行业协会地位，强化行业协会责任

"业必归会"赋予了物业管理协会自律性监管的权威性，有利于行业协会进一步发挥作用，增强行业协会的影响力、凝聚力和公信力，提升了行业协

会的行业地位和社会地位。与此同时，"天下没有免费的午餐"，权利伴随着义务，地位意味着责任，"业必归会"后，协会将承担规范行业行为的更大责任，肩负推动行业发展的更大压力。

2. 推进行业维权工作，施加行业社会影响

《条例》明确了行业协会维护物业管理企业权益的职能，"业必归会"有利于增加行业维权工作的参与者，扩大行业影响面，广泛地形成行业共识，最大限度发挥行业合力，改变以往行业协会部分会员维权、行业整体受益的"搭便车"现象，集中全行业的力量施加行业社会影响，维护行业社会形象。

3. 完善诚信体系建设，自觉接受社会监督

《条例》要求物业管理协会建立诚信档案和诚信风险预警公告制度，"业必归会"势必将诚信体系覆盖到全行业的企业和从业人员，今后物业服务企业和物业管理师诚信档案制度的改进和完善，将成为物业管理协会工作的着力点。"业必归会"后，物业管理企业和从业人员受到行业协会的监督，行业协会的自律性监管工作同样也受到全社会的监督，深圳市物业管理协会采取警告、业内通报批评和公开谴责的，应当报区主管部门备案，公开谴责企业和从业人员的，应当向社会公告。

4. 规范物业管理市场，促进行业健康发展

坚持市场化的方向是新时期行业协会改革和发展的基本要求，"业必归会"作为其中的重要举措，势必对规范物业管理市场起到重要的作用。物业管理协会对所有物业服务企业和从业人员的自律性监管，将成为营造公平交易环境、制止不正当竞争行为和惩治失信违规行为不可或缺的手段。同时，行业协会在培育行业品牌、协助拓展市场等诸多方面的职能，都将促进物业管理行业的健康发展。

竞争规则的制度尝试

2003年

——《前期物业管理招投标管理暂行办法》的理解和适用

《前期物业管理招投标管理暂行办法》（以下简称《办法》）从2003年9月1日起正式实施，本文力图通过对《办法》的解读，结合几年来物业管理招投标的经验和教训，在竞争规则层面上探讨《办法》具体适用中的若干问题，以期对今后前期物业管理招投标实践有所裨益。

一、总体评价

作为《物业管理条例》的配套性政策，《办法》从创立竞争规则和明确监管职责两个角度入手，进行前期物业管理招投标活动的制度建设，对于规范前期物业管理活动，实现资源优化配置，促进物业管理市场竞争，无疑是具有实践价值的开拓性尝试。

纵观《办法》全文，内容较为全面，程序较为严谨，主要条款基本上与《招标投标法》保持一致，而且在相关规定上具有创新和突破（如评标委员会可推荐不超过3名中标候选人，招标人应当向未中标人返还投标书等）。但是，作为一种新型的市场竞争行为，前期物业管理招投标与工程建设及设备材料的采购相比，无论在招标主体、投标主体和招投标内容上都具有其特殊性。我国物业管理发展所处的特殊阶段，决定了前期物业管理招投标规则的时代特征，也对《办法》的针对性和可操作性提出了更高的要求。因此，如果以专业成熟的标准来考量《办法》，似乎还存在着许多值得充实和完善之处。各地应该在充分领会《办法》原则精神的前提下，实事求是、因地制宜地探索一套切实可行的操作细则。

二、关于招标

1. 招标代理机构

前期物业管理招标旨在打破建设单位垄断物业管理权的旧有模式，鼓励通过市场竞争的方式择优选择物业管理企业。从经济学观点来看，市场要实现最优的选择，必须具备两个要件：一是有足够的选择项可供选择；二是选择方具有足够的选择能力。经过二十年的发展，全国已有两万余家物业管理企业，其中还涌现出一批品牌企业，应该说第一个要件已具备，但对于大多数建设单位来说，并非都具备选择物业管理企业的专业能力，许多建设单位虽然对工程建设各个环节招标活动的做法了如指掌，但对于物业管理招投标的特殊性把握不够，需要专门的物业管理招标代理机构弥补其专业能力的不足。《办法》第九条虽然对此作了原则规定，但物业管理招标代理机构设立的条件限制、代理资格许可、基本工作规范、具体收费标准等既没有详细规范，也没有范例可循，在实际操作中势必有所偏差。同时，为了保证公平竞争，理顺招标代理机构与行业主管部门的关系，解决招标代理机构双向代理时的利益冲突等问题，在实践中也亟待规范解决。

2. 招标文件

按照合同法理论，招标文件仅为要约邀请，并非合同的构成要件，但招标文件是投标人投标的依据，招标文件的专业与否直接影响投标文件的质量，所以《办法》第十条中对招标文件内容的规定较为详尽。应当肯定的是，《办法》已经预见到现阶段物业管理服务价格的特殊性（包含酬金制和包干制两种模式），因而在服务价格标底的规定上作了较为灵活的处理，但在目前我国大多数物业服务收费仍实行政府定价或政府指导价的情况下，物业管理招投标活动依然面临着尴尬的局面。因为如果服务价格已事先由政府规定而不是市场决定，那么投标方之间可竞争比较的只有服务质量了，而在《物业管理等级服务标准》尚未出台、不同物业的管理条件和服务内容参差不齐的情况下，加上物业管理招标前置和服务滞后的特殊性，使得没有价格比较前提下的服务质量的竞标，由于缺乏一个综合衡量和评价的标准，常常演化成一种不负责任、讲求形式的做秀。

3. 招标备案制

招标备案是行政主管部门监管的基本手段，是保证招标合法性、限制建设单位滥用权利、维护公平竞争所必需的。《办法》第十一条对备案材料作了列举式的规定，但仅凭该条无法使备案程序真正发挥政府监管职能。政府对招标的监管应主要体现在以下三方面：一是对"投标人少于3个"真实性的认定，以决定是否重新招投或批准议标；二是对投标人资格预审程序的监督，以确保合格投标申请人的入围；三是监督招标人(建设单位)承担未售出或未交付物业的服务费用，防止其转移经济责任的承担。

三、关于投标

1. 潜在投标人

针对我国物业管理招投标正处于起步阶段的现实，现阶段应以培育市场为主要政策导向，尽可能鼓励潜在投标人参加市场竞争。从以往实践来看，参与投标的主体主要是一些知名品牌企业，要让大多数潜在投标人参加竞标，必须解决两个瓶颈问题：一是招标信息公开制度的完善；二是投标企业资质要求的适度从宽。《办法》将投标资格与企业资质挂钩的做法当然是正确的，但在目前物业管理企业资质管理制度尚未完善、物业管理市场细分程度尚不明显的情况下，对投标主体作过苛的资质限定，有可能将一些潜在的有实力的投标人排斥在市场竞争之外，不利于营造一个公平、开放和活跃的物业管理市场环境。

2. 投标文件

以往投标文件的弊端是显而易见的，面面俱到、避重就轻、形式主义、夸夸其谈，不仅加大投标人的制作成本，而且不利于评标工作的规范化。《办法》第二十二条关于投标文件"应当对招标文件提出的实质性要求做出响应"的规定显然是切中要害的，但所谓"实质性要求"的内涵，具体还要通过投标文件中的"投标报价"和"物业管理方案"两方面的内容来体现。关于"投标报价"，无论包干制还是酬金制计费方式，报价都是投标文件的核心内容，是决定投标人能否胜出的至关重要的因素。虽然前面已经论及政府定价或政府指导价下物业管理招投标的"硬伤"，但即使是政府定价模式，编制财务方案的水平同样是判断投标人专业功底和管理能力的基本标准，如何控制经营成本，如何运用财务核算的配比原则和谨慎性原则，同样能够衡量出投标人功力的高低深浅。关于物业管理方案，必须改变以往包罗万象、"大而全"的做法，必须强调针对招标文件的特点设计出重点突出、科学规范的管理服务模式，其基本结构应涵盖服务内容、服务标准、维修养护、前期管理和日常服务等方面的实质性内容。

3. 商业秘密

鉴于以往物业管理招投标中出现过个别招标人以招标为名非法获取投标人的专业资料和管理方案的情况，为保护投标人的商业秘密，《办法》第三十七条规定招标人应当将投标书返还未中标的投标人。从司法程序上看，仅此手段并不足以保护投标人的利益，更为有效的做法应是允许或提示投标人在投标文件中做出有关的权利保留声明，向招标人明示投标书的实质内容、侵权的法律后果，以为日后的权利救济预设条件。

四、关于评标和中标

1. 评标方法

建设部等七部委2001年颁发的《评标委员会和评标方法暂行规定》应当作为《办法》的补充文件加以参照适用，从加强对评标委员会成员监督的高度，除按第三十二条要求每位评标委员会成员对评标结果签字确认外，还应要求每位评委对其评审结果提供书面评标理由陈述，作为房地产主管部门的备案材料。为保证评标结果公正，在条件许可的情况下，可以在前期物业管理招投标活动中引入公证程序，由公证机关依法确认评标结果。另外，《办法》第三十五条"关于评标委员会应当推荐不超过3名有排序的合格的中标候选人"的规定，是对《招标投标法》的扩大解释，虽然增强了《办法》在实践中的可操作性，但也容易引发不正当竞争和舞弊行为，如何确定"中标候选人放弃中标"？如何确定"因不可抗力提出不能履行合同"？都要求在具体工作中进一步细化规则。

2. 中标条件

《招标投标法》第四十一条明确规定，中标人的投标应当符合下列条件之一：（1）能够最大限度地满足招标文件中规定的各项综合评价标准；（2）能够满足招标文件的实质性要求，并且经评定的投标价格最低。显然，确立物业管理招投标的中标条件，应当坚持质量与价格并重的原则。对于第一个条件来说，由于物业管理招投标的标的是服务，服务所具有的无形性、差异性和不可储存性，服务的生产和消费处于同一过程的特征，都使得在评标阶段无法预见和控制投标人中标后是否能够如实履行服务承诺，如何验证投标人提供的物业管理方案日后得以切实履行，是确定中标文件时无法回避的难题。对于第二个条件而言，抛开政府定价和政府指导价不论，在市场调节价模式下，由于低于成本价的投标无效，如何测算成本价是决定中标条件的关键，成本价确定后，如何判断"满足实质性要求"与"投标价格最低"之间的最佳"性价比"，同样必须排除许多不确定的因素。

3. 合同订立

从法理上说，招标人发出中标通知书，招标人与投标人之间的合同即已成立，双方订立书面合同仅仅是为了进一步明确和细化交易条件。但从以往物业管理招投标的案例来看，招投标条件与合同约定背离和割裂的现象较为普遍，一些投标人为了在竞标中获胜，不惜压低投标价格，提高服务标准，中标后再通过各种方法与招标人讨价还价，以达到"低价中标、高价签约"目标。为制止这种违法现象，《办法》第三十八条规定招标人和中标人应当按照招标文件和投标文件订立书面合同，不得订立背离合同实质性内容的其他协议。当然，如果参照一些地方的已有做法，试行前期物业服务合同的备案明示制度，要求招标人将与投标人所签订的前期物业服务合同在一定期限内到主管部门备案，同时应其他未中标的投标人书面申请，经主管部门许可，前期物业服务合同可以向申请人明示，或许更有助于将《办法》所涉及的公平竞争规则落到实处。

定价成本监审应当关注行业特性

2006年

——关于《物业服务定价成本监审办法（试行）》（征求意见稿）的修改意见

在关于修改《物业服务定价成本监审办法》（讨论稿）书面意见的基础上，深入研究国家发展和改革委员会近期发布的《物业服务定价成本监审办法（试行）》（征求意见稿）（以下简称《监审办法》），针对物业服务价格机制面临的现实问题，再次重申物业服务定价成本监审应当关注行业特征，并提出以下修改和完善意见。

一、《监审办法》的原则建议

1. 现阶段我国物业管理市场仍处于初级发展阶段，业主与物业管理企业之间的自由竞价机制尚未形成，尤其是普通居住物业和政策性住房的管理服务涉及民生问题，因此，针对部分物业服务类型，保留政府指导价是一种现实的选择。规范物业服务定价成本监审行为，有利于克服物业服务定价过程中信息不对称问题，维护业主的利益，提高定价效率，减少价格争议，因此制定《监审办法》无疑有其积极的意义。

2. 对照《监审办法》的征求意见稿和讨论稿，我们注意到，虽然征求意见稿在吸收了我们的建议基础上，对讨论稿的部分条款做了修改（如业主大会决议、行业职工平均工资标准等），但是在总体上，征求意见稿似乎进步不大，甚至在相关表述上（如制定依据、监审对象和范围、成本构成内容等）和相关法规政策与物业管理行业发展的实际情况有所偏差，同时专业性和可操作性还存在较多的欠缺。

3. 我们认为：物业服务项目千差万别，物业管理行业不具有垄断性，物业服务成本复杂可变，都是我们在制定《监审办法》时应当充分考虑的因素。如果不充分考虑行业的特殊性和发展趋势，简单地照搬和模仿其他行业的成本监审办法，或者扩大其适用范围，不遵循价值规律和行业特征的结果，不仅不利于鼓励市场竞争、降低服务成本，推进物业管理行业的市场化，而且可能在操作中引发新的问题和矛盾，无法达到减少价格纠纷、维护业主财产权的初衷。

4. 我们建议：鉴于物业服务的付费主体是业主，政府并不能完全代替业主决定价格标准，《监审办法》应妥善处理好业主自主定价和政府制定价格的关系；鉴于物业服务价格多通过合同方式明确约定，《监审办法》应妥善处理好契约自由和行政监管的关系；鉴于物业服务成本均与物业服务标准相对应，《监审办法》应妥善处理好服务标准和服务成本的关系；鉴于物业管理活动由建设行政主管部门负责监督管理，而物业管理企业财务工作由财政主管部门负责监督管理，《监审办法》应妥善处理好价格主管部门与建设主管部门及财政主管部门在物业服务成本监审工作中的协同配合关系。

二、必须明确的基本问题

基于以上认识，我们希望修改后的《监审办法》中必须明确以下10个基本问题：

1. 《监审办法》制定的法规政策依据，除《价格法》和《政府制定价格成本监审办法》（以下简称第42号令）外，还应包括《物业管理条例》、《物业服务收费管理办法》以及《物业管理企业财务管理规定（试行）》等。

2. 《监审办法》应规定物业服务定价成本监审仅适用于包干制的物业服务计费方式。理由是：只有包干制的物业服务费用构成才包括物业服务成本，而酬金制的物业服务资金包括物业服务支出和酬金，其监督审计的主体为业主大会或者业主，而非政府价格管理部门。

3．《监审办法》应明确物业服务定价成本监审仅适用于前期物业管理阶段。理由是：业主大会成立后，业主大会有权自主决定物业服务的成本构成和价格标准，自行监督物业管理企业的经营行为。

4．《监审办法》应明确物业服务定价成本监审仅适用于普通居住物业小区（或政策性住宅小区），而非所有类型和性质的物业，对于公寓、别墅以及办公、商业等高档物业或经营性物业，应依市场定价而非成本定价。

5．《监审办法》应明确物业服务定价成本监审为制定价格前监审。理由是：第42号令虽然规定了定期监审，但如适用于物业管理行业，容易造成不必要的问题和矛盾（如部分项目实际成本高于核定定价成本时，是否应当调高成本定价等问题）。

6．《监审办法》应明确物业服务定价成本采取抽样监审办法。理由是：物业管理服务的经营者数量众多，符合第42号令第十条抽样监审的条件。

7．《监审办法》应明确物业服务定价成本监审的对象为物业管理项目，而非物业管理企业。理由是：一个物业管理企业除了管理普通居住小区外，还可能管理其他类型的物业和经营其他的商业项目，非相关成本不是该办法的监审对象。

8．《监审办法》应严格贯彻"收支两条线"的财务规定。具体地说，《监审办法》应明确区分成本和收益的界限和来源，如实执行第42号令第十三条关于"生产经营成本和收入分别核算"的规定。

9．《监审办法》应明确物业管理企业在成本监审过程中的知情权和异议权。具体地说，《监审办法》应援引第42号令第十六条中相关"告知"和"异议"等程序性规定。

10．《监审办法》应明确政府价格部门在行使监管权的同时，注意保护物业管理企业的商业秘密。具体地说，《监审办法》应增加"成本调查机构及其工作人员不得泄露和滥用物业管理企业的成本资料"等内容。

三、具体条款的修改意见

1. 第一条建议保留"讨论稿"中的《物业服务收费管理办法》的规定，并增加《物业管理条例》的法规依据。

2. 第二条和第三条的表述不清楚，容易引起误解和混乱，建议保留"讨论稿"第二条的表述并统一"物业管理企业"的称谓。

3. 建议保留"讨论稿"第三条的规定，明确物业管理行政监管部门在成本监审工作中的作用。

4. 第四条建议是否增加"谨慎性原则"和"对应性原则"（即物业服务成本与物业服务标准相对应的原则）。

5. 第五条第一款要求物业管理企业提供原始凭证及账册似乎过苛，可能构成对企业商业秘密的侵犯，应修改为"以及物业管理企业提供的真实、完整和有效的其他成本材料"。

6. 第五条第二款"以审查批准的前期物业管理方案为基础"的表述与实际情况不符，可修改为"以物业管理招投标文件的约定为基础"。

7. 第八条中"不包括保修期内的维修费"，应修改为"不包括保修期内由建设单位履行保修职责而支出的维修费"，理由是：保修期内因为装修、搬家等人为原因导致的维修费一般由物业管理企业承担，而且督促保修事项的实施也需要物业管理企业支付人工和管理成本。

8. 第十条清洁卫生费的成本构成中有明确缺项，至少应增加管道疏通、垃圾消纳等内容。

9. 第十三条电梯及增压水泵日常维护费，建议将"增压水泵"修改为"二次供水设施"更准确，成本构成中应增加"电梯、二次供水设施检测费"的内容。同时有关保修期的维修费的规定，应参照前述关于第八条的修改意见。

10. 第十四条中"管理费分摊"的表述不明确，"项目分摊"还是"企业分摊"，何谓"上级"，在实际操作中容易产生偏差和歧义。

11. 第十八条第二款中"符合国家规定的定员标准"与实际情况不符。目前国家对物业管理行业并无相应定员标准，由于物业情况的千差万别，今后也不可能有相应标准，务实的修改是"人员数量指标应符合物业管理招投标文件确立的人员数量"。

12. 第十九条人均工资的核定方法将物业管理行业等同于简单的劳动密集型行业，不仅与实际情况不符，也限制了物业管理行业的薪酬竞争力，不利于行业的长远发展。

13. 第二十二条建议删除。理由是：《条例》对此已有明确规定，相关经营收费应独立核算，不宜与物业管理成本和收入混同，同时该条规定也不利于发挥物业管理企业经营共用部位和共用设施设备的积极性，容易引发业主和物业管理企业的纠纷。

14. 第二十四条的规定与实际情况不符，外包的公共性服务成本构成，应增加"物业管理企业为实现该项服务的其他实际支出"的内容。

15. 第二十八条成本相关指标中的"服务小区示范等级"和"服务小区入住率"可删除。根据相关法规和现实情况，上述两指标与服务成本并无直接关系。

16.《物业服务定价成本监审表》应做如下修改：（1）该表首页"年度"应修改为"项目名称"，"企业资格等级"修改为"企业资质等级"；（2）物业服务基本情况表（表一）中大量内容属物业管理企业整体情况，许多指标与具体项目成本的测算无关（如专项维修资金等），建议删除，许多分类方法与现实不符并存在逻辑上的错误（如第六项、第十项中的分类和面积计算），建议调整；（3）物业服务成本支出情况表（表二）中应增加相应实际发生的费用明细（如装修管理费及业主委员会活动经费等），或者在第十项"其他费用"中列明。同时第十二项、第十三项、第十四项中物业服务成本的计算公式也值得商榷。

维修资金制度的十大困惑

2013年

从1998年国务院发布23号文件和建设部、财政部联合印发213号文件起算，我国住房专项维修资金制度（以下简称"维修资金制度"）已有15年的历史。虽然此后《物业管理条例》（以下简称《条例》）和《物权法》从国家立法的层面分别对维修资金制度进行了确立和确认，建设部和财政部再次联合印发了《住宅专项维修资金管理办法》（以下简称《办法》），各地也陆续出台了地方性法规政策，但各方对维修资金制度的质疑和非议之声始终不绝于耳。笔者在从事企业管理和行政管理工作过程中，面对维修资金制度解释和执行中的诸多问题时，也常有不解和无奈之感，现将其概括为十大困惑，以求教于大方。

困惑之一：法律基础薄弱

表面上看，维修资金制度为法律和行政法规所确认，似乎赋予其坚实的法律基础，其实不然。《物权法》和《条例》中的原则性规定要在现实中落地，必须辅之以专门的单行法。目前专门规定维修资金制度的《办法》仅为部门规章，法律位阶上低于同为住房资金性质的《公积金管理条例》。由于维修资金制度未能上升为行政法规，直接导致了制度执行过程中缺乏足够法律强制性和约束力的问题。不仅如此，由于多方面条件的制约，与《办法》相配套的一系列规章制度的建设严重滞后，在缺乏全国统一规范的维修资金财务管理、会计核算、使用范围和行政监管的制度和标准的情况下，各地关于维修资金的立法，大部分是以地方政府职能部门规范性文件的形式存在。这些文件立法层次低，缺乏长期性、稳定性和权威性，而且由于受部门利益的驱使和经验水平的局限，各地往往自行其是、各显神通，使得维修资金制度存在着大量的立法空白和误区。

困惑之二：社会基础薄弱

维修资金制度的本质是业主通过筹集、使用和管理共有资金以实现物业共用部位和共用设施设备维修养护的目的。筹集、使用和管理维修资金既是业主享有的共同权利，也是业主应尽的共同义务，广大业主的素质和能力是维修资金制度得以实施的重要社会基础。我国现阶段，由于共同财产理念的缺失和公共权利意识的淡漠，使得业主缺乏成立业主大会的积极性，多数地方业主大会成立比例低，导致维修资金制度实施过程中业主共同利益代表者缺位和业主共同决策困难的现象普遍存在；由于公共契约精神的缺失和公共义务意识的淡漠，使得业主缺乏交纳、使用和管理维修资金的主动性，管理规约和业主大会议事规则常常形同虚设，导致维修资金制度实施过程中业主违反公共契约和怠于履行公共义务的现象屡有发生。同时，个别政府主管部门角色错位，滥用维修资金代管权侵害业主利益，部分新闻媒体偏听偏信，过分渲染维修资金管理使用中的负面事件和消极影响，导致至今仍有许多人对维修资金制度存在的必要性和合理性存有疑问，这也从另一个侧面反映了维修资金制度社会基础薄弱的现实。

困惑之三：权利性质复杂

住房制度改革和住房商品化的时代背景，决定了我国维修资金制度在诞生之初，具有明显"双轨制"特征。从交存方式看，已售公有住房的计划烙印较深，维修资金由业主和售房单位共同交存，业主按当地房改成本价2%的标准交存首期维修资金，售房单位按照多层住宅售房款20%、高层住宅售房款30%的标准，一次性提取维修资金；商品住宅的市场色彩浓厚，业主为单一的交存主体，按当地住宅建筑安装工程每平方米造价的5%~8%标准交存首期维修资金。从权利归属看，与交存主体相对应，已售公有住房的维修资金，业主交存部分归业主所有，售房单位提取的部分归售房单位所有；而商品住宅的维修资金归业主所有。从行权方式看，对于已售公有公房，从售房款中提取的维修资金虽然归售房单位所有，但售房单位无权自行决定其使用和处分，已售公有住房的业主经过"双三分之二"多数决即有权使用和处分这部分维修资金；对于商品住宅，单个业主交存的维修资金虽然归业主所有并设分户账，但单个业主不仅无权自行决定其名下维修资金的使用和处分，而且在转让房屋所有权时，其名下分户账中结余的维修资金应随房屋同时过户给受让人，业主大会（或全体业主）经过"双三分之二"多数决才有权使用和处分维修资金（少数表决中不同意的业主也必须承担相应份额的分摊义务）。此外，广东等地通过地方性法规明确开发建设单位为商品住宅维修资金交存主体的做法，同样增加了权利归属和行权方式的复杂性。

困惑之四：相关主体复杂

维修资金制度涉及相关主体数量之多，超过一般人的想象，只有区区44条的《办法》，竟涉及12个不同的主体：售房单位、建设单位、业主、业主大会、业主委员会、物业服务企业、维修单位、代管单位、专户管理银行、建设主管部门、财政部门和审计部门。按照法律人格划分，12个主体可以分为四种类型：第一类是自然人，主要指业主；第二类是法人，包括物业服务企业、维修单位、售房单位、建设单位、代管单位和专户管理银行；第三类是国家机关，包括建设主管部门、财政部门和审计部门；第四类是其他组织，主要指业主大会和业主委员会。按照角色功能划分，12个主体可以分为五种类型：第一类是交存主体，包括售房单位和建设单位、业主；第二类是决策主体，包括业主大会和业主委员会；第三类是服务主体，包括物业服务企业和维修单位；第四类是代管主体，包括代管单位和专户管理银行；第五类是监管主体，包括建设主管部门、财政部门和审计部门。参与主体众多，势必增加协调成本，降低工作效率，加大监管难度。在维修资金制度运行过程中，只要交存、代管、使用、服务和监管五个环节中任何一个出现差错，只要12个主体中任何一个出现问题，都可能影响维修资金制度的实施效果，都可能导致维修资金所有人的权益损失。

困惑之五：法律关系复杂

维修资金制度涉及主体的多元和复杂，必然导致相关主体之间法律关系的多元和复杂。维修资金制度具有公私权关系混合的特征：一方面，业主与业主之间，业主与业主大会和业主委员会之间，业主与售房单位和建设单位之间，业主与物业服务企业之间，业主与代管机构之间，物业服务企业与维修单位之间，售房单位和建设单位与代管机构之间以及代管机构与专户管理银行之间，均为平等主体之间的民事法律关系（私权关系）；另一方面，业主、业主大会、业主委员会、售房单位、建设单位、物业服务企业、维修单位、专户管理银行和代管机构与建设主管部门、财政部门以及审计部门之间，是不平等的行政法律关系（公权关系）。在民事法律关系中，既包括业主、业主大会、业主委员会、售房单位、建设单位等相关主体之间的物权关系，也包括业主大会、业主委员会、物业服务企业、维修单位、代管部门、专户管理银行等相关主体之间的债权关系；在行政法律关系中，行政部门既要监管代管机构和专户管理银行的代管行为，也要监管物业服务企业和维修单位的使用行为，还要监管业主大会、业主委员会以及售房单位的自管行为。复杂的法律关系同样决定了法律规范的复杂，维修资金法律制度中，既包括柔性的任意性规范和授权性规范，也包括刚性的强制性规范和禁止性规范。

困惑之六：使用程序复杂

为了最大限度体现对多数业主共同意志的尊重，《物权法》、《条例》和《办法》均明确规定，维修资金的使用必须经过列支范围内专有部分占建筑物总面积三分之二以上的业主且占总人数三分之二以上的业主同意。为了最大限度地保证维修资金的安全，《办法》在坚持"双三分之二"特别多数表决的基础上，为维修资金的使用规定了较为复杂（或称严密）的审批程序（详见《办法》第二十二条和第二十三条）。但是，程序相对复杂的制度设计加上缺乏科学细化的操作规程，使得商品住宅的维修资金使用率偏低，特别是出现突发性事件时，经常出现无法及时拨付维修资金用于应急维修项目的难题，这是当前维修资金制度备受诟病的一个主要原因。使用程序中的另一个难点是维修费用的分摊，对于商品住宅来说，为体现受益人和负担人相一致的原则，首先根据业主的受益情况按小区、楼宇、门栋以及楼层划分维修资金的分摊范围，其次再按照尚未售出的商品住宅的建筑面积测算开发建设单位应分摊维修资金的数额；对于已售公有住房来说，首先由相关业主和售房单位按照所交付维修资金的比例分摊，其次再由相关业主按照各自拥有物业建筑面积的比例分摊应由业主承担的维修费用。由于法规仅作一般原则性的规定，具体到特定物业还必须遵守管理规约的约定，使得多主体、多层次分摊维修资金成为一项较为复杂的专业性工作。

困惑之七：机构定位模糊

维修资金的管理主要分为自管和代管两种方式，自管是指资金所有者（业主大会或者售房单位）自行管理其名下的维修资金，代管是指由代管机构代资金所有者管理其名下的维修资金。由于《办法》对代管机构的性质界定不明确，现阶段各地维修资金代管机构五花八门，存在维修资金中心、住房公积金中心、物业管理中心、建设主管部门内设机构、财政部门内设机构等多种代管机构。代管机构隶属关系的不统一和单位性质的差异，加大了沟通协调成本，不利于维修资金监管工作的统一部署和顺畅开展。更加吊诡的是，《办法》在规定建设主管部门和财政部门为维修资金代管机构的同时（参见《办法》第十条和第十一条），还规定它们是维修资金的监管机构，无论是单位自管还是机构代管，无论是交存环节还是使用环节，都必须接受建设主管部门或者财政部门的监督和指导（参见《办法》第五条、第十六条、第二十二条、第二十三条和第二十四条）。这种双重性质的机构定位，使许多建设主管部门和财政部门融资金代管、监管职能于一体，集运动员、教练员和裁判员于一身。统一健全、分工明确的维修资金代管机制和监管机制的缺失，不仅不利于规范化管理工作的有序开展，而且为相关机构滥用监管（代管）权力从事侵犯资金所有者利益的败德行为打开了方便之门。

困惑之八：操作规范模糊

虽然2007年出台了《办法》，但是在维修资金制度实施的诸多环节依然缺乏统一的规范，存在着模糊地带，主要表现在以下几个方面：一是授权性规定缺乏指导性。例如：《办法》第十七条规定，维修资金续交的具体管理办法由省级建设主管部门会同财政部门制定，续交方案由业主大会决定。在无先例可循的情况下，如果不对维修资金续交的条件、主体、标准、程序、相关权利义务以及违规（约）责任提供指导性规范，缺乏经验的地方主管部门和业主大会往往难以下手。二是原则性规定缺乏可操作性。例如：《办法》第二十一条虽然原则规定了建设单位和公有住房售房单位分摊维修费用的义务，但如果事先没有相应的制度安排，该规定在实际操作中缺乏足够的约束力。实践中，上海等地要求建设单位先垫后退维修资金的做法，保证了该原则的真正落地。三是程序性规定的刚性太强。例如：《办法》第二十二条和第二十三条都规定，专户管理银行根据建设主管部门或者负责管理公有住房维修资金部门的通知直接向维修单位划转维修资金。该规定在强化代管机构（监管机构）审批权的同时，忽略了业主大会、物业服务企业与维修单位的契约关系，一旦维修养护合同主体之间发生争议，目前的资金划转程序可能加大业主或物业服务企业权利救济的风险。四是地方性规定的弹性太大。例如：《办法》第十五条规定，业主大会成立后，维修资金应从代管机构的账户划拨至业主大会开立的账户，但各地在具体执行中弹性很大，上海划转业主大会自行管理的维修资金已占归集总额的45.3%，而天津则规定维修资金全部统一由代管机构管理，至今未有划拨业主大会自管的情况。

困惑之九：权利义务模糊

明晰相关主体的权利和义务关系是制度建设的核心内容，而维修资金制度在权利义务规范上存在较大的局限性，其中最为典型的表现是，建设主管部门以及财政部门代管与监管的权利义务混为一谈。一方面，作为代管单位，建设主管部门和财政部门与维修资金所有者之间理应是一种委托合同关系，双方的权利义务关系应当通过协商以合约的方式确定。但《办法》赋予建设主管部门和财政部门代管权的同时，除了规定其向资金所有者定期公开资金信息的义务以外，并未明确规定代管单位对维修资金保值增值的义务和责任，以致代管单位实现维修资金保值增值的动力和压力不足，大多数城市维修资金收益率低于一年期银行的存款利率。另一方面，作为监管单位，建设主管部门和财政部门行使监管权是一种行政行为，其人员配置和经费开支是政府给予保障的，但《办法》明确建设主管部门和财政部门兼具代管职能的同时，并未辅之以人事和财政上的保障，许多代管机构由于缺乏相应的专业管理人员和所需的工作经费，面临着"巧妇难为无米之炊"的困境。为解决人员及经费的现实难题，部分代管单位利用代管资金数额优势与专户管理银行合作，以存储代管资金为条件要求专户管理银行消化相应的代管成本或者承担相应的代管工作，这种变相转嫁代管责任的权宜之计，造成资金所有者、代管机构和专户管理银行三者关系的错位，加大了维修资金管理的法律风险。

困惑之十：监管目标模糊

从行政管理学角度，政府监管的首要目标是维护公共利益，在公权节制基础上实现公益优先，是政府监管的基本原则。分析维修资金督管制度，我们不难发现，当前维修资金监管的首要目标是资金安全，无论是代管、审批、备案，还是购买国债、核对账目和查询审计，都优先考虑资金的安全性。笔者认为，重视资金安全无可厚非，但"安全优先"不能等同于"公益优先"，如果只以安全为唯一考量要素，那么最安全的莫过于业主个人持有维修资金，以集中管理和使用为特征的维修资金制度似乎就没有存在的必要。笔者认为，在不同的工作环节，维修资金监管工作的目标应当各有侧重。在交存环节，监管目标应侧重于公平；在代管（自管）环节，监管目标应侧重于安全；在使用环节，监管目标应侧重于效率；在运营环节，监管目标应侧重于效益。维修资金"公益优先"的监管目标中，应当包含安全、公平、效率和效益四个分项目标（价值要素），《办法》以"安全"为首要价值的监管理念趋向于保守，也是造成目前维修资金使用率低和保值增值效果差的主要原因，不利于实现统筹兼顾的科学监管目标。**如何在平衡和兼顾"安全"、"公平"、"效率"和"效益"四个目标中实现"公益"的最大化，是维修资金监管制度中一个永恒的命题。**

两个薄弱、四个复杂、四个模糊，除了这十个困惑，围绕维修资金制度，困扰着我们的类似问题还有：业主分户账的性质和作用、维修资金使用效能的评价和监督、售后公有住房维修资金的补建和挪用……面对似乎无穷的困惑，笔者突然联想到无奈的中国股市，于是萌生了一个最大的困惑：维修资金制度，是渐进改良，还是推倒重来？

实务篇

成功的物业管理商业模式，

是客户需求和企业目标的有机统一，

是盈利模式和管理模式的有机统一，

是商业风险和经营收益的有机统一，

是客户价值和企业价值的有机统一。

现场直播

陈 伟

作者就《物业管理条例》的修订接受中国政府网专访

侵权抑或违约：物业管理治安归责的误区

2004年

物业管理企业成为治安案件的归责对象和救济途径，不仅为行业初创者始料不及，同样令当今从业者百思不解，然而这却是一个不容回避的现实问题。抛开个案的特殊背景和具体情节不论，梳理近年来发生的物业管理治安责任纠纷案件，可以发现，司法裁判认定物业管理企业承担治安案件赔偿责任的理由有三：一是"侵权说"，二是"违约说"，三是"竞合说"。

侵权的荒谬

"侵权说"认为，物业管理企业未能尽到安全防范法定义务是导致业主（或非业主使用人）人身或财产权利受到侵害的原因，所以将物业管理区域内的治安案件归责于物业管理企业，认定物业管理企业为侵权行为人。

"侵权说"的荒谬之处在于：

1. 该论说是建立在物业管理企业具有安全防范法定义务的假设之上的，而实际上这个假设仅仅是个假想，中国至今没有任何一部法律规定物业管理企业的安全防范义务，当然更不可能在主义务不存在的前提下，强加给物业管理企业所谓的"安全防范附随义务"。

2. 除物业管理企业的雇员在履行职务中直接从事侵害行为以外（这种情况下追究被代理人物业管理企业的责任无可厚非），物业管理区域内的治安案件多数由第三人侵权造成。第三人的侵权行为是导致业主人身或财产损害的根本原因，物业管理企业的管理服务行为与受害人的损害事实之间并不存在直接的因果关系。

3. 倘若认为物业管理企业管理服务的行为与治安案件的发生存在着间接因果关系，那么这种假设必须具备两个前提：一是物业管理企业的不作为或作为失当；二是物业管理企业存在过错。根据"谁主张、谁举证"的民事诉讼法律规则，举证责任应当由受害人承担，而由受害人或其亲属证明物业管理企业主观上存在故意或过失、客观上不履行相关安全防范职责或履行职责失当，显然是勉为其难；如果责令物业管理企业证明自身在履行职责上不存在过错，显然又突破了最高人民法院《关于民事诉讼证据的若干规定》第四条关于"举证责任倒置"适用范围的规定，于法无据。因此，要确定物业管理企业服务行为与治安案件发生之间的间接因果关系，多数情况下只能靠主观推定物业管理企业存在过错，其公信力自不待言。

4. 更为极端的判例是，将物业管理企业与从事不法侵害的第三人视为共同侵权人，认定两者之间形成所谓"没有意思联络的共同侵权"。我们姑且不去评论这种在中国现行法律并无规范情况下，张冠李戴地照搬《德国民法典》的做法是否有悖法统，仅仅从共同侵权基本要素的分析，就能发现该论点漏洞百出。首先，共同侵权人之间必须有共同的过错，这种共同过错一般以共同意思表示为基础，即使不存在意思联络，各侵权人意思表示所指向的对象也应当是一致的；其次，共同侵权人的行为具有关联性，即各侵权人的行为均为损害结果发生不可或缺的原因并共同构成统一的不可分割的整体。对照物业管理区域内的治安案件，物业管理企业即使存在过失，也与不法第三人故意侵害人身财产权的故意有着本质的区别；物业管理企业即使存在管理的不作为或作为不当，也与不法第三人的加害行为不可同日而语。在同时不具备过错相似性和行为关联性的情况下，在承认两者没有意思联络的前提下，牵强附会地判定共同侵权岂不贻笑大方？

违约的困惑

"违约说"认为，物业管理企业不履行或不当履行（前期）物业服务合同约定的安全防范义务，是导致业主（或非业主使用人）人身财产受到侵害的原因，物业管理企业应为其违约行为承担相应的法律后果。

相对于"侵权说"，"违约说"似乎稍显进步，但其中仍不乏困惑之处：

1．该论说是建立在物业服务合同具备安全防范义务条款的假设之上，实践中如果（前期）物业服务合同没有约定安全防范义务条款或约定不明确，追究物业管理企业的治安责任即缺乏契约基础。

2．（前期）物业服务合同的主体是（建设单位）业主大会与物业管理企业，业主个体并不是合同的主体，物业服务合同约定的服务内容为公共性服务，而治安案件多发生于物业的专有部分，在没有特别约定的情况下，物业服务的范围一般不及于业主的私人领域，而且根据合同相对性原理，合同仅对双方当事人在合同内容约定的范围内具有约束力，所以，受害业主作为物业服务合同第三人难以向物业管理企业主张合同上并不涉及的专有部分的安防权利。

3．即使物业管理企业与单个业主之间存在契约关系，由于契约责任保护的是一种以对价为基础的相对权，所以对价的性质以及单个业主支付对价的行为，应当是构成追究物业管理企业违约责任的前提条件。首先，物业管理费中是否包含安全防范费用(即对价)？对价是否合理？约定的安全防范费用数额（即保安费）能否保证安防义务的履行？这些是判定物业管理企业是否违约时应当予以考虑的。其次，相关业主是否履行合同约定的义务,及时足额地支付对价（即物业管理费），也是区分双方过错责任时应当予以关注的。在物业管理费中并无安全防范费用的对价构成（或者对价不合理），以及业主违约拒不交付物业管理费的情况下，单方面追究物业管理企业的违约责任显失公平。

竞合的误区

"竞合说"是对"侵权说"和"违约说"的同时肯定，认为物业管理企业具备违约和侵权主体的双重特征，既可以侵权事由也可以违约事由将治安案件归责于物业管理企业。

在有关案件的裁判中，"竞合说"的典型表现是，适用《消费者权益保护法》追究物业管理企业的治安责任。我们暂且不从立法背景、消费者的内涵和外延、物业服务类型的多样性和特殊性等角度分析适用该法的失当性，单纯从对该法第十一条（"消费者因购买、使用商品或者接受服务受到人身、财产损害的，享有依法获得赔偿的权利"）的引用中，我们就能发现其逻辑上的混乱和因果关系的混淆，由此带来的结果只能是无端地加重物业管理企业的管理责任。

从本质上看，三种论说都根植于共同的认识误区：将公权机关的法定职责等同于私权主体的民事义务。维护社会治安，是公安机关的法定职责，物业管理企业作为从事经营活动的民事主体，其维护公共秩序的义务应限定在一个合理的限度和范围内，不应对其提出过高的要求，更不能由其代行公安机关的职责。发生在公共场所的治安案件，并不会导致公安机关对受害公民承担国家赔偿责任，而发生在物业管理区域内同样性质的案件，却要求缺乏执法强制力和风险承受力的物业管理企业承担民事赔偿责任，显然有转嫁和苛求之嫌，因为物业公司毕竟不是公安机关。

从另外一个角度看，法律意义上的义务可以分为两种：一种是行为义务，指义务履行的标志是义务人是否勤勉尽责地做出相应行为，而不追求特定的结果；另一种是结果义务，指义务履行的标志是义务人的行为达到既定的结果，不仅有行为，还应达到相应的结果。所以退一步说，即使我们认可物业管理企业在安全防范中存在法律意义上的义务，那么我们也应该将这种义务严格限定在行为义务的范围内，而非结果义务，因为物业公司不是保镖公司，更不是保险公司。

正是基于以上认识，在对司法现状充分考量的基础上，从平衡各方利益出发，本着循序渐进解决问题的思路，《物业管理条例》（以下简称《条例》）吸收了"违约说"的合理内核，在第三十六条中做出了如下的规定："物业管理企业未能履行物业服务合同约定，导致业主人身、财产安全受到损害的，应当依法承担相应的法律责任。"

然而，《条例》实施后，从各地审判意见中，我们依然可以发现"侵权说"和"竞合说"的影子；从相关司法裁判中，我们依然可以看到过错推定原则和无过错责任原则对物业管理企业的滥用；从一些媒体报道中，我们依然可以听到"物业管理负全责"的呼声。诸如此类与《条例》立法精神相背离的现象，不同程度地加深了原本存在的物业管理治安责任的误导，导致了物业管理服务双方权利义务的失衡，我们不得不承认，这是《条例》实施过程中的一个缺憾。

"世不患无法，而患无必行之法。"汉朝桓宽在《盐铁论》中的论断一针见血，两千年后的今天依然颠扑不破。

服务标准：构建物业管理行业自律规则体系的基石 2003年

一、认识《标准》：应当肯定三种价值

中国物业管理协会受建设部住宅和房地产业司委托起草《住宅小区物业管理公共服务等级指导标准（征求意见稿）》（以下简称《标准》）的举措，是行业协会在政府指导下充分发挥专业优势制定行业技术标准的有益尝试，标志着物业管理行业建立自律规则体系的良好开端。

在制度层面上，行业自律规则体系由"组织规则"和"行为规则"两大部分组成，行业标准是"行为规则"的核心，它在行业自律规则体系中具有举足轻重的地位。现阶段，解决物业管理行业公信力缺失的首要措施是提高行业的专业化水平，而行业标准是公认的衡量专业化水平的基本尺度。由此可见，制定《标准》，是建立物业管理行业行为规则的基础性工作，是完善物业管理行业一系列自律制度规范的前提。

在技术层面上，首先，《标准》总结了我国物业管理二十年的实践经验，对物业管理企业管理服务工作具有普遍性的指导意义，成为企业日常业务培训不可或缺的内容；其次，《标准》也将为全行业普遍推广的招投标活动提供技术规范的支持，使得物业管理招投标工作有标可依、有准可据，并为物业管理交易双方签署合约提供了专业标准依据；最后，基于服务标准与服务价格密不可分的关系，《标准》还将成为政府制定物业管理收费政策和企业拟定物业管理价格策略的技术参照，有助于物业管理市场形成科学合理、专业公正的行业价格标准体系。

在观念层面上，《标准》是物业管理行业成员达成行业共识、形成职业共同伦理的规则基础，而以职业共同伦理为主要内容的职业理念的形成，有利于

提升行业素质，规避职业风险。《标准》的出台和公示，在为政府和民众行使监督权提供依据的同时，也加深了各方对物业管理的全面了解，消除原有观念上的偏差和误解，并为逐步树立物业管理行业的职业操守和专业精神奠定诚信基础。

二、把握《标准》：应当处理好三个关系

1.服务标准与（有形）产品标准的关系

在行业标准的制定上，与有形产品相比，无形性、差异性和不可储存性这三大特征决定了服务标准存在着具体量化和精确描绘的困难。同时，由于物业管理服务的效果不仅取决于服务者的素质和努力，还与物业本身的素质及服务对象的素质息息相关，使得物业服务者对服务质量并不具备完全的控制力。所以，与有形产品着眼于规格、型号、质量等定量标准的精确制定不同，物业管理服务标准的定量描述应重点体现在服务过程和服务措施方面，对服务结果的定性描述应采取慎重态度，这样才能体现服务标准的特殊性，避免不合理地加大从业者的职业风险和责任。

2.指导标准与契约标准的关系

物业管理服务标准是交易各方可以选择适用的行业指导标准，不具备法律上强制性，但是相关标准一旦被当事人在交易中选择采用成为交易条件时，该标准就成为契约标准，具有法律约束力。在实践中，建设单位和业主大会可以将《标准》中的相关内容引入《业主公约》，成为约束全体业主的法律文件；招标方可以将《标准》中的特定内容作为招标文件，要求投标方遵守并作为物业管理合同的约定条款；政府和物业管理企业还可以相关服务标准为依据测算物业管理的成本，制定与服务标准相对应的具体收费标准，并以此作为物业管理委托双方的约束条件。

3.行业标准和企业标准的关系

从行业标准在竞争中所起作用来看，高科技行业的竞争实质上是"标准竞争"，谁建立了产品标准规格，谁将在竞争中获胜。而物业管理行业在这一点上显然有别于高科技行业，由于物业的个性化和业主的个性化，决定了物业管理行业难以形成类似于高科技行业的"标准之争"，在物业管理领域只有反映行业特征和规则的基本标准，没有普遍适用全行业所有领域的普适标准和万能规则。行业标准不是绝对标准，从业者可以根据物业实际情况，有选择地引用以指导实践，从而避免盲目的照搬照抄；行业标准不是优秀标准，应鼓励从业者根据客户需求在行业标准的基础上制定更高水平的企业标准，以形成差别优势，提高企业竞争力。

三、完善《标准》：应当注意三个问题

从体例和层次上看，《标准》的体例结构基本合理，六个方面公共性服务内容的分项归类，大致涵盖了物业管理的所有内容，应予总体保留，但对于第（五）大项"保洁服务"中的"排水、排污管道畅通"的服务内容，由于"排水、排污管道"属房屋公用设施，而且在管理实践中多由工程维修人员负责检查、疏通和修缮工作，故建议将此内容列入第三大项"设施设备维修养护"中；同样，《标准》三个等级的层次划分较为科学，便于实际操作，但三个等级之间服务标准的差距仍显太小，差别感不明显，考虑到实践中物业管理价格的确定多与服务标准等级挂钩，建议适当拉开等级差距，以体现"优质优价"和"质价相符"，促进市场细分。

从现实性和操作性来看，根据物业管理质量三方决定论的原理（即管理者、建设者和客户三方行为决定物业管理的质量），对于物业管理企业来说，《标准》中的一些规定难以保证完全落实，比如第（二）项"房屋管理"第

2、4、5、6小项和第（五）项"清洁管理"中关于外墙、公共空间、空调、阳台、防盗网、平台护栏、遮阳棚和清洁区域等方面的管理，均有赖于业主的自觉和相关职能部门的干预，在现实中单凭物业管理企业无法完全杜绝违章和违反公共居住准则的事项，建议对相应条款作修改，只规定物业管理企业的管理服务义务，而不对结果进行规范。

从服务范围和深度来看，我国不同地域间自然状况和行政监管的差异，要求《标准》在服务范围和深度上予以必要关注。在服务范围上，建议《标准》应对北方地区的"供暖"和南方地区的"供冷"等内容有所涉及，并且对电梯等专用设施的运行维保标准增加"执行所在地专业管理部门标准"的规定；在服务深度方面，鉴于装修管理和车辆管理的重要性以及政府相应法规的完备，建议在"一级服务标准"中对"装修管理"和"车辆管理"的服务标准进一步细化，增加"统一装修材料和装修垃圾的堆放地点，及时清运装修垃圾，监督装修时间"和"车辆凭证进出、专人看管、交通标识清晰和签订车辆停放合同"等内容。另外，在第（一）项"基本要求"中，建议适当增加物业管理企业与业主的有效沟通比率。

业主大会实体化之我见

2012年

——在北大房地产法研究中心春季论坛上的点评

这是我第三次参加北大法学院一年一度的房地产法研究中心春季论坛。与在既有框架下就事论事进行一些对策研究不同，论坛给我们提供这样一个机会：刨根问底的本质剖析，让我们能够天马行空地描绘业主团体的理想脸谱，无拘无束地畅想业主大会制度建设的美好愿景。

首先谈谈我对本次论坛主题报告的总体评价或称个人感受，用一句比较法律的表述，我的观点包括但不限于我作为住建部物业管理处处长的基本看法。虽然我们在制定《物业管理条例》（以下简称《条例》）的过程中，曾经为我们所秉持的"业主不应当仅仅是一个被保护的群体，而应当被培养成能够维护自身权益的群体"这样一个理念的超前性感到暗自得意，甚至沾沾自喜；虽然我们十年前确立的业主大会制度，至今仍然被大部分主管部门、实务界以及媒体认为是超前的，甚至是不切实际的。但是，仔细阅读这份以"业主大会实体化"为主题的报告，我再一次感受到，所谓主流的国家治理结构视野下业主团体研究的局限性显现出来了。换句话说，从政府层面来讲，更多的是从国家治理结构的视角观察和研究物业管理问题和业主大会问题，这种视角或者方法论是有局限性的。同样，这份报告也为我们反思现有的制度缺陷和着手下一步的制度完善，提供了理论指导和思路启示。

我个人认为，现行的基于建筑物区分所有权的业主大会制度以及在此基础上形成的物业管理法律关系，对传统的民法理论(基本原理)至少提出了三个挑战：第一是对权利义务对等原则的挑战。最突出的表现是，在物业管理市场上，虽然物业服务企业和业主大会是平等的民事主体，但它们之间是单向风险博弈，因为在现行的制度框架下，业主大会是一个享有权利而无法承担义务（或称没有民事责任能力）的合同主体。第二是对合同相对性原理的挑战，刚才发言的同学已经谈到这个问题，最典型的例子是2009年最高人民法院的第8号司法解释，也就是《关于审理物业服务纠纷具体应用法律若干问题的解释》，其中有这样的规定：在物业服务合同纠纷的诉讼中，业主委员会请求解除物业服务合同的，人民法院应当予以支持；物业服务企业向业主委员会提出物业费主张的，人民法院应该告知其向拖欠物业费的业主另行主张权利。第三是对民事代理制度的挑战。现行制度设计中业主委员会被定位为"代理人"的身份，在物业管理实践和司法审判实践里，实际上业主委员会屡屡被赋予代议机构的功能，到底是代议制还是代理制，这里存在着一个应然和实然的矛盾。

面对难点和挑战，主题报告力图在法学层面上予以分析和解决，给我们带来许多的思考和启发，呈现出很多亮点。我认为，最有价值的在于以下四个方面：

一、报告中关于通过立法赋予业主大会实体地位的制度构想，不失为解决业主大会现实问题的一个有效途径。报告敏锐地发现，在业主大会法律地位尚未明确的前提下，学术界、实务界和司法界纷纷转而寻求业主委员会的能力建设乃至为其争取独立的民事主体地位，这种做法虽然在短期内缓解了一些现实的压力，但是不仅有悖于学理，而且无益于问题的最终解决。

二、报告中关于在《物权法》和《条例》之间制定一个业主大会单行法的建议实属中肯。这是个很好的切入点，这一特别单行法的设计不仅兼顾了实体和程序两方面的内容，而且对业主大会法人模式的基本要件进行了全面精到的设置，构筑了业主大会实体化的基本轮廓和框架，这是报告的第二个亮点。

三、报告对现行立法中所确立的内外部法律关系进行了条分缕析，有利于深入了解现行立法的主要问题，并寻求切实的解决方案。报告中的一些精辟分析，似乎超出了我们立法时的认识水平。对法律的解释常常能够推动立法的进步，因为立法者在立法的当时不可能面面俱到，不可能准确预见未来，而后人的解释常常赋予法律更丰富更生动的现实内涵。

四、报告中关于强化非业主使用人在区分所有建筑物管理中作用的论述，对物业管理实践具有启发作用。前两年，我们在制定《业主大会和业主委员会指导规则》的时候，为了解决业主表决难问题，设计了共同管理权长期委托制度。当时确定这个制度适用范围的时候，仅局限于业主之间的相互委托，如果我们能够充分发挥非业主使用人的作用，把受托人范围扩展到使用人，不仅是公平合理的，而且大大增加了表决的可操作性。

针对主题报告中一些论点，结合我自己的工作实践和理论思考，旗帜鲜明地谈几个观点，与大家分享。

第一个观点，我承认业主大会和业主委员会错位的现实（业主大会地位虚化，业主委员会取而代之），但是不承认这是制度设计的问题。因为无论是《条例》，还是《业主大会和业主委员会指导规则》以及《住宅专项维修资金管理办法》，都明确界定了业主委员会是业主大会的执行机构。为什么报告和业界会认为业主大会和业主委员会制度设计有问题，并且认为它们之间的错位是由制度引起的呢？我想这里存在着两个"误读"：一是《物权法》和《条例》中的表述，《物权法》和《条例》通常把业主委员会和业主大会平行地放在一起并列表述，被误读为两者之间法律地位平等。我认为，这种平行并列表述并不意味着业主大会和业主委员会在法律上属于同一个位阶，现实中，代理人和被代理人是可以平行表述的，权力机构和常设机构之间也是可以并列表述的，比如全国人大及其常委会。二是现行法规中关于业主委员会备案的规定，被误读为确立了业主委员会的权利主体地位。我的理解是，法律虽然规定业主大会成立后，业主委员会应当到主管部门备案，但实质上业主委员会仅仅是备案的执行者，也就是说业主委员会替业主大会去备案，而且备案事项也是业主大会成立的一些基本事实和相关法律文件。

第二个观点，我同意业主大会实体化的方向，但是不同意业主团体缺失的论断。报告开宗明义有一个基本判断，就是业主团体缺失，报告认为目前只有作为决策机构的业主大会和作为执行机构的业主委员会两个概念，缺乏作为业主团体组织的业主大会的上位概念，我认为这个论断有待商榷。我的理由是：无论是决策机构还是执行机构，实际上都是基于团体组织业主大会而存在的，如果没有团体组织的话，根本无法进行决策。业主大会正是作为全体业主的组织进行决策的，业主团体本身就是决策机构，而无需将业主团体与决策机构分立，再增加一个所谓决策层的内设机构。

第三个观点，我支持强化对业主大会和业主委员会监督的观点，但是反对照搬和模仿公司法人治理结构构建业主大会制度。报告建议在业主大会内部设立权利机构、执行机构以及监督机构，这种"大而全"的面面俱到，我认为不合理。理由是：物业管理问题相对单一明确，管理团体应该简约化和扁平化，过于复杂的自治结构有可能流于形式，不仅加大了运行成本，而且可能增加矛盾并降低效率。当年成都制定物业管理条例时候，我就反对设立业主监督委员会。监督业主委员会的出发点是好的，但应当依靠业主和业主大会，而且监督是有成本的，试问如果业主监督委员会也涉及滥用权利的问题，是否再成立一个机构监督它呢？按照这种思路，这样的监督是无止无休的。

第四个观点，我赞成业主大会权利能力和业主委员会诉讼能力分离的制度设计，但是不赞同业主委员会作为民诉法中"其他组织"的定位。理由是：表面上参加诉讼的是业主委员会，实际上民事责任的承担主体依然是业主大会。

同样，承认业主委员会参与诉讼的主体资格，但是这种资格必须经过业主大会的表决或者认可，任何一个业主委员会作为诉讼主体参加法律诉讼的时候，前提条件应该是具有业主多数决的授权或者认可，这也是准确定位业主委员会以防职权滥用的基本制度设计。

第五个观点，短期来看，代理制体现公平，基于业主委员会成员不具备代议制的精英素质，业主委员会的执行机构定位有利于约束其滥用权利，防止业主权利受其侵害；长期来看，代议制突出效率，应该将业主委员会定位为常设机构乃至权力机构才是正确的方向。虽然我们认为业主大会实体化很重要，但是业主大会依然是一个多数人看不见、摸不着的团体，而业主委员会是实实在在可以抓住的东西，充分发挥业主委员会的作用是提高业主团体可操作性的明智之举。

第六个观点，业主大会实体化并不是包治业主自治顽疾的灵丹妙药。表面上看，当前物业管理的诸多问题源于业主大会实体定位的不明确，实质上，业主大会问题是源于我们公民自治意识的薄弱。没有守法履约的业主，就不可能有守法履约的业主大会和业主委员会，要规范业主团体，首先要规范业主个体。只有业主真正认识到自己与业主团体之间是基于管理规约的契约关系，只有业主真正从财产、契约和消费三个维度上理解物业管理，才有可能为业主大会制度奠定人格基础。

第七个观点，报告设计的业主团体模型是建立在法律理想主义基础之上的。我们应当有理想，但不能理想化。业主大会不仅仅是法律问题，更是社会问题。在加强和创新社会管理的大背景下，任何关于业主团体的理论探索和制度设计，都不能忽视意识形态的导向和政治效果的考量，这也许是至今为止立法者和执法者无法回避和无法克服的。你可以理解这是一种务实的精神，当然，你也可以批判它为保守倾向。

业主团体在诉讼法上的地位

2005年

——在"物业管理法律实务研讨会"上的发言

物业管理是一个新兴且专业性较强的事物，由于现行法律政策对物业管理中的许多问题并无明确规范，给法院审理物业管理纠纷案件带来了很多不便。北京市第一中级人民法院此次举办"物业管理法律实务研讨会"，目的就是为了使司法部门在审理物业管理相关案件时更加专业公正。与诉讼活动相关的物业管理法律理论和实务问题很多，我重点谈谈关于业主团体在诉讼法上的地位问题。

业主团体是业主大会和业主委员会的统称。根据《物业管理条例》，业主大会主要履行以下六个方面的基本职责：1. 制定和修改业主公约和业主大会议事规则；2. 选举和更换业主委员会，监督业主委员会的工作；3. 选聘和解聘物业管理企业；4. 决定专项维修资金筹集使用方案，并监督实施；5. 制定和修改物业管理各项规章制度；6. 法律法规规定的其他职责。相比于业主大会，业主委员会既不是业主大会的常设机构，也不是代表机构，同样不是办事机构，而是执行机构。业主委员会的职责主要是业主大会赋予的，包括召集业主大会会议，报告物业管理的实施情况，签订并履行物业服务合同，监督业主公约实施等内容。虽然目前业主大会和业主委员会在实体法上的法律地位尚不明确，但法律对业主团体在物业管理活动中实体权利的界定还是相对清晰的，这一点似乎已形成共识。除此之外，对于审判机关来说，可能更为关注的是业主团体在诉讼法上的主体地位，具体地说，就是业主大会和业主委员会在诉讼中相关权利和义务的问题。

北京市高级人民法院2004年出台了《关于审理物业管理纠纷案件的意

见》，该意见规定的案件受理范围较小，仅适用于业主委员会和物业管理企业之间的纠纷，对于业主与业主之间、业主和房地产开发企业之间的民事诉讼以及业主与业主团体内部发生的纠纷均不适用。同时，该规定明确业主委员会参加诉讼时以主要负责人（即业主委员会主任或者副主任）为代表人。我个人认为，业主委员会本身就是业主大会的诉讼代表，业主委员会的主要负责人不能作为诉讼代表人，因为业主委员会主任仅仅是业主委员会的召集人，其身份与企业法人的法定代表人不同，其地位与其他业主委员会委员是平等的。我们注意到，上海市高级人民法院三年前（2002年）出台了一个《关于审理物业管理纠纷案件的解答》，该解答与北京市意见的相同之处，在于明确业主大会内部事务（如选举、内部事项表决）的纠纷不能作为民事案件受理。但是，对于涉及业主共同利益的事项，上海市规定，在履行一定手续后，业主委员会可以以自己的名义提起诉讼。为了解决业主委员会在诉讼中的不作为问题，上海市还规定，业主委员会怠于行使权利的，经百分之五十以上业主决定的，可以选派诉讼代表人提起诉讼；业主委员会还可以以违反业主公约为由，对特定业主提起诉讼。上海的上述做法，值得北京市在今后的审判实践中参考借鉴。

关于业主大会和业主委员会之间的关系，有些人把业主委员会比作《公司法》里的董事会，把业主大会比作股东大会，我认为这种类比并不恰当。在《公司法》中，董事会有决策权，但业主委员会没有决策权。所以，业主委员会的主体地位是存疑的，它只是业主团体的内设机构，应当以业主大会的意思为自己的意思，不应有自己独立的意思表示，涉及选聘、解聘物业管理企业、修改业主公约等重大事件决定的做出和执行，业主委员会都应以业主大会的意思表示为意思表示。

目前各国立法上对业主大会的规定有四种模式：一是德国模式，认为业主大会不具有独立法人资格；二是法国模式，承认业主大会具有独立法人资格；三是日本模式，认为业主大会具有附条件的法人资格（以30人为限，业主人数30人以下的，不具有社团法人资格，30人以上的，为管理团体法人）；四是美国模式，按照传统理论不承认建筑物区分所有权人会议（业主大会）的法人地位，但是在判例中，建筑物区分所有权人会议的法人地位得到普遍的认可。

关于业主委员会的诉讼主体地位，当前主要有三种认识：一种是承认业主委员会的诉讼主体地位；另一种是承认其原告地位，不承认其被告地位，理由是其没有独立的财产；第三种是不承认其有独立的诉讼主体地位。为了赋予业主委员会作为诉讼主体的法律依据，目前多数法院的做法是，将业主委员会视同为《民事诉讼法》第四十九条规定的"其他组织"。这样做虽然有一定的道理，解决了实操中的一些问题，但法理上并不充分，因为业主委员会没有自身的利益，并不符合法律规定的"其他组织"的条件。

另外一个问题，能否参照行政诉讼中公益诉讼的做法，业主委员会以自己的名义为全体业主的公共利益提起诉讼？虽然《物权法（草案）》第八十七条规定，业主可以以自己的名义起诉，但其所指主要是，业主个人利益因业主团体的决定受损时，业主可以通过诉讼权伸张权益，而业主委员会并非业主个体。如果允许业主委员会有权以自己的名义提起诉讼，其后果是业主大会的授权和表决权形同虚设。我的观点是，从"诉讼便利"角度来看，业主委员会作为业主大会的诉讼代表人资格予以确认，但其参与诉讼活动应当经过业主大会的授权（应当是至少过半数以上业主的有效表决）。学术界普遍认为，在中国要承认第三类主体——非法人团体的民事权利的存在，业主委员会可以通过业主大会的一个授权程序，代表业主大会参与诉讼。但问题的关键在于，此类授权的合法性应由谁判定？谁有权审查？到底是行政审查，还是司法审查？《物业管理条例》并没有对业主委员会进行审查的规定，仅仅规定了备案程序。同样，业主委员会经过备案是否就意味其合法性的成立？目前也是存在疑问的。只要是业主团体内部的纠纷，就必然涉及一部分业主对另一部分业主的反对，一旦争议形成，行政审查的依据何在？如果当事人不服行政审查的结果，司法审查是否应当跟进？如果按照现有北京和上海的做法，将业主团体内部纠纷的拒之于司法审查的大门之外，那么谁将成为业主团体内部纠纷的最终裁判者？

最后一个问题是，业主大会和业主委员会能否承担法律赔偿责任？我认为，答案是否定的。在北京市海淀区法院审理的一个案件中，一个小区的业主委员会不满在管的物业管理公司，自行组织了物业管理招投标，选派新的物业管理企业。业主委员会组织招标活动大概需要10万元支持，没有经费怎么办？他们想了一个办法，让参与竞标的每家企业预交10万元投标保证金，并在招标文件中规定，中标企业承担招标活动的工作经费。招标投结束后，除了中标企业的保证金作为招投标费用花掉以外，业主委员会向其他未中标企业退还了保证金。但是，由于原物业管理企业拒不退出在管小区，中标企业始终无法接管小区，因此无奈将业主委员会告上法庭，海淀法院在业主委员会无法履约的既成事实的情况下，支持中标企业返还招标保证金的诉讼请求，但由于业主委员会没有任何财产，所以法院只能判定10万元保证金由小区全体业主承担赔偿责任。这个案例很典型，业主大会和业主委员会虽然可以作为主体参与诉讼，但一旦败诉，却无力承担相应的民事责任，其赔偿责任只能由全体业主承担，除非有证据证明损失是由业主委员会内部个别人的过错或重大过失导致的。

辨析业主委员会联合会

一、业主委员会联合会缺乏法律法规依据

《物权法》第七十六条规定的业主共同决定的七个事项，是业主的共同管理权的具体表现，是业主大会和业主委员会开展活动的法定内容。共同管理权是建筑物区分所有权的组成部分，业主委员会的职责和权限应当在《物权法》规定的共同管理权的范围内行使，才不违背"物权法定"的法律原则。

《物业管理条例》第十五条明确规定业主委员会是业主大会的执行机构，依法履行五项基本职责，并在第十九条明确规定"业主委员会应当依法履行职责，不得做出与物业管理无关的决定，不得从事与物业管理无关的活动"。

《社会团体登记管理条例》第三条规定：成立社会团体，应当经业务主管单位审查同意并按规定登记。第三十五条规定：未经批准，擅自开展社会团体筹备活动，或者未经登记，擅自以社会团体名义进行活动的，由登记管理机关予以取缔。

对照以上法律法规，可见个别地方业主委员会筹备成立业主委员会联合会的活动，既超越法律规定的业主委员会的职权，也不符合法律规定的成立社会团体的条件和程序，相关行为缺乏我国现行法律的依据。

二、业主委员会联合会缺乏公共契约基础

在政府主管部门发布的《业主(临时)公约示范文本》和《业主大会议事规则示范文本》以及现实生效的业主公约和业主大会议事规则中，并没有关于业主委员会参加结社(即成立业主委员会联合会)的明确约定。不仅如此，以往个别参与业主委员会联合会筹备和集会的业主委员会成员，既没有事先通知全体业主，也没有经过业主大会会议的明确授权。由此可见，个别业主委员会筹备

联合会的行为缺乏公共契约的基础和全体业主的授权。

三、业主委员会联合会缺乏相关部门监督

个别业主委员会参与组织筹办联合会的决定，并没有按照《业主大会规程》的规定，事先告知相关的居民委员会并听取居民委员会的建议，也没有按照《物业管理条例》的规定，向所在地的街道办事处、乡镇人民政府和房地产行政主管部门报告，接受相关部门的指导和监督。

四、业主委员会联合会缺乏正确价值取向

个别业主委员会成员没有认识到，业主委员会存在的价值在于有效管理业主共同财产和改善共同居住环境，而将工作重点放在所谓"维权"上。殊不知只有在权利受到侵害时，才存在维权的问题，如果业主权利并没有受到侵害或者侵害业主利益的并非物业管理企业时，"维权"从何谈起？

业主大会(业主委员会)制度设计的出发点是为搞好物业管理，而不是炒掉物业管理公司，但是个别业主委员会成员缺乏这种价值判断，错误地理解和夸大了在个别事项上和短时间内业主与物业管理企业的对立关系，而无视长远利益上物业管理企业和业主之间同生共长的互利关系，自然在价值取向上本末倒置，误以为通过联合会并采取对抗方式便能达到业主利益的最大化。

五、业主委员会联合会的潜在风险

法律风险：现行法律框架之下，作为业主共同管理财产的组织，业主大会尚无独立的法人人格，更何况作为业主团体之执行机构的业主委员会。在没有独立的意志和利益诉求的情况下，成立所谓"联合会"，不仅于法无据，更有可能因违反现行社团管理法规而被随时取缔(居委会、村委会等具有法律人格基础的自治组织，尚未成立相关"联合会"性质的社团组织便是例证)。

败德风险：基于对现阶段多数业主委员会整体素质的考虑，部分业主委员

会委员存在着败德风险，既然现实中屡屡出现个别委员假借业主委员会名义获取不当利益的先例，就不能排除个别人借联合会之名谋取个人或小团体利益的可能。

成本风险：要成立业主委员会联合会并实际运作，自然需要费用，非营利组织的定性使得联合会的费用自然来自各业主委员会，最后承担者肯定是业主，因此必然加大业主的经济负担。

效率风险：业主委员会委员本来就属义务兼职，投入时间精力有限，联合会成立运作以后，自然要占用业主委员会委员的精力和时间，使得业主委员会委员无暇关注本区域物业管理的问题，从而降低了业主委员会的运作效率。

六、业主委员会联合会的现实危害

部分业主委员会委员在本区域存在诸多物业管理问题的情况下，不是立足于自身建设和公共事务管理水平的提高，而是想方设法寻求联盟，实有"项庄舞剑，意在沛公"之嫌。当前，业主委员会的"去财产化"值得关注，而业主委员会联合会的"泛政治化"更值得警惕，一旦其掌握话语权，不仅无益于物业管理，而且可能有害于社会稳定。

如果业主委员会联合会以"维权"为出发点，以"斗争"为手段，那么最终可能损害的是业主的共同财产利益。根据北京大学房地产法研究中心最新研究成果，北京的美丽园小区在维权活动(具有联合的特点)最激烈的时候，也是该小区房价跌幅最大的时候(与同区位、同类型小区相比，剔除市场性的涨价因素)，而且所谓"维权"纠纷的持续，不可避免地导致业主生活质量的下降。

七、业主委员会联合会的引导监管

业主委员会联合会问题的提出，实际上暴露出现阶段政府有关部门对业主委员会引导和监管工作的不足。我们应当总结借鉴全国各地的先进做法和成功经验，创造性地开展工作。例如：天津的规范业主委员会活动规则、上海的三级管理和四级网络、成都的业主委员会培训计划以及深圳的联席会议制度和解散违法业主委员会的规定，等等，都值得进一步总结和推广。同时，我们还应当正视目前业主委员会不成熟的现状，理解部分业主委员会委员在专业交流和信息沟通上的迫切需求，正面引导业主委员会之间的沟通交流工作，及时纠正业主委员会运作中的不当行为，真正做到疏堵结合、防微杜渐。

探索刚刚开始

2005年

——为《物业管理法律适用论文及案例汇编》作序

市场经济土壤的先天贫瘠，注定了中国物业管理行业成长的艰难和曲折；法治传统的固有缺失，注定了中国法制化进程的独特和漫长。表面上似乎是一个巧合，同样带有浓厚舶来色彩的物业管理和法律在这里交汇融合为一个特殊的主题——物业管理的法律适用，但是，如果我们冷静、客观地从政策和法律层面上审视，不难发现二者之间联系的必然：短暂的物业管理发展史，始终贯穿着一条制度化和法制化的主线。

二十多年来，准确地说，十多年来，从企业资质到服务收费，从招标投标到合同规范，从财务管理到维修资金，从装修管理到服务标准，从业主大会到业主公约，从《城市新建住宅小区管理办法》到《物业管理条例》……物业管理法制建设的成就有目共睹。如今，随着《物权法》的呼之欲出，让我们对物业管理法律环境的优化又有了一份新的期待。可以肯定地说，一个内容全面、结构合理、科学规范、特色鲜明的物业管理政策法规体系正在逐步形成。

"徒法不足以自行"，法律的制定重要，法律的适用更重要。伴随着物业管理服务的普及和深入，相关主体之间的矛盾和纠纷也呈增长趋势，作为物业管理活动的基本主体，物业管理企业在实践中经常会遇到一些棘手的问题：物业管理区域内治安责任的承担主体是谁？火灾、水淹和高空坠物等意外事故的法律责任如何界定？物业管理项目交接各方的权利和义务是什么？如何理解业主违反《业主公约》和《物业服务合同》的法律后果？如何利用法律手段追索物业服务费？如何利用保险等多种方式防范和规避经营管理中的法律风险？等等。这些长期困扰着物业管理行业的热点和焦点问题，与物业管理政策法律的理解和适用密切相关。认真分析当前存在的问题和矛盾，研究探讨处理相关案件纠纷的法律依据和方法手段，不仅有利于增强物业管理企业依法维权的意识和能力，同样有利于促进各方主体商业合作关系的和谐和稳定。

近年来，全国各地的从业人员和有识人士对物业管理的法律适用问题做了大量有益的探索，中国物业管理协会对此也予以极大的关注。2005年年初,我们向部分会员单位及相关法律工作者进行了论文征集工作，并于7月中旬在北京召开了"物业管理纠纷法律适用研讨会"。在此次论文征集工作的基础上，我们还选取了一些专家学者的优秀论文和典型案例分析，共同组成这个汇编。我们的作者，既有专业的律师、资深的法官，也有行业的专家、渊博的学者，当然更多的则是脚踏实地、务实进取的一线管理服务人员，我们希望通过他们的条分缕析和旁征博引，全方位、多视角地反映物业管理法律适用的客观现状。

对于物业管理领域的诸多法律问题，我们也许不能马上得出结论，但是相信这个汇编可以为寻找答案提供一个参考；对于物业管理法律环境的影响，我们的作用也许微不足道，但是相信这个汇编可以为启发从业实践提供一个契机。

这就是我们的初衷。

坚持正确舆论导向　改善行业发展环境

2007年

随着住房制度改革的深入和住房商品化的推进，以及城市化进程的加快，我国物业管理呈现出前所未有的发展速度。据不完全统计，目前全国实行物业管理的房屋面积超过100亿平方米，物业管理覆盖率已接近50%。物业管理对房屋及配套设施设备和相关场地的维修、养护、管理，以及为相关区域提供的保安、保洁、绿化、交通和车辆管理等综合性服务，不仅有利于改善人居和工作环境，促进相邻关系和谐，维护社区稳定，而且有利于吸纳城乡剩余劳动力，解决日益加重的社会就业问题，同时对促进第三产业发展、拉动经济增长和提高城市管理水平等方面也起到不可忽视的作用。事实证明，物业管理企业在维护业主的共同利益、加强居民的沟通理解、防范和化解社会矛盾和冲突等方面作出了积极的贡献，物业管理活动是和谐社会建设的重要组成部分。

但是，纵览近几年关于物业管理的宣传报道，我们不无遗憾地发现，充斥各类报纸、电视和广播的绝大多数是关于物业管理的负面报道和评论，许多媒体在报道物业管理相关新闻时，习惯于捕捉和曝光物业管理企业与业主的矛盾和冲突事件，热衷于使用"暴力"、"黑手"、"抗争"等刺激性的字眼，有的媒体为了吸引读者的眼球，甚至在报道物业管理纠纷时，存在夸大事实、张冠李戴、以偏概全的现象。上述过分放大物业管理负面影响的舆论导向，不但对正确引导和规范业主与业主之间、业主与物业管理企业之间、业主和开发企业之间、开发企业和物业管理企业之间、物业管理企业和市政公用部门之间的关系于事无补，加深了群众对物业管理的误解，有时甚至对一些矛盾和纠纷起到推波助澜的作用。上述不正确的舆论导向，不仅不利于物业管理行业的健康发展，而且不利于维护业主的共同利益，不利于充分发挥物业管理在构建和谐社会中的作用。

物业管理作为与社会主义市场经济共生的新事物，在快速发展过程中，由于制度设计、队伍素质、行业自律等方面的原因，必然暴露出一系列的问题和矛盾；物业管理作为与群众生活息息相关的民生问题，在普遍推广过程中，由于观念差异、经济差距、信息失衡等方面的原因，必然产生诸多的认识误区和定位偏差，因此，在业主和物业管理企业之间产生一些矛盾和摩擦在所难免。但是，与全国数万家物业管理企业服务于超过100亿平方米房屋和上亿名业主的庞大的客户群体相比，发生重大冲突和纠纷的物业管理项目依然是极小的少数，这些不和谐音符并非物业管理在中国二十多年发展的主旋律。同时，我们还应当看到，这些冲突和纠纷的原因多种多样，涉及房地产开发、消费、流通各个环节，涉及各方主体的认识差异和利益分配，并非用简单的是非和对错就能概括和评价的，这是新闻媒体在报道物业管理事件时应当具有的总体判断。

为此，建议宣传主管部门和新闻媒体，今后在开展与物业管理相关的宣传报道工作时，从坚持正确的舆论导向着手，重点关注以下几个方面的问题：

一、加强对物业管理政策法规的学习和理解，提高新闻工作者的政策水平

大部分失实的报道，主要原因在于有关记者对法律政策认识不够清晰，对具体情况了解不够全面，对相关责任把握不够准确。我们认为，对物业管理相关政策法规，特别是对《物业管理条例》的熟悉了解，是媒体坚持正确舆论导向的前提条件。

二、加深对物业管理行业特征的了解和认识，提高新闻工作者的专业水平

物业管理服务提供的是准公共产品，与其他服务业相比有其特殊性，了解物业管理行业的运作规律和基本特征，有利于消除一些固有的偏见和误解，提高新闻报道的专业性和科学性。

三、加大对物业管理活动的正面报道，发挥新闻舆论的示范和激励功能

在现实生活中，物业管理企业与业主友好合作、业主与业主之间和谐相处的案例比比皆是，实践中也不乏高素质的业主团体和优秀的物业管理企业，新闻媒体应加大对正面形象和案例的宣传报道，鼓励物业管理企业通过优质的服务创造品牌，培养业主养成良好的生活习惯和公共意识，促进和谐互信的物业管理关系的构建。

四、主动与主管部门和行业协会的沟通，力求宣传报道的全面、客观和公正

兼听则明，偏信则暗。客观的报道是建立在对信息的全方位掌握上，在这方面政府主管部门和物业管理行业协会具有天然的优势，新闻媒体应主动与他们联络和沟通，尝试建立定期沟通交流机制，倾听各方的意见和建议，力求做到不偏不倚。

五、理性看待业主维权活动，防止利用新闻媒体为不法活动宣传造势

维护业主的合法权益是新闻媒体的天职，但是业主的维权活动应当在现有的法律框架之下，否则就是权利的滥用甚至侵权。同时，维权也不能成为拒绝承担法定义务的借口(如个别业主以维权为名拒交物业管理费等)，更不能成为个别业主或业主团体从事与物业管理无关活动的借口。现阶段，新闻媒体应理性看待、正确区分业主的维权活动，注意个别业主委员会的政治化倾向。

必须强调的是，我们建议正确引导舆论宣传，绝不是要反对新闻媒体披露有关物业管理的负面信息，绝不是要袒护物业管理行业中侵害业主权利的害群之马(相反，物业管理行业的持续健康发展时刻离不开媒体的舆论监督)，而是希望新闻媒体站在全局的高度，用科学发展观看待物业管理发展过程中存在的问题，加大正面宣传和引导的力度，防止以偏概全的倾向，客观、真实、全

面、公正地宣传报道物业管理。只有这样，才有利于建立各方主体良性互动关系，改善行业生存发展环境，进一步发挥物业管理在构建社会主义和谐社会中的积极作用。

北京市物业管理服务收费问题研究 1998年

一、问题的提出

推行新型的物业管理，是改革我国传统的行政化、福利化、封闭型房地产管理体制的重要举措。新型的物业管理与传统的房屋管理的一个根本区别，就是以经济手段代替行政手段，以有偿服务代替无偿服务，这也决定了物业管理服务收费问题，将成为物业管理行业生存和发展的一个核心问题。

北京市自1994年年初开始实施居住小区物业管理以来，物业管理服务收费问题一直是消费者投诉的热点，更是物业管理单位工作的难点，同时也是政府主管部门立法和监管工作的重点。收费问题涉及面之广、影响力之大，使其始终成为北京市居住小区物业管理的焦点问题之一，并从中暴露出现阶段北京市物业管理体制大量深层次的矛盾。因此，我们认为，对收费问题在深入调查基础上作认真细致的研究，建立符合客观实际、便于操作的物业管理服务收费理论依据，探索解决当前问题行之有效的方法，并为今后相关政策的修订提供建设性的意见，不仅有利于维护国家、物业管理单位及物业产权人、使用人的合法权益，也有利于北京市物业管理市场的培育和发展。

二、物业管理服务收费特征概述

所谓物业管理服务收费，是指物业管理单位接受物业产权人、使用人委托，对其居住小区的房屋建筑及其设备、公用设施、绿化、卫生、交通、治安和环境容貌等项目开展的日常维护、修缮、整治服务及提供其他与居民生活相关的服务所收取的费用。根据北京市现有的政策规定，物业管理服务收费分为两部分：公共性服务收费和特约性服务收费。

对北京市现行普通居住小区物业管理服务收费文件概括统计的结果来看，

目前北京市由政府定价的公共性服务收费项目共有24种：装修垃圾外运费、保洁费、保安费、各项费用统收服务费、车辆存车费、机动车存车费、绿化费、化粪池清掏费、管理费、小修费、中修费、大修费、小区共用设施维修费、电梯费、高压水泵费、共用电视天线费、电梯检验费、生活垃圾外运费、有线电视收视费、供暖费、水费、电费、煤气费和房租。其中，一次性或可选择的服务收费有4种，即装修垃圾外运费、大修费、车辆存车费和机动车存车费，其余20种属经常性收费。与此同时，物业管理单位还可根据产权人、使用人的实际需要提供一些有偿便民服务项目（如代购车票、送奶、代送小孩上学等），如果加上这些特约服务收费，不难看出，对于一个实施物业管理的普通居住小区来说，其经常性的收费项目一般均在20个以上。

显然，由于特约服务项目属于物业产权人和使用人的个别需求，不同小区情况各异，而且协议价格基本反映了服务双方的自由意志，这类收费较易达成共识且双方异议较少，所以本文研究的重点着眼于公共性服务收费部分。为了全面把握北京市普通居住小区公共性服务收费的现状，我们有必要从不同角度分析和概括此类收费的一些基本特征：

1.从收费标准来看，在充分考虑供暖费、大修费、停车费、水费、电费、煤气费等收费的可选择性和差异性而不作统一计算的前提下，根据北京市现行的收费标准，我们将其余的收费项目作合并计算，一套60平方米（建筑面积）的普通多层住宅，每年经常性的公共性服务收费金额约为850元，而同样面积的普通高层住宅，收费金额约1400多元。

2.从交费主体来看，公共性服务收费可以分为住户个人（使用人）交费项目和产权人交费项目，使用人和产权人的费用分担情况，仍以上述60平方米的普通住宅为例，使用人（住户个人）年交费额约为100元、产权人约为750元

（多层）或1300元（高层）。

3.从费用归属来看，物业管理服务收费可分为自营收费和代行收费。自营收费项目由物业管理单位负责收取并自行支配使用，收费金额和周期比较固定（特约服务收费例外）；代行收费指物业管理单位接受各专业职能部门委托代为收缴的各种服务收费，包括：供暖费（指依赖外部供暖的小区）、生活垃圾外运费、水费、电费、煤气费、有线电视收视费，等等。代行收费的项目虽然较自营收费少，但费用变动性大且金额可观，仅供暖费一项，每户每年应缴纳金额就要超过千元。

4.从价格构成来看，根据国家计委、建设部发布的《城市住宅小区物业管理服务收费暂行办法》的规定，公共性服务收费的费用构成包括九个部分：管理人员工资及福利费，公共设施设备运行、维修和保养费，绿化管理费，清洁卫生费，保安费，办公费，固定资产折旧费，法定税费及利润。由于北京市公共性服务收费采取逐项列明、分定标准的做法，所以各项费用的构成因素显然与国家计委、建设部的规定有所区别。还有一点值得注意的是，北京市明确规定收费标准中不含营业税，并对收费价格中是否包含利润及利润率标准未作说明。

5．从定价方式来看，北京市所有的公共服务性收费均采用政府定价的方式，政府在严格规范收费标准的同时，也对服务内容和服务标准作相应规定，各物业管理单位均应严格按规定标准收取费用。作为政府定价的补充，为鼓励物业管理单位提高服务质量，北京市政府规定，取得部、市级优秀小区的物业管理项目可以在规定标准基础上提高10%~25%的收费，但允许上浮价格的收费项目仅限于保洁费、保安费、小修费、小区公共设施维护费和管理费。

三、当前物业管理服务收费存在的问题

收费问题之所以成为现阶段北京市物业管理工作的焦点问题，一个根本的

原因是它涉及物业管理各方的经济利益。所以，从物业产权人、使用人、物业管理单位和政府部门三个不同角度分析同一问题，无疑有益于我们做出客观公正的判断。

从物业产权人、使用人的角度，认为物业管理服务收费主要存在以下三方面问题：

1.收费标准过高

对于物业产权人来说，主要是针对房租而言，产权人交费项目数额甚至超过了房租（高层住宅更加明显）；对于物业使用人来说，与以往相比，除了交纳房租，还必须承担住户个人交费项目的费用。

2.价格水平与服务质量不相符

许多物业产权人认为物业管理单位没有按有关标准维护房屋及公共设施，费用使用和管理的透明度不够，房屋设施老化严重，达不到保值增值的目的。许多住户反映生活垃圾未得到及时的处理，保安形同虚设。

3.违规收费时有发生

从消费者的投诉情况来看，个别物业管理单位存在着下列一些违规收费行为：（1）擅自增设收费项目；（2）擅自提高收费标准；（3）擅自延长收费期限；（4）不按规定明码标价收费，等等。

从物业管理单位的角度，认为物业管理服务收费主要存在以下三方面的问题：

1.收费标准太低、项目不全

这几乎是所有物业管理企业的共识。我们曾对多项物业管理自营收费项目进行模拟的成本核算，发现除个别项目外，大多数收费标准均低于成本价。另外，现行的收费项目未能覆盖物业管理的全部工作，一些管理服务项目的经费没有来源：如装修管理的成本支出、小区消防设施的维护和更新，等等。

2.收费任务繁重、收缴率偏低

由于收费项目多达二十余种，且住户所在单位分散，许多物业管理单位一般需要配备多名专职人员从事收费工作，特别在冬季供暖期，许多单位还须增加收费力量。即使在这种情况下，目前北京市普通居住小区的各项费用收缴率仍然很低。以朝阳区某新建居住小区为例：1997 — 1998年度供暖费的收缴率为82.7%，小区综合管理费（产权人交费项目）收缴率为73%。

3.收费责任不清，承担风险过大

现阶段北京市物业管理企业承担了大多数公用部门的收费任务，基于目前公用事业的垄断性，物业管理单位在代收供暖、水、电、有线电视等费用的问题上没有选择权，除了向住户收取每月一元的统收服务费外，物业管理企业几乎毫无代价地承担了所有公用项目的收费责任。不仅如此，由于拒缴、欠缴现象普遍存在，物业管理企业不得不为住户垫付大量费用，承担着很大的经济风险。

从政府部门的角度，认为物业管理服务收费主要存在以下两方面的问题：

1.财务税收政策不配套，国家利益无法保障

由于物业管理服务收费具有特殊性，适用原有的财务管理制度存在一定的问题，加上现行收费标准中明确规定不含营业税，使得政府部门在对物业管理企业财务监管和税收征收上存在诸多困难，这在一定程度上影响了国家的财税利益。

2.收费纠纷增多，部门协调难度大

近年来，物价、工商、法院等部门处理物业管理收费纠纷的数量呈逐年上涨的趋势。由于此类纠纷涉及面广、影响大，处理结果直接关系到政府部门的

形象，因此，物价、房管部门要在协调好众多部门的复杂关系基础上，制定出科学合理的收费政策，存在着诸多困难。

四、物业管理服务收费问题原因分析

应当承认，与物业管理中其他焦点问题一样，收费问题是我国在推行市场化的物业管理体制过程无法回避的。在物业管理服务收费问题的背后，存在着众多复杂的社会原因，概括起来，主要有以下四个方面。

1.传统福利观念根深蒂固，物业管理意识尚未形成

一方面，在计划经济体制下，绝大多数居民长期享受国家福利住房政策，职工住房统建统配统管，居民除交纳象征性房租外，没有其他任何住房消费。而推行新的物业管理模式，住户要支付高出原有房租数额的物业管理费，在观念上一时难以接受，对收费问题自然产生一些消极心理。另一方面，对于物业管理者来说，实行有偿收费就要求为住户提供全方位、多层次的等价服务，从行政管理色彩浓厚的房管意识向全新的物业管理意识转化也需要有一个过程。

2.行业规范尚不健全，竞争机制尚未形成

北京市现有物业管理企业近三百家，虽然其中大部分获得了行业主管部门的经营资质，但管理服务水平参差不齐，不正当竞争、虚假承诺、以次充好甚至欺骗消费者的现象时有发生。同时，在业主委员会机制尚在萌芽阶段，物业管理招投标工作尚未普遍展开的情况下，由于缺乏有效的竞争机制，部分物业管理公司缺乏提高服务质量的动因，难免在收费问题上损害消费者的利益。

3.企业社会定位不准确，相关社会关系未理顺

物业管理是城市管理的一个组成部分，在某种程度上，物业管理扮演了为政府分忧、为百姓解难的角色，但这并不影响物业管理单位的基本社会定位——独立核算的企业法人。由于传统观念的影响和现实利益的驱动，长期以

来，物业管理一直被视为行政管理的延伸、开发建设的辅助。错误的社会定位，必然导致物业管理企业无法实现以追求经济效益为目标的企业化经营，而且长期形成的物业管理企业受制于各专业部门的被动局面，也无法在短期内得到根本改变，多家、多头、多口管理的现象十分普遍，这就势必导致物业管理企业不合理地承担了过多的收费责任和风险。

4.收费标准背离价值规律，执法监督缺乏有力保障

首先，收费标准的实质是物业管理服务的价格，按照市场经济规律，价格应充分反映价值并围绕价值上下波动，而目前《北京市普通居住小区物业管理收费暂行办法》[京价（房）字〔1997〕第196号，以下简称196号文件]中规定的多项收费标准明显低于物业管理服务的实际价值。以保安费为例，一个建筑面积13万平方米、占地面积7万平方米、居住户数1800户的普通居住小区，按现行收费标准每月最多可收保安费9000元，在正常情况下，同等规模的小区需配备20名专职保安人员，才能实现24小时昼夜巡逻值班，而聘用这些专职保安并维持正常工作状态，物业管理单位平均每月应支付费用15000元左右。不仅如此，小区公用设施维护费、各项费用统收服务费、绿化费的收费标准，也同样存在着明显偏低的现象。因此，在服务价格大大低于服务成本的情况下，物业管理企业的经营难以形成良性循环，长此以往，服务质量的保证自然缺乏必要的经济基础。其次，在收费执法监督问题上，对于物业产权人、使用人来说，可以通过消协、物价、房管甚至法院等途径维护自身合法权益。而对物业管理单位来说，由于受到分户收费金额小、欠费住户数量多和欠费原因复杂等因素的制约，在目前情况下，要通过法律手段监督和强制物业产权人、使用人交纳物业管理费，存在着诸多的实际困难。

五、物业管理服务收费的政策调整

纵观新加坡和我国香港、深圳、上海等发达国家和地区物业管理的发展历程，我们不难看出：一个地区物业管理的兴起和健康发展，都与当地政府创造的良好的政策环境息息相关。北京市物业管理服务收费面临的种种问题，同样也要求我们对现行的有关政策做出必要的调整。

1. 均衡与互惠——物业管理服务收费政策调整的价值取向

从以上多层次的分析可以看出，在物业管理服务收费问题上至少存在三方面无法回避的矛盾：

其一，物业管理企业为了在市场竞争中生存和发展，就必须以追求经济效益为目标，有偿服务正是基本手段之一；而对物业产权人和使用人来说，其目标是以最低的费用支出获得最好的服务。所以，管理服务者追求经济效益和服务对象要求优质低价之间存在着矛盾。

其二，物业管理单位为了提高管理水平，改善服务质量，就必须加大人力、物力的投入，提高管理服务的成本费用；而现行政策规定的收费标准偏低，在很大程度上抑制了物业管理企业的收入水平。所以，管理投入的高成本和收费政策的低标准之间存在着矛盾。

其三，政府为尽快培育物业管理市场，必须尽可能实现物业管理企业自主经营，增强企业的经济实力，其中基本手段之一就是提高物业管理收费水平；而对于刚刚走出计划经济模式的物业产权人、使用人来说，物业消费观念尚未形成，经济承受能力有待提高。所以，政府培育市场目标和服务对象承受能力之间存在着矛盾。

如何处理好这三大矛盾，是物业管理收费政策成败的关键。

我们知道，政策作为政府行使职能的一个重要手段，是为一个国家或地区整体发展目标服务的，收费政策也不例外。政策要想得以顺利实施并发挥应有作用，一个重要的前提条件就是该政策最大限度地调和各种矛盾，充分平衡有关各方的经济和社会关系，并在此基础上实现各方的利益互惠。

反观北京市现行的物业管理收费政策，由于过多考虑服务对象的经济承受力和现实利益，使得物业管理的收费定价偏离了价值规律，物业管理服务的价值得不到应有的补偿，物业管理企业应有的利益得不到保护。从短期来说，似乎物业产权人、使用人得到了实惠，但由于缺乏足够的经济支持，长此下去，物业管理的质量势必下降，反过来又会影响环境效益和社会效益，国家和服务对象的长远利益也将最终受到损害。因此，政策制定者在修改或制定新的收费政策时，务必淡化监管意识，将均衡和互惠作为基本价值取向，消除各种利益冲突，以切实保护国家、物业管理者和物业产权人、使用人的合法权益，促进物业管理行业的长久发展。

2. 扶持与激励——物业管理服务收费政策调整的原则目标

发达地区物业管理行业发展和繁荣的一个根本原因，就是得到当地政府强有力的扶助和支持。借鉴其他地区的先进经验，我们认为，以社会整体和长远利益为出发点，北京市物业管理收费政策调整的原则目标应当是：扶持物业管理企业的发展，激励物业管理行业竞争机制的形成。现阶段，扶持与激励原则在收费政策上可通过以下四个方面体现：

（1）应当以成本和利润为基础核定价格。物业管理属微利行业，在管理收费利润率的规定上，充分考虑物业管理服务的价值补偿,可以参照上海（15%）和深圳（8%）的标准，将利润率定在5%~10%之间。

（2）应当对物业管理实施特殊税收政策。一方面，要尽快改变公共维修服务收费不包含法定税费的不合理现状，使物业管理服务的价格构成更加合理；另一方面，可以从北京市的实际出发，对物业管理收费实施特殊优惠的税制，减免部分税费，减轻物业管理企业的经济压力。

（3）应当对物业管理实行财政补贴政策。这主要针对一些特殊居住物业而言，如出售的公有住宅、安居房、经济适用房等，基于这些住宅消费对象的特殊性和平均收入水平低的现状，由政府通过适当途径对物业管理费给予必要的财政补贴，有利于保护从事这一类物业管理的企业的积极性，推进住房制度改革的进程。

（4）应当逐步减少物业管理政府定价。根据目前北京市的收费标准过于单一、调节余地很小的特点，今后除了进一步提高优秀管理小区的收费标准浮动幅度和增加可调整收费项目以外，还要增加政府指导价和经营者定价的收费项目，同时，进一步引进物业管理收费招投标机制，实现真正的优质优价。

3. 务实与公平——物业管理服务收费政策调整的具体建议

作为北京市物业管理收费的基本政策依据，196号文件经过一年时间的实践，暴露出许多亟待解决的现实问题。我们认为，本着务实的态度，以公平交易为基础，在客观条件具备的前提下，可以对现行的收费政策做必要的修改。

（1）参照建设部《物业管理合同示范文本》及深圳、上海的现有做法，将现行大多数的物业管理收费项目合并归一，统称物业管理费，以每平方米（建筑面积）为单位核定费用标准，这样既简化了收费工作程序，也便于物业管理企业的经济核算。

（2）改变现有收费标准过于单一固定的缺点，细化收费等级，在提供一个基准价格的前提下，根据居住小区的实际条件和物业管理的服务水准，允许物业管理企业在行业主管部门监督下，上下浮动收费价格。

（3）严格界定"产权人"的概念。按照196号文件，出售公有住宅的单位和购买安居楼房的职工所在单位均属于"产权人"的范围，由于这些单位实际上对相关物业并无拥有法律意义上的产权或只拥有小部分产权，"产权人"的称号给这些单位带来的只是"交费"的义务，而无任何实际的权利，这是造成有关单位拒交或欠交相应费用的主要原因。随着住房制度改革的深入和经济适用住房工程的推广，对"产权人"这一交费义务主体重新做出界定，将变得更为迫切。

（4）提高部分收费标准，增加个别收费项目，明确服务责任界限。对于部分明显低于成本的收费标准，应根据实际情况作相应提高，如保安费、小区公共设施维护费和各项费用统收服务费等；针对无经费来源而物业管理企业实际提供服务的现状，应适当增设收费项目，如装修管理费、空房管理服务费、消防设施维护费等；对于个别权利义务关系明显不对等的收费项目，应对服务责任的规定作相应修改，例如：按照196号文件规定，机动车存车费的标准仅为每月150元，但如果发生车辆丢失，物业管理单位则应承担几万甚至几十万元的车辆赔偿责任，这一政策将机动车丢失风险全部转嫁给物业管理单位，是显失公平的。

六、解决物业管理收费问题的有效途径

物业管理企业要实现专业化、社会化、市场化经营，具备足够的管理经费是关键。解决物业管理服务收费问题，对有关政策做必要的调整无疑是至关重要的。除此之外，根据北京市物业管理尚处于起步阶段这一实际情况，从物业管理企业的角度，从更加切实有效地解决物业管理服务收费问题出发，还应当做好以下几个方面的工作：

1.加强物业管理知识的宣传，提高收费工作重要性的认识

物业管理是新生事物，要取得社会的认可和业主的理解，必须加强物业管

理知识的宣传普及工作，采取各种形式向全社会推广物业管理，唤起相关群体的参与意识。在收费问题上，要使各级政府部门认识到此事事关物业管理行业的生存发展，要使业主认识到其最终受益者是产权人、使用人。只有政府、物业管理公司、物业产权人、使用人共同提高认识，才能真正做到达成共识，化解矛盾，减少纠纷。

2.运用高新技术成果，完善收费执法体系

高科技的全面介入是现代物业管理的一个新特点，在收费工作中，运用物业管理软件不仅能减少人工操作的失误率，而且使统计、分类、查询和核对等基础工作快速便捷、有条不紊。采用先进的智能卡技术使住户使用的水、电、煤气等费用只需通过一张IC卡就能准确及时地自动交付。运用高科技，不仅能降低收费成本，而且有助于提高费用收缴率和准确率。在处理拖欠物业管理服务费用问题上，物业管理单位如果经过耐心细致的解释和催讨仍未能奏效，最终就必须通过司法手段解决。从目前情况看，由于欠费个案数额小、群体分散，加上司法程序复杂，物业管理企业在收费问题上无法得到有效的司法救济。在完善收费执法保障体系上，我们可以借鉴香港的经验，尝试建立程序简单、并案处理的小额钱债赔偿法庭。

3.分清收费责任界线，扩大经费来源渠道

代行收费是由于北京市公用事业垄断经营而形成的一种极不合理的现象，它不仅加重了物业管理企业的工作负担，而且毫无代价地将拖欠费用的风险全部转嫁给物业管理企业。为解决这一问题，政府应尽快做出规定，改变旧有分段管理的做法，由有关供水、供电、供气和供暖单位直接自行负责住宅小区的收费和市政管线的维修养护工作。北京市物业管理企业普遍处于资金来源不足的困境，在一定程度上加重了企业对物业管理服务收费的依赖，物业管理企业要增强造血机能，就必须扩大资金来源渠道，目前最有效的办法是落实开发商的物业管理启动经费，利用商业配套设施开展多种经营创收，进而减轻物业管理服务收费的压力。

4.加强企业内部收费管理，降低物业管理服务成本

收费问题从一个侧面反映了北京市物业管理市场尚未成熟和物业管理竞争机制尚未形成的现实，随着物业管理行业"优胜劣汰、优质优价"名牌战略的实施，加强内部经济核算、降低管理服务成本，关系到物业管理企业生存和发展。不仅如此，政府行业主管部门还应指导和鼓励居住小区普遍建立业主委员会，通过业主委员会对物业管理企业的收费工作进行监督，增加经费管理和使用的透明度，使收费工作全面纳入业主自治和专业管理相结合的新型管理体制。

最后，应当指出的是，无论是研究物业管理服务收费的现实问题，还是寻找解决问题的最佳方法，我们都不能忽视这样一个基本的客观事实：居住小区物业管理服务收费问题是与北京市经济发展水平和经济体制改革现状分不开的，物业管理服务收费问题的根本解决，最终将取决于国民经济综合实力的增强和住房制度改革的深化。

美国和我国香港物业管理职业资格制度考察报告 2004年

美国和我国香港是物业管理市场比较发达的国家和地区，物业管理的服务水平很高，这主要得益于它们建立了比较完善的物业管理职业资格制度。为了尽快落实《物业管理条例》中关于物业管理专业人员职业资格制度的规定，吸收国际上建立物业管理职业资格制度方面成熟的经验，2004年3月，由建设部人事教育司、住宅与房地产业司、执业资格注册中心和中国物业管理协会以及地方人员组成的中国代表团，赴美国和香港地区就两地的物业管理职业资格制度进行了为期两周的考察活动。代表团访问了美国物业管理协会总会美国物业管理协会加利福尼亚橙县分会、以及香港房屋经理学会等机构，与美国及我国香港的物业管理业内人士就相关问题进行了全方位的交流。

一、美国物业管理职业资格制度概况

美国物业管理协会IREM（Institute of Real Estate Management）成立于1933年，总部设在芝加哥，在全美有80多个分会，是国家地产协会（National Association of Realtors）的附属组织。美国物业管理协会主要致力于物业管理从业人员的专业教育培训和职业资格认定工作，目前该组织的伙伴团体及国际会员遍布全球，并着手进行相关国际标准的制定工作。

美国物业管理协会对从事物业管理的专业人员颁发两种资格证书：居住物业管理经理（ARM）和注册物业管理经理（CPM）。从业人员取得上述证书，必须在专业培训、工作经验和职业道德三方面符合严格的认证标准。

（一）关于ARM

ARM（Accredited Residential Manager）即居住物业管理经理，ARM证书由IREM授予管理居住物业的专业人员，ARM候选人主要负责管理出租公寓、出租活动住宅、共管住宅、独栋家庭住宅及单身公寓等。

IREM规定授予ARM必须符合以下条件：

1．候选人必须接受IREM的职业培训，修满5个学分的课程，主要推荐课程包括以下科目：房地产维护和运营、市场与租赁、多产权物业的营销战略、会计学知识、场所管理等。

2．通过ARM资格考试。该项考试旨在测验候选人作为住宅物业管理经理的专业能力，考试的主要内容为维护运营、人力资源管理、职业道德、营销与促销等。考题一般采取多项选择题形式。

3．候选人必须承诺遵守并维护"ARM职业道德准则"。

4．具备住宅管理的经验。IREM要求ARM候选人具备最低住宅管理经历的要求，对于该项要求，IREM对候选人管理物业类型及最低组合要求、最低工作月份等都做了十分详细的规范。

同时，IREM规定，作为ARM申请者，申请人应交纳75美元的申请费，候选人可以在5年时间内保留申请资格，在此期间只要达到IREM规定的授予条件，即可被批准获得ARM资格。

（二）关于CPM

CPM（Certified Property Manager）是物业管理行业的最高资格，是IREM专为管理各类大型物业投资组合（住宅、商业、办公及工业物业）的专业人员设置的职衔，获得CPM资格意味着具备高水平的管理技能和经验、扎实的教育背景和卓越的工作业绩。CPM资格证书是全社会考察和评判物业管理从业人员专业能力的重要标志。

IREM规定授予CPM资格必须经过候选和正式注册两个阶段，要成为一个CPM候选人，从业人员必须符合以下条件：

1．提交CPM候选人申请并交纳一定的申请费；

2．高中毕业证书并达到法定年龄；

3．至少12个月的房地产管理经验；

4．同意进修物业管理经理职业道德课程；

5．取得当地IREM分会的同意。

CPM候选人经批准后，可在十年期间内达到注册条件并取得CPM证书。

在注册阶段，CPM候选人必须符合以下六个方面的条件：

1．进修一个全面的IREM培训课程，取得30个学分。

CPM候选人可以根据自身的需要来确定自己的培训课程，但每个候选人要取得至少30分的IREM课程，课程涉及领域较广,其中以下课程为必修课程：职业道德规范、市场与租赁、人力资源开发战略、房地产维护运营、财务预算与金融、房地产估价与测评、房地产投资决策、物业管理计划等。同时，为方便候选人，IREM采取课堂教学、在家自学和网上教育等多种授课方式。

2．CPM证书考试合格。

候选人应通过IREM组织的证书考试，该考试主要目标在于检验候选人的资产管理知识与能力，考试的内容主要在于管理经验和专业知识两方面，包括:物业维护运营、人力资源管理、营销与出租、金融操作、资产管理、合法性与风险管理等等。考题一般为多项选择题。

3．准备一份资产管理计划书或者成功通过管理计划的能力评估。

候选人可根据IREM的详细指南自选一个实际的物业项目撰写计划书，同时IREM还可以采取课堂评估方式测试候选人的物业管理策划能力，目标是使IREM全面了解候选人运用课程学到的知识从事专业工作的能力。

4．参加IREM道德课程并通过考试，承诺遵守并维护"CPM职业道德准则"。

5．具备五年以上的物业管理或资产管理经验。

IREM测试候选人的经历主要通过管理物业类型、职责和时间等三方面的指标，并根据候选人的物业经理或资产经理的身份规定不同测试标准。

6．取得100个选修学分。

CPM候选人可以通过多种方式积累选修学分：（1)大学本科学历；（2）大学特定课程；（3）其他专业房地产协会的课程；（4）其他资产管理的资格；（5）超过五年以上的资产管理经验。

除进行ARM和CPM资格认定以外，IREM还针对物业管理公司授予合格管理机构（AMO）称号，申请AMO的候选公司应从事房地产管理行业满三年，并且应当拥有一名CPM，而且该CPM在申请程序之前已在管理职位上超过180天，除此之外，IREM还在培训课程、职业道德、保险、资信等方面要求候选公司达到规定的标准。

二、香港物业管理职业资格制度概况

由于历史的原因，香港地区的物业管理职业资格制度受英国影响较深。1996年，英国特许屋宇经理学会香港分会（现更名为亚太分会）根据香港社团法例成立。1988年，香港房屋经理学会按照香港公司法例以有限公司注册，并于1997年按照香港房屋经理学会法例正式成立为注册法团。此外，香港目前还有地产行政学会、物业管理公司协会等物业管理的专业团体，这四个团体还以松散联合的形式组成香港"不动产服务联盟"。本报告以香港房屋经理学会为例介绍香港的物业管理职业资格制度。

香港房屋经理学会会员人数现已超过2600人，其中注册房屋经理800多人，其会员管理的房屋占香港所有房屋的70%。学会的一项主要职能是为物业管理专业人士举办课程培训和专业考试。学会与香港大学专业进修学院联合举办"房屋管理文凭"的在职训练课程，该课程包括房屋事务、建筑、法律、房屋财政、物价评估、管理学、房屋经济、社会政策等科目，学员必须参加不少于700小时的讲授课程并在考试中取得合格成绩。另外，学员必须完成一项学术报告，接受两年系统的实习训练。只有满足以上条件的学员，方可申请为房屋经理学会会员。

香港房屋经理学会设有七种会籍：（1）名誉资深会员；（2）资深会员；（3）会员；（4）附属会员；（5）联系会员；（6）注册学生会员；（7）退休会员。所有会员在入会时必须经过学会理事会的审核批准，以审查申请人在教育、职务、职责和个人品格上是否符合既定标准。

为了提升物业管理的专业水平，香港房屋经理学会于1998年向政府建议设立注册及监管机构，1999年香港《房屋经理注册条例》正式发布，并于2000年4月成立房屋经理注册管理局。房屋经理注册管理局专职处理香港注册专业房屋经理事务并监管专业房屋经理的执业纪律。

香港房屋经理注册局成员共有16名，其主席由香港特别行政长官直接委任，其他成员由香港房屋经理学会委任，成员全部为物业管理业内的专业人士，任期两年，其主要职能包括以下几方面：（1）建立注册专业房屋经理名册；（2）评定和检讨注册标准；（3）审查和核定注册房屋经理的申请；（4）处理有关注册房屋经理行为的投诉；（5）就注册事宜向政府及学会提供意见。

凡房屋经理学会的资深会员和会员，均有资格登记成为注册专业房屋经理。通常，取得注册专业房屋经理资格应具备以下两项条件：（1）在香港取得不少于一年的专业经验；（2）香港房屋经理学会会员。如申请者为非香港房屋经理学会会员，则应具备以下两项条件之一：（1）其他房屋管理团体的成员，而且该团体成员资格标准不低于学会会员资格标准；（2）已通过或取得不低于学会会员资格标准的考试、训练或经验。

三、美国和我国香港经验的总结

尽管美国和香港在制度的具体操作模式上存在着诸多差异，但两地在物业管理职业资格制度上还是有一些共同特点，都为两地物业管理的高水平运作提供了保证，值得我们关注和借鉴。

（一）严格的职业资格管理，确保了物业管理从业人员的基本素质

以美国为例，IREM成立70多年来，一直认真把握ARM和CPM的认证条件，严格控制ARM和CPM证书的发放数量，尤其是作为物业管理高级管理人员资格的CPM，认定条件十分严格。在美国高度发达的物业管理体制之下，全美也仅有9000多名专业人士获得CPM证书，他们管理着全美上万亿美元的不动产物业，这使得获得CPM资格本身成为物业管理从业人员的一项极大荣誉，职业资格制度对确保美国物业管理的水平和质量起着至关重要的作用。

（二）职业资格是社会评判物业管理从业人员专业管理能力的重要依据

美国的IREM是典型的行业性社团组织，它所授予的CPM证书是对专业能力的行业认可，不具有国家认可的性质；同时，从业人员申请CPM资格没有强制性，并非所有从业人员必须取得CPM证书方能执业。香港虽然依法例设置房屋经理注册局并由特区行政长官任命注册局主席，但考察中我们注意到，香港房屋经理注册局与香港房屋经理学会、英国特许屋宇经理学会亚太分会等机构合署办公，注册局的日常事务是由房屋经理学会代行的。另外，香港法律规定房屋经理注册是自愿性质的，政府并无特别要求从业人员必须注册房屋经理。物业管理职业资格认定（或注册）虽然采用自愿原则，但是，无论美国还是我国香港，是否取得相关物业管理职业资格，都是社会评判物业管理从业人员和其所在机构是否具备管理能力的重要参考标准，这一点是共同的。

（三）培训、考试及资格认定（或注册）一体化的管理模式

在美国，无论是ARM还是CPM资格，其相关的培训课程、证书考试和资格授予均由IREM总会或分会负责。在香港，无论是房屋经理学会，还是英国特许屋宇经理学会亚太分会，均是负责进修课程（许多课程与高等院校合作）和专业考试的机构，同样负责注册的房屋经理注册局的成员也全部由上述机构的专业人士充任。

（四）专业技能和职业操守是取得职业资格的必备条件

美国IREM详尽复杂的ARM和CPM资格认定条件，无不建立在教育、经验与道德这三大素质基础之上，其中遵守并保证"职业道德准则"是必备条件，从业人员一旦违反IREM的职业道德条款，即被取消CPM的资格。香港的房屋经理注册条件，同样关注课程进修、从业经历和专业操守，《香港注册房屋经理专业操守守则》在专业操守、注册个人操守、对同僚的操守、对雇主及客户的操守以及对社会的操守等五方面对注册房屋管理做出详尽规定，并规定对违反者进行严格的纪律处分。

四、美国和我国香港经验给我们的启示

在我国，《物业管理条例》明确规定，国家实行物业管理从业人员职业资格制度。尽快建立有中国特色的物业管理职业资格制度，是《物业管理条例》出台后我们要抓紧进行的一项重要工作。通过这次考察美国和我国香港的经验和做法，我们可以得出以下有益的启示：

（一）建立职业资格制度是现阶段物业管理工作的当务之急

新通过的《宪法》修正案明确规定了"公民合法所有的财产不受侵犯"的

宪法原则，物业管理权是财产权的有机组成部分，物业管理是公民维护和实现财产权的重要手段。《物业管理条例》明确建立物业管理职业资格制度，更是让这项制度成为衡量我们是否依法行政的一项重要任务。实行物业管理职业资格制度，不仅有利于提高物业服务水平，最大限度地保护宪法赋予公民的财产权利，而且符合WTO商业规则，有利于我国物业管理行业尽快与国际接轨。

（二）建立职业资格制度是解决物业管理现实问题的有效手段

物业管理是市场化的产物，处于传统计划模式向现代市场模式转型期的我国物业管理，存在着专业化、规范化程度低，公信力缺失，相关矛盾尖锐等诸多问题。不少物业管理企业体制有缺陷，管理不规范，服务不到位，收费不公开，群众对这些问题的反映比较强烈，投诉上访数量逐年递增。部分"两会"代表、专家学者以及有关部门也一直呼吁政府加快物业管理法制建设，加大行政监督力度，严格实行市场准入制度。要解决这些现实问题，不能完全依靠市场，还需要科学的行业监管。美国和香港的经验告诉我们，建立职业资格制度，帮助业主选择具备专业能力和职业道德的物业管理企业和管理人员，是一种行之有效的捷径。

（三）职业资格应授予综合素质优秀的管理人员

参考美国和我国香港的做法，我国也应当从经验、学历、培训和道德四方面评判专业人员的综合素质，这就要求我们的培训工作进一步规范化、专业化，强调知识教育和技能教育的结合，倡导知行合一。同时，针对以往岗位培训中的薄弱点，应加大职业道德教育的分量，并将职业操守作为资格认定和注册中一项必不可少的内容。

（四）实事求是地设置职业资格的分级体系、培训课程和考试科目

根据我国的实际情况，参照美国的ARM和CPM资格，我国的物业管理职业资格可分为注册物业管理经理人和物业管理助理经理人两类，两类资格体系形成互为补充并各自独立的系统。注册物业管理经理人实行执业资格管理，物业管理助理经理人实行从业资格管理。经过申请和资格认定，物业管理从业人员可以取得物业管理助理经理人资格。物业管理助理经理人经过一定进修课程的培训，并通过严格的资格考试后，可以晋升为注册物业管理经理人。在这个思路之下，建议建设部和人事部要尽快出台《注册物业管理经理人管理办法》和《注册物业管理经理人考试办法》。同时，加强物业管理专业人员的培训，培训课程和考试科目的设置，应在体现我国特色（如集中于几本概括性较强的教材）的基础上，顺应物业管理与资产管理相结合的国际趋势，增加有关资产管理的培训课程和考试内容，以逐步改变我国物业管理行业专业化程度和人员素质相对较低的现状。

全面实施物业管理师制度的标志

2012年

——在全国物业管理师注册管理工作座谈会上的讲话

今天能够在天津召开物业管理师初始注册工作的启动大会，是一个值得庆祝、值得纪念的事件。从某种意义上说，这次会议是一个标志，标志着物业管理师制度的全面实施。

从2003年《物业管理条例》确立物业管理从业人员职业资格制度到今天物业管理师注册工作的启动，已经跨越了十个年头。回顾这十年我们走过的路，用两句话形容最为贴切：一是"十年磨一剑"，二是"千呼万唤始出来"。2005年《物业管理师制度暂行规定》出台，2006年成立物业管理师制度管理委员会，当年举行全国物业管理师认定考试，2007年全国共有1119名从业人员通过认定考试，取得物业管理师资格，全国物业管理师大会召开。此后，由于国家行政性收费立项工作暂停，直到3年后的2010年，全国首次物业管理师考试才得以进行。为了推动考试工作，我们付出的努力可谓不折不挠，当时的情景至今依然历历在目：促成财政部和发展改革委为物业管理师考试收费及标准分别立项，解决劳动人事部30万"物业管理师"的遗留问题，确认31个省级人事部门和建设部门关于考试的职责分工意见，请求个别省领导干预，人大代表、政协委员建议提案督促，恳请部领导出面协调，两部会谈备忘以达成共识。与此同时，在国家行政审批制度改革的大趋势下，物业管理师每年都首当其冲地成为建议取消的行政审批项目，我们年年都要向有关部门解释说明物业管理师制度存在的必要性，这一过程可以用"前有强敌，后有追兵"来形容。目前，全国已有43919名从业人员获得了物业管理师执业资格，今年正式开始的注册工作，是物业管理师制度建设迈出的关键一步。回顾十年来走过的道路，可谓艰难曲折，我们应当倍加珍惜这一来之不易的成果。

参加今天座谈会的既有各地行政主管部门的同志，也有执业资格注册中心和行业协会的同志，为了加深大家对即将开展的注册工作的理解，我重点谈谈物业管理师制度的重要性和注册工作的特殊性两个问题，希望对大家有所助益。

一、如何深刻认识实施物业管理师制度的意义

这一话题也许是老生常谈，但常谈不忘，常谈常新。我们不仅要从人力资本的角度看待物业管理师制度，而且要从物业服务行业发展战略的高度看待这一制度。概括地说，实施物业管理师制度的现实意义，主要体现在以下三个方面。

（一）实施物业管理师制度是破解物业管理现实难题的重要抓手

物业管理的现实难题是什么？是专业人才短缺和专业素质薄弱。物业管理需要什么样的人才？一位香港专业人士曾经做过形象的比喻：一个合格的物业管理经理，应当时而像个工程师，时而像个经济师，时而像个会计师，时而像个律师，时而像个牧师……总而言之，应该是一专多能的复合型人才。由于我国物业管理起步较晚，专业队伍建设跟不上行业跨越式扩张和膨胀的速度，我们的从业人员来自各行各业，专业背景多种多样，由于缺乏专业训练，导致整体素质参差不齐，加上行业普遍处于微利和亏损的状态，偏低的薪酬难以吸引高素质的人才（与开发企业比较），使得人才短缺成为行业发展瓶颈。提高从业人员专业素质，已经成为物业管理行业的当务之急。

1996年开始实行的上岗证制度，虽然发挥了一定的作用，但其初级性、实验性和弱强制性都决定了该制度的局限性。大家普遍形成一个共识：对从业人员实行更加严格的行业准入制度，是提高从业人员素质的必要途径。物业管理

师制度的推行，宣告了上岗证时代的终结，而《物业管理条例》之所以将物业管理师制度设立为行政许可，是基于两个基本判断：一是物业管理行业的公益性，物业管理服务直接影响人民群众的生活质量、人身和财产安全，也关系到业主共同利益和社会公共利益；二是物业管理行业的专业性，物业管理服务要求从业人员具有工程、管理、法律、经济等方面的专业知识，要求企业建立一套科学规范的管理措施和工作程序。

（二）实施物业管理师制度是促进物业管理科学发展的客观选择

与传统房屋管理相比，现代物业管理是顺应不动产管理国际化发展趋势的产物，其科学性主要体现在高度的市场化、专业化和规范化的特征，而物业管理师制度的实施则大大推进这一科学进程。

首先，物业管理师制度的实施，有利于促进物业管理的市场化进程。物业管理的市场化不仅表现为物业服务的等价有偿和市场选择，同样表现为物业管理劳动力要素的市场化。物业管理师制度，确立了物业管理职业经理人的社会地位，不仅有利于业主通过物业师的数量来判断选择高标准的物业服务企业，而且有利于物业管理师通过市场定价来选择从业单位。今后物业服务企业的竞争，将体现在以物业管理师为主要衡量标准的人才竞争上。

其次，物业管理师制度的实施，有利于促进物业管理的专业化进程。随着楼宇技术的智能化、物业功能的多元化、区分所有建筑的普及化和物业属性的资产化，物业管理的专业价值主要体现在物业设施管理、客户关系管理、客户行为管理和物业资产管理四个方面。物业管理师制度正是通过上述专业知识的培训和考试，来提升从业人员的专业技能和素养，加速行业的专业化进程。

再次，物业管理制度的实施，有利于促进物业管理的规范化进程。物业管理师制度通过规范物业管理从业人员来规范物业管理行为，进而规范物业管理市场，是解决物业管理行业诸多难题最有效的治标之法和治本之策。从规范人到规范行为，从规范市场到规范行业，实施物业管理师制度，是通过提高劳动力素质以实现物业管理政策法规目标的基础性工作。

最后，物业管理师制度的实施，有利于促进物业管理的国际化进程。美国的注册物业管理经理制度（CPM）、英国的皇家特许屋宇经理制度和香港的注册房屋经理制度，都对我国建立物业管理从业人员资格制度具有借鉴意义。物业管理师制度的实施，顺应了全球化进程加快和海外物业企业大量进入内地市场的时代潮流，加速了我国物业管理职业标准与国际惯例的接轨。

（三）实施物业管理师制度是推动物业管理持续进步的动力保障

物业管理师制度对物业管理市场化、专业化、规范化和国际化进程的推进，必然对物业管理行业产生深远的影响，全方位推动物业管理行业的持续进步。

1.行业竞争能力的提升。物业服务行业的劳动密集型特征，决定了人力资本是行业创造价值的关键要素，人才是物业管理的核心竞争力。《物权法》确立了建筑物的三种管理模式，与自行管理和其他管理人模式相比，物业服务企业由于拥有一支物业管理师队伍，自然在展示竞争能力和树立品牌形象上占据先天的专业优势，有利于业主将物业管理作为建筑物管理的首选模式。

2.企业风险意识的强化。物业服务行业是一种以较少资本管理业主庞大资产的行业，业主财产观念的增强和维权意识的提高，势必加大物业服务企业的管理风险。物业管理师制度要求物业项目的关键性文件，必须由物业管理师签字后实施，并承担相应法律责任，物业管理师权利、义务和责任的明确，有利于强化风险意识，提升企业的抗风险能力。

3.现代企业制度的完善。目前仍有许多物业服务企业尚未建立现代企业制度，在一定程度上制约了企业的做大做强。物业管理师制度要求物业项目负责人应当由物业管理师担任，意味着所有者和经营者分离、决策层和管理层分工是大势所趋，注册物业管理师担任职业经理人将成为常态。物业管理师大量出现，将为现代企业制度的完善奠定人才基础，有利于企业的兼并重组和优胜劣汰。

4.人才激励机制的优化。 物业管理师制度将物业管理师与中级技术职称挂钩，有利于激发从业人员主动学习和参加考试的积极性，同时也会吸引更多行业外的优秀人才进入行业内，随着物业管理师薪酬的增加和专业地位的提升，人才激励机制将逐步优化，进而促进人力资源的合理配置和有效利用。

5. 经济增长方式的改变。 发展现代物业服务业，要求改变传统粗放型"大而全"、"小而全"的物业经营模式。物业管理师制度的推广，为行业改变经济增长方式提供了可能，物业服务提供商向物业服务集成商的商业模式转变成为趋势，一批品牌企业将从直接从事低附加值的基础管理服务向承担高附加值的资产管理服务转变。

6.行业社会形象的改善。 长期以来，物业管理行业被视为简单重复劳动的提供者，社会认同感不高，公信力不够。物业管理师制度将物业管理师纳入专业技术职业资格证书系列，将大大改善行业的专业形象，提升行业的社会地位。

二、如何切实把握物业管理师注册工作的特点

物业管理师制度，是由考试、注册和执业三个基本环节构成的统一体。其中，考试是前提，执业是目标，而注册是承上启下的核心环节，是政府主管部门行使监管职责的重要平台和重心所在。在座各位的主要任务是受理和初审，是基础性的工作，事关物业管理师制度实施的成效。我认为，做好物业管理师注册工作，必须把握这项工作的六个特点，方能做到有的放矢、事半功倍。

（一）法定性（强制性）

物业管理师注册的法律依据是《行政许可法》、《物业管理条例》第三十三条和第六十一条的有关规定。这不仅是一项行政许可而且附带着法律责任，具有法律的强制性特征，法律责任的主体是申请人和审查审批机构。对申请人来讲，以不正当手段取得注册的，应当撤销注册并依法给予行政处罚。对于审查审批机构来讲，这是一项执行法律的工作，不执行法律或者执行中存在违法行为，将被纠正或者追究法律责任，申请人享有依法申请行政复议或者提起行政诉讼的权利。

（二）服务性（便民性）

应当在注册工作中体现政府职能的转变，体现服务型政府的工作作风。什么是服务型政府的特征？胡总书记的表述最为经典：在管理中体现服务，在服务中实现管理。注册工作的服务性主要表现在两个方面：一方面，注册是免费的，不向申请人收取任何费用；另一方面，网上注册与纸质材料并行的注册方式，网上注册方式节省了材料传递时间，简化了办事程序，提高了工作效率。注册中心和中物协研发注册信息系统，就是为了提供公共性的便民服务。

（三）专业性

注册工作不是简单的登记、盖章、发证，而是一项专业性很强的工作。专业性体现在两个方面：一是物业管理专业方面，例如企业资质、从业证明、执业经历、执业纪律、职业道德和继续教育，等等。二是行政许可专业方面，主要指行政许可的程序性要求，例如注册申请受理和初审工作不得由同一人办理，以确保程序合法和行为规范。又如不予受理和不予注册是不同的，不予受理是指在申请材料形式要件不全的情况下，由审查机构做出的决定，而不予注册则是指在申请材料实质要件不符的情况下，由审批机构做出的决定，两者均需向申请人做出说明，做出相关决定都需要你们的专业判断。

（四）真实性

真实性是权威性的前提。申报资料的真实性主要靠省级注册主管部门负责，把关是否严格事关注册工作成败和权威。审查机关要审查哪些材料？除了《物业管理师制度暂行规定》第三章规定的以外，还应当要求申报单位出具受聘企业的资质证书，以便为今后物业管理师制度和企业资质管理制度联动创造条件。在延续注册和变更注册中，关于执业行为的材料的真实性很重要，事关执业纪律的严肃性。对于申请材料真实性问题，我个人认为申请人与所在单位应当承担连带责任，"真实、准确、完整"的资料信息是基本要求，做不到这一点，就可能出现向不符合条件的申请人颁发注册证书的错误。在审查原件中应认真把关，并慎重使用"原件已核对"的印章。

（五）公开性

注册工作涉及公示和公告的问题。公示程序虽然《物业管理师制度暂行规定》第三章没有规定，但实际操作中肯定要有，时间是10天还是15天不重要（按惯例公示时间不计入审批时限），重要的是要体现对公众知情权和监督权的保护。公示期间有投诉、举报的，应进行核查并告知结果。审批结果还应当在公共媒体上公告，便于群众的查询和监督，杜绝暗箱操作的可能性。

（六）权威性（严肃性）

为体现注册工作的权威性和严肃性，注册公告由分管部长签发。注册证是允许注册申请人以物业管理师名义执业的依据和证明，禁止涂改、倒卖、出租、出借（挂靠）或者以其他形式非法转让。注册机构应当与行业主管部门配合，加强对被许可以物业管理师名义从事物业管理工作的从业人员（执业情况）的监督检查，保证注册证书的权威性和严肃性。

物业管理师注册工作是一个全新的探索，我们要善于借鉴其他行业的做法和经验，结合物业管理的行业特征，加强部门间的协同和配合，形成推动此项工作顺利开展的最强劲正能量。最后需要强调的是，注册的目标是为了执业，在开展注册工作的同时，我们应当着手执业标准、执业规范、信用档案、继续教育、执业检查和执业评价等工作的持续跟进，才能最终保证物业管理师制度落到实处，起到实效。

管理篇

任何创新都不能脱离原有的制度基础，不顾现有体系有序运作的创新是毫无价值的拔苗助长，在规范化服务未能保证的前提下，任何鼓吹"超值服务"的创新，都无异于不切实际的哗众取宠和自欺欺人。

常新以立久

见微而知筑

作者在久筑物业公司办公室

规则各异　殊途同归

2003年

——质量的三种评价标准

现代商业社会的市场竞争在诸多层面上展开，其中最具表象、最白热化的是质量竞争，而质量竞争本质上是标准之争。全方位、多视角地认识和把握质量的衡量和评价标准，是作为市场竞争主体的企业制定质量竞争策略的前提和基础。

客户的质量评价标准

竞争时代，五花八门的营销理论如雨后春笋，但都围绕着一个核心——客户。随着竞争的加剧，"客户是企业永远的伙伴"、"客户是我们的衣食父母"、"客户是上帝"等口号此起彼伏，客户被推崇到无以复加的至尊地位。既然客户是至高无上的，那么他们的质量评价标准无疑具有一锤定音的功效。

客户评价产品（或服务）质量的标准是什么？最权威最精练的表述只有两个字——满意。满意是什么？它反映了需求得到满足的程度。于是，我们对客户质量评价标准的研究似乎应该从识别客户的需求开始。客户需求是什么？有显性的需求和隐性的需求，有约定的需求和法定的需求，有暂时的需求和长期的需求，有变动的需求和稳定的需求，有主要的需求和次要的需求，不同的客户对同一产品具有不同的需求，同一客户在不同时期对同一产品也有不同的需求指向……"需求"这一看似简单的名词，却有着极为丰富的内涵，而为了识别客户的需求进而满足客户的需求，又让多少具有进取心的企业绞尽脑汁，什么BPR（商业流程再造）、CRM（客户关系管理）、CS（客户满意）……十八般武艺用尽，能换得客户真心欢颜的英雄企业可谓寥若晨星。

不可否认的是，以客户满意作为质量评价标准，是质量管理理念的一个重大转变，符合质量管理的普遍规律，所以2000版的ISO 9000族标准将"以顾客为关注焦点"奉为首要原则。但是，"客户满意"这一评价标准的局限也是显而易见的：首先，满意是一种主观的心理状态，通常情况下看不见、听不清、摸不着，更是难以量化和比较；其次，满意是多种因素综合作用的结果，对某种产品是否满意，不仅取决于产品本身的质量，还取决于接受产品时的相关环境、心理诉求甚至消费偏好；再次，满意具有相对性，原先被认为满意的产品，经过一段时间后可能会引起客户不满，不同的客户，由于需求偏好不同，可能对同一产品的满意程度不同；最后，满意并非客户在纯理性下的判断结果，趋利避害是人类的天性，在自利倾向的诱使下，客户容易对产品质量产生不切实际的幻想，在竞争激烈的营销氛围下，消费者容易被宠坏，进而对产品质量提出自己一厢情愿的苛求。

由此可见，"客户满意"这一评价标准，看似简单，其实最为捉摸不定和难以把握。根据盖洛普公司2002年调查结果显示，即使作为房地产业领跑者的品牌企业万科，其客户满意度也仅为70%~80%。但是，如果我们透过无数纷繁复杂的满意或不满意表象，就会发现所有的"客户满意"都有一个共性的本质：追求最优的质量价格比，换句话说，所有的客户都希望用最低的价格获得质量最佳的产品，这是实现客户满意的基本条件。而能否满足客户追求最优的质量价格比的需求，是市场竞争对每一个参与者的检验，也正因为如此，"客户满意"才成为企业生存和发展的永恒追求和最高境界。

企业的质量评价标准

虽然所有企业都会宣称追求"客户满意"是本企业的质量方针和目标，但在现实中，每一个企业在质量的追求和评价上都有自己的算盘和标尺，这是由企业追逐商业利益的逐利性本质所决定的。企业向社会提供产品的原始动力和终极目标是获取经济利益，质量管理作为企业管理战略的一部分，同样应该围绕这个原始动力和终极目标展开。所以，企业的质量评价始终离不开经济标准，不考虑经济基础的纯而又纯的"客户满意"的质量评价标准，是没有根基的空中楼阁。

质量背后的成本标准。企业首先要考虑质量与成本的关联性，在成本（代价）不一样的情况下，产品的质量是难以比较的（单纯地判定花一元成本生产的糖果的质量比花一角成本生产的糖果的质量好，是浅薄而无意义的），评价质量的时候应当考虑成本的局限条件，不能脱离获取特定质量应支付的成本要素来评价质量。实际上，不同成本下的质量评价，涉及行业发展中的市场细分的问题，企业应当根据成本的不同区分不同的产品类型、服务档次和内容，从而形成不同类别和层次的质量标准，分别适应不同客户群体的价格承受能力，实现不同客户在各自成本质量标准下的各取所需。

质量面前的收入标准。企业还要考虑质量与收入的关联性，假设产品获得的客户满意程度很高，应当说该产品在很大程度上是符合客户质量评价标准的，但是，如果这种很高的质量评价没有进一步反馈到企业的经营收入上来，那么这种质量评价对于企业来说，就存在着"失真"或"失实"的现象。所谓"失真"，是指评价存在虚假的成分；所谓"失实"，意味着客户满意对企业来说没有落到实处。以物业管理服务为例，如果某物业公司调查得出的客户满意率为90%，但收费率仅为60%，分析这种情况，存在两种可能性：一种是客户满意率调查方法错误或结果虚假；另一种就是获得满意的客户并未将满意化作交费的行为（现阶段公房和房改售房物业管理中享受服务对象和交费对象分离的状况就是一个典型例证）。质量评价与经营收入的背离，显然违反企业以质量管理促经营收益的初衷，如果没有凭借高客户满意度得到应有的收入回报，对于企业来讲，质量评价就演变成一场"为质量而质量"的作秀！

企业评价质量的最终标准是什么？我们也可以用最精练的两个字表述——效益。无论企业树立什么样的质量方针和目标，无论企业投入什么样的资产和资源，无论企业采取什么样的过程和方法，其对质量的评价始终离不开经济的验证方法。所谓质量的经济验证方法，就是从质量收入与质量成本的差额对比中验证质量的经济收益，进而评价企业的质量效益。理解了"质量效益"这一概念，我们就能明白：为什么企业在决定是否采取质量管理的纠正和预防措施时，要考虑不合格品对企业的综合影响程度（例如：某产品的合格率达到99%时，如果要消除1%的不合格的原因，可能要增加10%的投资，企业权衡后，可能决定不再采取措施纠正不合格）。同样，我们在进行质量策划时，会综合考量成本、收益、资源、风险等多方面因素后务实地抉择。

行业的质量评价标准

"客户满意"的评价标准存在过于感性之嫌，"质量效益"的评价标准难逃过于功利之名，那么，是否存在一个较为客观、中立的质量评价标准呢？随着实践的需要和认识的深入，人们逐渐达成了共识，应该找出一个交易双方均可接受的"普适标准"，以作为沟通的工具和契约的条件，行业的质量评价标准由此应运而生。

行业的质量评价标准，力图在"客户满意"和"质量效益"之间寻求一个最佳的平衡点，力图以客观、中立的标准为交易双方创造对话条件。行业的质量评价标准，最初以产品标准的形式出现，后来制订者发现如果企业提供产品的过程不规范，就无法最终保证产品的规范，于是就出现了过程性评价标准（如ISO 9000系列标准）。同样，质量管理的基本原则，也经历了"以企业为中心"向"以客户为关注焦点"的转变。

行业的质量评价标准，是行业自律规则体系的一部分，不仅是行业内企业质量评价的基本尺度，而且凭其专业化水平和相对中立的立场，对相应客户也具备一定的公信力。所以，它为企业与客户在质量标准上的沟通提供了桥梁，是企业与客户实际交易中质量评价的标准样本，它有利于调和企业与客户在质量评价标准上可能存在的过大悬殊，并且容易成为双方签订契约的引用标准。由此，我们可以看出，行业的质量评价标准在减少交易成本、提高交易便捷方面，具有不容忽视的作用。

如同客户和企业的评价标准一样，行业的质量评价标准也有其不可克服的局限性：虽然标榜"客观"、"公正"、"中立"，但既然是人制订的标准，就离不开主观的判断，而且行业标准一定是业内人士所订，所以，行业标准似乎与行业保护难逃干系，这是其一；行业规则是对行业质量管理实践概括和总结的产物，来源于实践，也始终滞后于实践，在"只有变化是唯一的不变"的现代社会，作为规范的质量标准，如不顺应现实作及时的废、改、立，就会落后于现实，成为僵化的"质量教条"，这是其二；其三，行业的质量评价标准是一种基础性标准，并不代表行业质量的最高水平，客户以此为标准，难以确定满意程度，企业以此为标准，无法与竞争对手形成差别优势并占据主动。

同是质量评价标准，客户的质量满意是建立在最低的价格和最好的产品的基础上，企业的质量效益是建立在最小的成本和最大的收益的基础上，而行业的质量规范则是建立在行业的平均水准和客户的接受程度的基础上。三种规则、三种观念、三方立场，似乎南辕北辙，各行其道，让人有雾里看花、水中望月之感。不可否认的是，针对某个特定的产品或过程，从局部和短期来看，三种评价规则可能存在着背离甚至冲突，但是，如果我们将它们置于足够广阔的历史时间和市场空间去考量，就会发现，从长远和整体利益最大化的角度出发，三方立场将趋于统一，三种理念将不谋而合，三种规则将殊途同归。于是，就有了这样一条规律：**既没有客户满意而企业效益不良的产品，也没有企业效益良好而客户不满意的产品，更没有按照脱离客户和企业的行业标准提供的产品，能够获得市场的认可！**

在规律面前，企业家的底蕴和远见将经受考验。

制度价值的重新审视

2002年

——为什么我们要编辑《手册》

值此久筑物业诞生八周年之际，我们奉献上一份微薄的礼物——《久筑物业工作手册》。或许我们的收集、整理和编辑工作微不足道，但此刻我们的心情，如同一位将散落的珍珠串成美丽的项链的工匠。

前年，当"组织资本"这个新名词被首次引进《久筑人》时，我们清晰地感觉到久筑物业在组织资本上的缺失和薄弱。虽然制定了五花八门的管理制度，但我们的每个员工是否熟悉并自觉地遵守这些制度？虽然规定了分门别类的职责程序，但我们的每个员工是否充分领悟并在工作实践中融会贯通、协调配合？虽然积累了这样那样的经验和教训，但我们如何加以总结分析并使之成为久筑人共同的无形资产？要增强久筑物业的组织资本，似乎有许多的工作要做，但都离不开制度建设和完善这一基础性工作，而对已有制度和文件的归纳和总结是最为便捷有效的方式，于是也就有了编辑《手册》的最初想法。

去年，久筑物业开始进行2000版ISO 9001质量体系的宣贯工作，在组织内审员编写程序文件的过程中，我们再一次发现了部分员工对公司现有制度规则的陌生。这种情况下，与其任凭咨询机构照猫画虎、生搬硬套地指导我们员工抄袭同行的工作文件，不如静下心来收集、整理和修改我们几年来根据久筑自身实际制定的一系列规章制度，或许更能起到事半功倍的效果。基于制度成本与制度收益的综合考量，在放缓贯标工作步伐的同时，我们更深刻地感受到了编辑《手册》工作的紧迫性。

于是，《手册》便成了我们今年的劳作和收获。

不可否认的是，在专家眼里，即使在体例和编排上存在着些许创新，我们的作品也仅仅是一个公司工作文件的汇编。但是，对于多年与久筑物业同呼吸共命运的久筑人来说，这本小小的《手册》所包含的内容就远远不止这些。重新审视这件凝聚着八年来所有久筑人心血的作品，我们不难发现其独特的存在价值。

《手册》是我们规范化管理服务工作的标准和依据。物业管理劳动密集型和服务密集型的行业特征，物业管理服务对象的多样性、稳定性和长期性，都决定了物业管理企业必须提供规范化的服务产品。实现规范化服务，要求每一项服务工作乃至每项工作的每一个环节都有章可循，避免因人为因素造成操作程序上的随意性和差异性，以保证统一出品的服务产品的稳定性和高标准。实现规范化服务，离不开基本制度前提，对于久筑物业来说，这一制度前提包含两方面的内容：内部管理制度和外部服务制度。尽管在企业的不同发展阶段有不同的侧重，但从市场竞争的实践来看，久筑物业的核心竞争力，应当建立在内部管理制度和外部服务制度的并重发展和相辅相成之上，同时也必然在企业组织内管理和组织外服务的高度和谐统一中得以验证。

《手册》是我们企业人力资源培训的教科书。提高企业组织资本的一个基本手段，是加强企业内部培训。培训工作是使货币资本、人力资本和组织资本紧密结合并共同发挥作用，进而创造企业利润的核心环节。多年来，困扰久筑物业培训工作开展的一大难题就是培训教材的缺乏，随着《手册》的推出，我们开始真正拥有了一部属于久筑自己的内部教科书。与官方的教材相比，《手册》在系统性、普遍性、理论性和权威性上的缺乏自不待言，但作为有针对性的企业内部工作规范，《手册》在本地化、细节化、实用性和可操作性等方面的探索，具备了许多不可比拟的实践优势，《手册》对久筑物业特有的企业理念的灌输和久筑人日常的管理服务工作的指导，具有其不可替代的作用。

《手册》是我们管理经验的总结和制度创新的基础。八年的物业管理实践，我们培养了一支管理队伍的同时，也积累了诸多的经验和教训，而编辑《手册》，正是全面总结和充分利用久筑管理经验这一宝贵财富的重要手段。通过《手册》，公司各部门、各管理处和各个员工之间的经验、信息和工作规程能够得以充分的交流和共享，有利于实现资源的合理配置和部门间的默契配合，从而最大限度发挥制度资源对生产效率的促进功能。当然，制度并非一成不变，面对复杂多变的市场环境，久筑物业也应不失时机地进行制度创新。但是，任何创新都不能脱离原有的制度基础，一个不在有序运作体系上的创新是毫无价值的拔苗助长，在规范化服务未能保证的前提下，任何鼓吹"超值服务"的创新，都无异于不切实际的哗众取宠和自欺欺人。因此，从继承和发展关系的角度看，《手册》应是今后久筑物业修改、丰富和完善各项规章制度的参考依据，是未来久筑物业制度建设推陈出新的奠基石。

《手册》是我们企业文化的有机构成和企业品牌的重要标志。企业文化是企业管理的最高境界，它在扩大企业的外部交易边界和减少企业的内部交易成本中，起着不容忽视的催化作用。一个具有优秀文化传统的企业，在其先进的经营管理理念、超常的内部凝聚力和团队精神的背后，是一整套健全完善的规章制度和行为准则。表面上看，久筑物业的企业文化建设似乎始于《久筑人》的创刊，但从制度层面上说，久筑成立伊始，我们就开始了企业文化的制度创建工作，《手册》正是通过对这一历程的全方位、多视角的描述，再现了久筑物业八年不同寻常的历史。不仅如此，在物业管理服务质量日益同质化的今天，品牌竞争将成为物业管理市场竞争的主旋律，而企业品牌的基本标志之一是制度化的管理。所以，我们更有理由寄希望于《手册》，希望其鲜明的风格和务实的精神，能够成为我们梦想中久筑品牌的一道彩虹。

重新审视这件作品,我们同样无法回避过往的失误和现实的无奈。从制度经济学角度来看,久筑物业尚未建立起真正的产权明晰的现代企业制度,这将从根本上制约着企业的长远发展,在基本管理制度问题未解决的情况下,企业其他制度建设方面的优势就如同缺乏基础的空中楼阁。根据经济学家诺斯的观点,制度是一种激励机制,是一种激励安排,虽然我们近几年开始了一些改革尝试,但在利用制度激励员工发挥创造力、提高生产效益方面,我们还有很长的路要走。从微观管理层面考察,我们的细节管理仍存在明显的缺陷,许多领域仍无法避免地存在着制度真空,我们仍无法克服制度成本高昂与制度收益低效的矛盾,一言以蔽之:时至今日,我们仍未能从根本上摆脱粗放型的经营管理模式。

尽管如此,这件远非尽善尽美的作品,却是在局限条件下为实现久筑利益最大化所做的最优选择的结果。八年来,我们孜孜以求地建立制度,一如既往地尊重制度,不失时机地创新制度,持之以恒地致力于通过制度建设丰富发展久筑物业的文化内涵和品牌特质……从这个意义上说,我们未曾辜负这八年。

停车合同的性质和管理风险的防控 2005年

一、变化中的停车服务环境

在论及物业管理中机动车停车服务风险的时候，我们不可能回避在为时不长的行业历史中出现的为数不少的不公正判例，那些司法判例尽管出自不同的案件事实和裁判理由，但给从业者的警示却是相同的：物业管理停车服务中伴随着巨大的管理责任风险。

然而，同样不可忽视的是，同二十年前乃至十年前相比，物业管理外部环境的变化是惊人的，停车服务也概莫能外。其一，停车设施的多样化和停车空间的立体化，以及与其相适应的停车管理的科技化和专业化；其二，停车设施产权多元化，停车价格市场化，停车管理服务的费用构成更加清晰透明；其三，保险制度日益完善，公众责任险逐步引入停车管理，相关保险费用成为停车服务支出的必要构成；其四，执法司法专业化水平不断提高，对停车服务中管理责任的认识日趋客观理性；其五，立法环境有重大改善。2003年6月出台的《物业管理条例》（以下简称《条例》）第三十六条规定："物业管理企业未能履行物业服务合同的约定，导致业主人身、财产安全受到损害的，应当依法承担相应的法律责任"；第五十五条规定："利用物业公用部位、共用设施设备进行经营的，应当在征得相关业主、业主大会、物业管理企业的同意后，按照规定办理有关手续。业主所得收益应当主要用于补充专项维修资金，也可以按照业主大会的决定使用"。上述规定以法律的形式明确了停车管理的法律责任和停车收益的归属。

停车服务环境的上述变化，是现阶段我们考量停车管理风险时必须予以注意的，其中以《条例》出台为标志的一系列立法环境的变化尤其值得关注。

在国家立法已经正本清源、防范控制停车管理风险的相关条件逐步完善的大背景下，我们有理由相信，物业管理企业无条件地承担无限责任的时代将成为过去，这是我们进行停车管理风险分析时应当具备的宏观视野。

二、停车合同的法律性质

虽然停车合同可以表现为正式的书面协议，也可以通过停车管理服务的事实来推定，但物业管理企业与车主（业主或非业主使用人）之间存在的停车合同关系是其承担管理责任的基本依据，是一个不争的共识。对于停车合同的性质，司法界和理论界看法不一，其中主要有两种观点：一种认为是保管合同，另一种认为是租赁合同。由于事关物业管理企业法律责任的承担，因此，如何理解停车合同的法律性质，自然成为研究停车管理风险的核心问题。

（一）停车合同不是保管合同，看管不等于保管

在大多数停车合同的一般条款中，虽然都包括停车场地的看护、停车秩序的维护等管理服务的内容，甚至合同的名称也冠以"停车管理合同"，但仍不能据此认定停车合同为保管合同，因为它不符合《合同法》中保管合同的基本特征。

1. 保管合同是实践合同，以寄存人交付保管物、保管人直接占有保管物为前提（见《合同法》第三百六十五条、第三百六十七条）。停车合同是诺成合同，双方意思表示一致，合同即为成立。在物业管理的停车服务中，车主既没有将车辆交付物业管理公司，物业管理公司也没有实际占有并控制业主的车辆（车钥匙在车主手中）。

2. 寄存人未按照约定支付保管费和其他费用，保管人对保管物享有留置权（见《合同法》第三百八十条）。在物业管理的停车服务中，当车主拒不支付停车费时，物业公司无力也无权留置相关车辆。

3. 保管合同为有偿合同时，根据交易习惯，保管物的价值与保管费的高低呈正比（即正相关关系）。在物业管理的停车服务中，物业管理企业并没有根据车辆的价值高低调整停车收费的标准，不同价值车辆的车主所支付的停车费是相同的，奔驰车并不因其价值远远高于奥拓车而支付更多的停车费。

4. 保管人应向寄存人给付保管凭证，并随时返还保管物，同时不得将保管物转交第三人保管（见《合同法》第三百六十八条、第三百七十一条、第三百七十六条）。在物业管理的停车服务中，在合同期限内，由于车主停车取车的次数为不特定的多数，如果按照保管合同来界定，每次停车和取车就意味一个保管合同的成立和终止，那么一个停车合同将由无数个时间间隔长短不一且并不连续的保管合同构成。同时，每个合同的成立都要求物业管理企业提供凭证，并允许车主随时终止合同提取保管物，而且禁止物业管理企业将停车管理服务业务委托第三方专业公司，如此界定显然有悖法理且过于苛刻。

由此可见，以往以认定物业管理企业与车主之间构成保管合同关系为基础的多数判决的错误不言自明。那种赋予物业管理企业以保管人的严格责任的做法，虽有利于保护车主的利益，却由于将所有停车安全风险转嫁给物业管理企业而有失公平，进而不利于停车管理服务工作的开展。退一步说，假设我们承认停车合同具有一部分"看管"的内容，但"看管"不能等同保管，由于车主对车辆的实际控制权，势必加大物业管理企业的管理难度，根据法律的衡平原理，"看管"难度的增加自然构成减轻"看管者"责任的事由，因此，要求物业管理企业以常规物品保管人身份完全承担停车安全风险，是显失公平的。

（二）停车合同并非租赁合同，租赁不排除管理

应当承认，与保管合同相比，停车合同的许多特征与租赁合同更为相近，虽然业主签订停车合同的动机并不单一，但其最主要的目的是停车设施的使用，而租赁是业主获得停车设施使用权的主要方式。但是，由于物业管理企业并非停车设施的所有权人，在多数情况下不具备出租人的身份，所以停车合同的租赁性质同样应当具体分析。

1. 停车设施为建设单位所有的。建设单位可以直接向业主出租停车位，而将停车场的管理服务委托物业管理企业，这种情况下，物业管理企业与建设单位所签的停车管理服务合同为劳务合同，物业管理企业向建设单位负责，业主的停车风险由建设单位承担；建设单位也可以委托物业管理企业出租停车位和管理停车设施，并根据委托合同的约定获得租金收益，在这种情况下，物业管理企业以自己的名义与业主签订的停车合同，具有租赁合同的性质。

2. 停车设施由相关业主购置所有的。物业管理企业与车主签订的停车管理服务协议，主要以约定停车设施的日常保养和停车场所的秩序维护为基本内容，该协议不具有租赁合同的性质。

3. 停车设施由全体业主共有的。如果受业主大会委托，物业管理企业代为出租停车设施并提供管理服务，物业管理企业以自己名义与业主签订的停车合同，具有租赁合同的性质；如果未得到业主大会出租委托，物业管理企业仅收取管理和维护停车设施所需的必要费用，那么其与业主签订的停车管理服务合同并不具有租赁合同的性质。

所以，此时我们必须区分"停车合同"和"停车管理服务合同"两个不同的概念，只有物业管理企业接受建设单位或业主大会的出租委托，以自己的名义与业主签订的停车合同，才具备租赁合同的性质。即使这样，由于业主在订立停车合同时一般均知道物业管理企业与建设单位或业主大会之间代理关系，根据《合同法》第四百零二条之规定，停车合同可直接约束建设单位和业主大会，作为代理人的物业管理企业无须单独承担出租人的法律风险。但是，这并不意味着物业管理企业可以不承担任何管理风险，租赁不排除管理，由于此类停车合同除了租赁停车设施的内容以外，往往约定了许多超过租赁合同范畴的条款，例如：停车设施的运行管理、停车秩序的维护等，业主在停车合同中对物业管理企业的定位不仅仅局限于出租人。如果以租赁合同的定性来排除物业管理企业相应的管理服务义务，同样可能因为对业主的不公平而丧失法律的正当性。

（三）停车合同是混合合同，管理责任由合同约定

通过以上分析可以看出，无论是包含停车设施使用内容的停车合同，还是仅以管理服务为标的停车管理服务合同，我们都不能将其视为保管合同，无端加重物业管理企业的管理风险；我们也不能将其等同于租赁合同，无条件免除物业管理企业的管理义务。实践中，任何以《合同法》中有名合同的条款套用停车合同的做法都是有所偏颇的。

作为一种无名合同，大多数的停车合同（不包括单纯的停车管理服务合同），既有租赁合同的部分特征（以物的使用为目的，诺成性、有偿性等），又有保管合同的部分特征（必要的看管义务等），具有混合合同的性质。物业管理企业在停车合同中所承担的财产安全责任，应类似于其在物业服务合同中的违约责任，也就是按照《条例》第三十六条的规定，更多地遵循意思自治和缔约自由的原则，根据服务内容、收费标准和权利义务等因素，与业主通过平等协商的方式合理约定。

三、管理风险的防范控制

既然大多数停车合同兼具租赁合同和保管合同的部分特征，根据《条例》的相关规定，结合目前物业管理区域内停车设施的所有权归属状况，不难看出，现阶段物业管理企业的停车管理风险主要表现在两个方面：（1）赔偿风险，即未能履行停车合同约定的相关看管义务造成车辆损失的赔偿风险；

（2）收益风险，即业主大会请求返还共有停车设施停车收益的风险。如何防范控制以上两大风险？物业管理企业可以从以下几方面入手。

（一）掌握政策法规，增强风险意识

首先，应认真学习并掌握《合同法》、《民法通则》、《条例》及配套法规，掌握相关规定及精神实质；其次，应了解司法审判意见、地方性政策规章以及行业最新动态，以北京市为例，北京市高院《关于审理物业管理纠纷案件的意见（试行）》第三十三条关于停车赔偿责任的确定，北京市国土资源和房屋管理局《北京市居住小区机动车停车管理办法》中对停车管理单位和停放人的规范，都有助于物业管理企业深化停车管理相关责任的认识，增强停车风险的防控意识。

（二）核定服务成本，确定利益归属

停车费主要由车位使用费（租金）和停车管理服务费（停车服务成本及利润）构成，科学合理地核定停车服务成本，是实现停车管理服务价值补偿的基础，是物业管理企业向建设单位和业主主张权利的依据。同时，针对目前地面停车费由国家定价的现状，科学合理地核定停车管理服务成本并及时告知业主大会，有利于事先明确停车费收入中的各自权利比重，保证物业管理企业停车管理服务的应得利益，防止事后与业主在地上共用停车场的收益问题上发生争执。

（三）细化停车合同，明确管理责任

停车合同是明确停车管理服务双方权利义务的契约性文件，根据停车设施所有权的不同归属，停车合同的内容也有所不同，但一份完备的停车合同，一般应包括以下主要条款：车位及机动车的基本情况，双方的权利义务、收费标准、管理责任、违约责任、免责事由及合同期限等。在停车合同中，物业管理企业还应尽可能对停车费的性质、车辆保险状况、第三方责任的承担以及拒交停车费的法律后果等内容予以进一步明确。

（四）运用科技手段，完善防控体系

随着门禁识别系统、电子监控系统和立体运输系统在停车管理领域的运用，改变了单纯依靠人力进行管理的粗放模式，停车管理的技术含量不断提高。这不仅有助于降低日益增长的人工成本，促进技防与人防的结合和互动，提高停车管理服务的质量，增加停车防控体系的安全性，而且有利于物业管理企业收集和保存相关证据，降低停车管理服务中举证不能的诉讼风险。

（五）运用保险机制，转移赔偿风险

物业管理企业应当要求车主提供有效的车辆保险证明（包括车辆损失险、盗抢险等），并约定发生意外损坏或丢失时，共同向保险公司索赔，是一种传统规避车损风险的方法。随着公众责任险的推出，停车管理经营者由于意外事故造成损失所应承担的民事赔偿责任，可以依保险合同转移给保险公司。当然，为所管理的停车设施投保公众责任险后，物业管理企业并非可以高枕无忧，保险合同中的除外责任、赔偿限额和免赔额的规定，都有可能使转移风险的保险目标落空，而如果物业管理企业要求对停车合同的合同责任加保，可能还要应保险人的要求履行更加严格的手续。

改进我们的装修管理服务工作 2002年

作为全国性的规范装饰装修行为的政策性法规，《住宅室内装饰装修管理办法》（以下简称《办法》）对我国今后住宅室内装饰装修活动的影响是不言而喻的。从行业层面来看，《办法》将直接影响装饰装修业与物业管理业的经营行为；从企业角度分析，如何在《办法》的框架内改进与完善装修管理服务工作，是每一个物业管理企业必须面对的问题。

《办法》与五年前的《家庭居室装饰装修管理试行办法》相比，具有观念突破和制度创新两方面的显著进步。主要表现在：根据装饰装修活动与物业管理活动密切联系的特点，《办法》明确了物业管理企业在装修管理服务活动中的主体地位，旨在充分发挥物业管理企业在住宅室内装饰装修管理活动中的监督职能，这是其一；针对以往装修管理中执法不力的现象，《办法》在明确相关职能部门权责的同时，加大了政府部门在装修管理中的监管职责，细化了执法尺度，这是其二；对于装修管理中具体环节，如装修中禁止性规定和限制性规定、装修申报登记的详细材料、装修管理服务协议、违规装修的法律责任等，《办法》均做出细致、详尽的规定，具有很强的操作性，这是其三；其四，在《物权法》尚未出台的情况下，《办法》中的许多规定均与《物权法》中"建筑物区分所有权"及"相邻权"的基本法律原理相一致，避免了与今后法律的冲突，有利于维护法制的统一，具有一定的前瞻性。

《办法》的出台和实施，对物业管理企业而言，在原有的装修管理服务工作得到合法化确认的同时，也面临着一个重新规范工作模式和业务流程的课题。具体地说，物业管理企业应在以下几方面改进和完善自身的装修管理服务工作。

一、正确行使装修管理服务中的法定权利

根据《办法》规定，物业管理企业可以行使以下权利：（1）受理装修申报登记并要求装修人提交相关材料；（2）签订住宅室内装饰装修管理服务协议并收取管理服务费用；（3）制止违规装修行为并追究装修人违约责任；（4）装修验收阶段，要求装修人和装饰装修企业纠正违规装修事项并将检查记录存档，等等。

在管理企业正确行使权利的关键是把好签订协议关，严格按《办法》第十六条之规定条款与装修人签订住宅室内装饰装修管理服务协议，在确定"管理服务费用"的标准和收取办法时，应严格执行当地物价部门的规定，如当地物价部门无明确规定，应征得业主大会的认可并最好在"业主公约"中予以明确。同时，在得到多数业主认可的情况下，建议仍可保留原有收取装修保证金的做法并在协议中明确，以制止装修活动中破坏物业共同部位、共用设施设备的不当行为。当然，物业管理企业正确行使权利还表现在不得凭借有利地位滥用权利，例如，根据《办法》第十九条规定，物业管理企业无权向装修人指派装修企业或强行推销装修材料。

二、切实履行装修管理服务中的法定义务

根据《办法》规定，在装修管理服务中，物业管理企业应当履行以下义务：（1）严格审查装修人的申报登记材料，并严格按照装修管理服务协议监督检查装修活动；（2）应当将装修禁止行为和注意事项告知装修人和装修人委托的装修企业；（3）对造成事实后果或者拒不改正的装修违章行为，应当及时报告有关部门，等等。

为了在装修管理服务中最大限度地实现客户满意，首先，物业管理企业必须摆正位置，树立"管理就是服务"的思想，加强与业主沟通，使业主充分认

识装修管理的出发点并积极配合；其次，物业管理企业还必须主动为业主装修活动创造有利条件，比如为业主装修材料的加工提供必要的场所，为装修垃圾的堆放和清运提供方便的场所和途径，根据"住宅使用说明书"及时提醒业主二次装修应注意的问题，等等；最后，物业管理企业在履行义务过程中应加强与政府主管部门的配合，充分借助建设、规划、供暖、燃气等主管部门的执法力量，及时追究违章装修者的法律责任。

三、细化装修文件，完备装修手续

现阶段，装修管理服务是衡量物业管理企业专业化水准的重要标志。《办法》对装修管理服务的技术含量提出了更高的要求，装修管理服务的专业化水平主要体现在细节管理上，这要求物业管理企业在文件细化和手续完备上下更大的功夫。

在细化装修文件方面，除了按《办法》要求认真签署装修管理服务协议以外，物业管理企业还应根据装修管理的不同阶段准备不同形式的书面文件，如申报登记阶段的《申请表》、《装修方案整改要求说明》和《开工许可证》，施工督管阶段的《装修注意事项》、《装修检查表》、《限期整改通知书》，违章装修处理阶段的《违章警告书》、《违章处理通知书》、《违章装修报告书》以及装修验收阶段的《装修验收表》、《装修隐患记录表》、《装修档案目录》，等等。通过这些文件，能够精确地记录装修管理服务工作的全过程，有利于全方位地控制装修管理工作的服务质量。

在完备装修手续方面，应根据不同地区、不同物业的特点，实事求是地制定装修管理的工作规则和业务流程，如装修材料的进出许可和存放，装修垃圾的堆放和清运，装修时间的限制，装修过程的各种告知事项，装修施工人员的管理，装修管理验收标准和程序等，都必须制定详细的制度，配备专业的人员，按照严格的程序，按部就班地履行相关的手续，以保证装修管理服务预定目标的实现。

四、妥善处理关系，实现良性互动

装修管理服务涉及政府部门、业主、物业管理企业、装修企业等多方主体，在实践中还可能与房地产开发企业和装修监理企业存在工作联系。实践证明，高水准的装修管理工作是政府、业主、装修企业和物业管理企业各方协同配合、形成合力的结果，如何妥善处理与其他装修管理主体的关系，是今后物业管理企业改进和完善装修管理服务工作的重中之重，不仅影响装修管理服务的工作成果，也事关物业管理企业的经营风险。

面对日益增大的装修管理风险，物业管理企业的当务之急，是依照《办法》明确以下各方主体的相应责任：（1）开发企业对公共部位装修和住宅室内初装修的责任；（2）业主对禁止性装修行为和限制性装修行为有关规定的无条件遵守和对装修企业违章装修行为的连带责任；（3）政府相关部门及时检查、核定并处理违章装修行为的法定职责；（4）装修企业无条件遵守装修管理规定和承担违章装修行为的连带责任。在此基础上，物业管理企业还应主动与业主及业主大会沟通，将装修服务的重大原则事项告知并取得认可，及时向政府相关部门报告违章装修行为，积极配合装修管理的执法行为。

只有这样，才能在不断提升物业管理企业装修管理服务专业水平的同时，实现政府、业主与物业管理企业三方的良性互动，促进住宅室内装饰装修管理工作三赢局面的形成。

固本以利培元　守正方能出奇 2004年

作为物业管理行业第一个全国性的专业标准，《普通住宅小区物业管理服务等级标准（试行）》（以下简称《标准》）是总结我国二十年来物业管理实务操作经验的产物，它来源于实践，也将指导我们今后的实践。对于物业管理企业而言，应在《标准》的指导下，从以下几方面改进和完善物业管理服务工作。

一、以《标准》为教材，深化人力资源的培训工作

《标准》将物业管理服务概括分类为基本要求、房屋管理、共用设施设备维修养护、协助维护公共秩序、保洁服务、绿化养护管理等六项，并逐项规定了具体的内容和标准，基本涵盖了物业管理公共性服务的全部内容。从专业角度来看，《标准》具备了作为业务培训教材的系统性、普遍性、实用性和权威性。物业管理企业应将学习《标准》作为基础性的全员培训工作，而不能局限于管理层和对口专业岗位，因为物业管理是对一个区域的整体性管理，服务工作需要不同层级和不同工种之间的协同配合以达到最优效果，而每一位员工了解总体服务内容和标准是实现彼此之间良好协作的前提。企业可以通过《标准》的学习、培训和考核，提高员工的专业知识水平，强化服务意识，选拔合格人才，最大限度地提高企业的组织资本，增强企业的核心竞争力。

二、以《标准》为依托，完善管理服务的制度建设

物业管理劳动密集型和服务密集型的行业特征，普通居住物业服务对象的多样性、稳定性和长期性，都决定了物业管理企业必须提供规范化的服务产品。显然，《标准》的意义正是在于提供了行业的规范，对照《标准》，企业可以从中发现自身存在的不足，进而通过制度建设为规范化服务创造前提条

件。现阶段，物业管理企业的当务之急，是吸收《标准》中的"合理内核"（如：业主委员会报告程序、业主满意率的规定，等等），改进并完善企业基础服务的内容和标准。应当注意的是，这种以《标准》为依据的制度建设，要坚持内部管理制度和外部服务制度并重，要重视细节关怀和流程控制，使我们的每一项服务工作乃至每项工作的每一个环节都有章可循，避免因人为因素造成操作上的随意性和差异性（以满意率调查为例，调查比率、频次、程序、统计和分析方法都直接影响最终的结果评价），以保证服务水平的稳定性和高标准。当然，以《标准》为依据的静态制度建设要在动态管理服务中达到其预设目标，还需要企业不断优化管理资源的配置，强化规章制度的执行力。

三、以《标准》为纽带，建立良性互动的客户关系

在服务质量评价标准问题上，客户的标准往往建立在最低的价格和最好的服务的基础上，而企业的标准却可能趋向于最小的成本和最大的收益，这种标准评价规则的迥异和背离，是物业管理企业与客户关系紧张乃至冲突的重要原因。《标准》以其专业化水平和相对中立的立场，不仅成为物业管理行业服务质量评价的基本准则，而且对客户也具有普遍的公信力，它为企业和客户在服务质量标准上的沟通提供了桥梁。物业管理企业应当以《标准》出台为契机，利用一切条件向客户宣传《标准》，最大限度地减少因信息不对称引起的误解和隔阂，消除业主因固有观念形成的"物业管理万能"的模糊认识。同时，在日常管理服务工作中，物业管理企业应在落实《标准》的前提下，通过住户通讯、专项报告和恳谈交流等方式，及时向业主传达各种服务信息，充分了解业主对《标准》的看法和相关的需求，妥善处理业主的抱怨投诉，逐步提高业主的物业管理意识，自觉接受业主对服务质量的监督。

四、以《标准》为尺度，界定权责分明的契约条件

虽然《标准》不具备法律的强制性，但是其中的内容一旦在实际交易中被选用，就成为具有法律约束力的契约标准。伴随着《物业管理条例》提倡的房地产开发与物业管理相分离制度的推行，物业管理企业作为自由缔约和竞价的市场主体的地位正在逐步确立。在物业管理招投标活动中，业主或建设单位可以选择《标准》作招标文件的实质性内容，同样物业管理企业也可以在综合考虑物业情况、自身实力、成本效益以及违约后果等因素后，决定是否在投标文件中做出响应并确定选用标准的等级。在普通居住物业服务合同的签订过程中，物业管理企业可以根据不同等级的标准，测算物业服务的成本费用，作为合同报价的依据，可以选用《标准》的相关条款，作为双方对物业服务质量的约定，以界定权利义务，明确合同责任，减少反复磋商的交易成本，提高交易效率。

五、以《标准》为基础，实施差别优势的品牌战略

表面上看，物业管理行业似乎进入了个性化和多样化的时代，但是任何个性化的需求都是建立在一定标准之上的，标准化是多样化的基础和前提。特别是以公共性服务为实质内容的普通居住物业管理，满足客户标准化的普遍需求程度，是衡量物业管理企业专业能力的底线。否则，在标准化服务未能保证的前提下，任何哗众取宠的"超值服务"，都无异于不切实际的拔苗助长。《标准》的出台，为物业管理服务专业评价体系的建立奠定了基础，有利于营造公平的市场竞争环境。物业管理企业可以利用《标准》搭建的平台展开竞争，在充分满足业主基本的、稳定的需求情况下，根据业主的个别需求和价值偏好，在《标准》的基础上制定更具有挑战性的企业标准，守正出奇，实现差别优势，树立企业品牌。

业主拒费与权益保护

尽管物业管理纠纷形式多样，但在大多数情况下，业主常见的对策之一就是拒交物业管理费。因此，在物业管理实践中，经常会出现这样一种有趣的现象：一方面，业主认为物业管理公司（或者开发商）服务质量差而拒绝交费；另一方面，物业管理公司认为收费率低而无法保证服务质量。双方各执己见、莫衷一是。媒体上，这种类似"鸡"和"蛋"的争执，似乎永无定论；法庭上，由于双方都可以引用《合同法》中的同时履行抗辩权、不安抗辩权和后履行抗辩权等条款抗辩，诉讼结果胜负难分。

从物业管理的特征分析，由于存在着支付费用个体性和享受服务公众性的矛盾，从短时间看，拒费业主与交费业主同样享受相应的公共服务，拒费似乎有益无害，但是，拒费业主的"搭便车"行为必然影响交费业主的积极性，并可能形成拒交费用的示范效应，最终将导致物业管理的无以为继。因此，从长远看，业主拒费，是与物业管理的出发点和目标相背离的，其最终受害者还是业主，拒费不是业主维护自身权益的好办法。

少数物业管理公司的操作失范，是引起物业管理收费争议的常见原因。但是，有些时候，由于业主对物业管理服务理解的偏差，也常常导致拒费行为的发生，这种理解上的偏差主要表现在：

一、业主认为管理费标准是物业管理公司制定并强加给业主的。实际上，物业管理的定价是在业主确定服务标准的基础上，通过物业管理合同最终确认的，是一种以委托服务为前提的自愿定价行为，而非强制交易行为，这与《消费者权益保护法》第十条"公平交易"的规定并不矛盾。

二、业主认为自己享有自主选择物业管理服务的绝对权利。作为消费者个人，业主在购买个性化商品时具有绝对选择权，但物业管理商品具有特殊性，它是基于共有物权产生的，是以全体业主（或代表机构）作为消费者（集合体）出面共同购买物业管理公司的服务，单个业主将部分权利让渡给业主大会（或代表机构），以实现全体业主不动产利益的最大化，是符合物业管理服务这一特殊商事行为的权利安排。这种情况下，业主个体丧失了选择公共性服务的绝对权利，绝对选择权由业主大会（或代表机构）来行使，一旦业主大会选择了物业管理服务方式，业主个体必须无条件服从这种共性选择。

三、业主认为开发商前期选定物业管理企业及确定收费标准的做法违背了小业主的意愿。前期物业管理阶段，在开发商拥有小区（或大厦）50%以上的物业产权情况下，作为第一大业主，自然取得了小区全体业主的代表权，其地位视同业主大会（或代表机构），由开发商选择前期物业管理企业并确定物业管理收费标准，不仅符合产权多数表决的原则，也是增加前期物业管理服务可操作性的现实安排。

四、业主认为管理费的对价是物业管理公司承担小区的所有事务。如同其他任何交易行为一样，物业管理服务商品也具有特定的范围和内容，委托管理事项应当在物业管理合同中明确，如果认为只要交费，物业公司就要处理小区中所有事务，而不考虑物业管理公司的权限和责任范围，就是对交易条件的任意解释，最终将对交易结果产生不良影响。

在业主的种种误解之下，加之前期开发企业的遗留问题、物业管理企业的短期行为、交易双方缺乏充分的沟通等因素，处于被动之中的物业管理公司容易丧失理智和耐心，轻率地采取对抗性的措施（如降低服务标准等），其结果不仅于事无补，还可能导致事态扩大，矛盾加剧，违背了解决问题的初衷。

在市场经济成熟的国家和地区被普遍接受的物业管理理念，对于今天的许多国内业主来说仍很陌生，在物业管理实践中，我们必须冷静地面对这种现实，正确地看待各种拒费行为。同时，作为物业管理市场的主体，在收费争议问题上，物业管理企业首先要"从我做起"，真正做到诚实经营、依法收费，杜绝形形色色的收费中的短期行为；其次，要发挥与开发商关系密切、具备专业素养等优势，力所能及地解决开发中的遗留问题，降低开发的滞后成本，在前期物业管理阶段注重保护小业主的合法权益，为日后管理服务和收费工作创造良好的条件；最后，物业管理企业应充分尊重业主享有的消费者的权益，在广大业主缺乏物业管理专业知识和信息的情况下，主动承担起宣传和普及物业管理的责任。在沟通宣传过程中，应当从物业管理的费用构成和服务标准、业主大会的地位和作用以及业主公约的内容和效力等重点内容入手。只有通过培养高素质的业主和业主委员会，形成遵守业主公约和业主大会决议的习惯和风气，建立业主自觉遵守物业管理义务的约束机制，才能变被动拒费为主动交费，才能形成物业管理供需双方的良性循环，最终使业主的权益得到长远的保护。

物业管理企业的发展目标和运作策略

1997年

中国物业管理行业日益走向成熟并与国际市场接轨是必然趋势。1994年万厦物业管理公司公开竞投莲花北村管理权成功，1996年深圳瑞昌大厦管理处因管理不善而遭到业主解聘，这两个事件从正反两方面预示着物业管理竞争机制的形成。近来中国海外深圳物业管理公司和万科物业管理公司相继通过国际标准化组织ISO 9000品质认证，更是我国物业管理标准迈向国际化的最好明证。

房地产业的快速发展，使物业管理行业面临着巨大的机遇和挑战，对于绝大多数处于探索阶段的物业管理企业来说，其首要任务是确定自身发展目标。只有目标明确、方向清晰，才能促进物业管理企业走出旧有的房屋管理模式，并在新的市场环境中获得最大的生存和发展空间。

考察发达地区物业管理的发展轨迹，借鉴优秀物业管理企业的成功经验，笔者认为，未来物业管理企业的发展目标，应当是成为符合国际惯例的独立的市场竞争主体。具体地说，现代物业管理企业应当包括以下四个基本特征。

一、先进的管理模式和健全的管理制度

基本标志就是国际标准化组织指引第9000条（ISO 9000）在物业管理中的运用。ISO 9000系列是目前国际上通用的品质保证模式（我国于1988年开始采用），共有20项标准，它包括了一套完善的质量管理系统的所有基本要求，适用于任何规模的提供任何产品或服务的企业。在物业管理中，企业参照ISO标准制定和运作相应的管理模式和管理制度，可以向业主或住户显示企业所提供服务的质量保证能力，ISO 9000品质认证证书，是企业证明自己工作质量、服务质量的一种护照，也是企业竞争能力的标志。同时，ISO 9000并不是一套静止的管理系统，管理模式的确定应充分考虑其管理规模、管理对象、人员状况

等诸种因素，而管理制度则根据管理模式的变化而有所不同。总之，由于物业管理从本质上是一种规范化管理，使得先进的管理模式和健全的管理制度自然成为现代物业管理企业的必备要素。

二、高素质的人才队伍和先进的技术装备

物业管理对象是物，核心是人，企业管理水平决定于管理人员的水平。高素质的管理人员主要有两个方面的特点，即高超的专业技能和强烈的敬业精神。物业管理从劳动密集型向劳动技术结合型转变的根本手段，就是采用现代高科技成果、电子计算机等先进技术在物业管理实务中的运用，不仅降低了劳动力成本，也提高了工作效率和服务质量。

三、多渠道的资金来源和稳健的财务状况

一般情况下，单纯依靠管理费收入，物业管理企业无法实现经济上的良性循环。解决的办法是拓宽资金来源渠道，通过取得开发商管理保证金、开展多种经营和物业代理服务等手段增加收入，平衡因纯管理服务造成的亏损。稳健的财务状况是物业管理企业改善服务设施和提高服务质量的前提，也是其在市场竞争中立于不败之地的资金保证。

四、浓厚的专业色彩和良好的社会形象

不断增长的服务需求和不断细化的社会分工，使物业管理日益走向专业化。这种专业化不仅表现在物业管理公司必须具备专业的管理人员、管理工具和管理程序，还表现在物业管理承办商制度的推广（即清洁、保安等工作内容由专业公司承包）。"恒久产业"的特性要求物业管理企业保持良好的社会形象，不仅要"以管促销"，促进开发商的物业销售，还要坚持社会效益放在重要位置，力争为业主和住户提供最佳的服务。

应当承认，根据我国的现状，对于大多数物业管理企业来说，在短时间内

要达到上述发展目标，在软硬件条件上都有所缺失。但是，发展成为符合国际惯例的独立的市场竞争主体，无疑是所有物业管理企业的努力方向。

针对目前物业管理行业普遍存在的问题，参照ISO 9000标准，笔者认为，物业管理企业在完善自身建设的过程中，可以采取以下科学的运作策略。

一、注重计划的制订和检讨

这是由被动式管理向主动式管理转变的前提条件。计划必须贯穿物业管理的全过程，从物业管理企业的长远发展到每一员工的个人成长，都应有相应的计划。根据计划按部就班、循序渐进地开展工作，是实现企业目标的最佳途径，它能使管理者做到心中有数、防患于未然。与此同时，管理者还应定期检讨、修正计划，以适应客观情况的变化。

二、适时调整企业的组织管理架构

设置物业管理企业组织机构的基本原则，应当是精干和高效，力争以最小的人力资源达到最高的管理效率。企业的组织机构应根据企业经营规模、服务对象等情况的变化作适时的调整，才能保证其高效运作。组织架构的调整，还应考虑到各部门各岗位的权责分明和分工协作，并在此基础上建立有效的协调和监督机制。

三、建立实用而完备的管理制度

规范化服务的一个必要条件，就是完善的管理制度。物业管理企业的管理制度，除一般的企业内部规定以外，还包含大量的技术程序性文件。这些技术程序性规定实用性强，一次编制后可重复使用，其完备与否对服务质量和管理效率的影响很大。为了激发管理人员的主观能动性，管理制度中应有激励和惩罚的措施规定，以真正实现管理队伍的优胜劣汰。

四、全面提升管理人员素质

首先，要严格规定管理人员的录用条件，保证高级管理人员符合国家规定的持证上岗条件；其次，要根据不同管理层次和专业，定期对各类管理人员进行各种培训，提高他们专业水平和应变能力；再次，要通过各种方法提高管理人员的服务意识，树立"管理就是服务"的观念；最后，要通过将电子计算机技术广泛运用于统计、收费、维修和客户服务等管理实务中，全面提升管理人员的科技素质。

五、拓宽资金来源渠道

在现有的条件下，物业管理企业缺乏足够和稳定的资金来源，争取开发商的资金支持并加强成本核算，无法从根本上解决资金短缺问题。从长远来看，物业管理企业必须通过开展多种经营和参与物业资产管理等途径，来拓宽资金来源渠道，增强自身的经济实力。

六、改善管理服务中的薄弱环节

在物业管理实际操作具体环节上，与先进国家和地区相比，我们还存在着较大差距，主要表现在：在规划、设计、施工等开发前期阶段物业管理介入不够；长期忽视预防性维修保养工作的进行；缺乏与服务对象充分的沟通和密切的配合，等等。物业管理企业只有认识到这些薄弱环节，并在工作中及时加以改进，才能不断提高自身的服务质量和专业水准。

职业精神的六个追问

2008年

我没有看过《士兵突击》，没有见过许三多的风采，之所以推荐《许三多的职业精神》这篇文章，是因为文章里许三多拙朴的"名言"，更是因为它触及了我对职业精神背后的人性思考。

追问一：职业精神是什么？

虽然不同国家、不同地区、不同时期、不同阶层、不同职业乃至不同的个体，会有不同的答案，却都离不开一些普遍的现象描述：诚信、勤勉、专精、尽责、奉献，等等。而上述表象归根结底都源于基本的实质评判：因职位而尽责，以尽责为事业。

追问二：职业精神的界线在哪里？

职业精神的最高境界，词人曾经做过最好的注释，柳永的"衣带渐宽终不悔，为伊消得人憔悴"便是明证；职业精神的底线，却是由僧人坚守着；"当一天和尚撞一天钟"说的就是职业的本分。

追问三：职业精神是如何形成的？

东方和西方、贵族和草根、政界与商界、学术界和实业界，见仁见智、莫衷一是，归纳起来，不外乎以下的要素：社会的分工、契约的精神、制度的完备、宗教的洗礼、福利的保障，等等。宏观层面的探讨固然鞭辟入里，但如果缺乏微观的剖析，似乎总是无法让人信服，而作为职业精神承载者的人，其人格特质与职业精神之间的因果关系，似乎更为直观具体。深入观察过往和现实中的一个个鲜活的个体，我们不难发现，所有职业精神的背后无不闪烁着人性的光辉。

追问四：职业精神的人性基础是什么？

在我看来，至少应该包括四个方面：诚实、坚忍、自尊和宽容。

诚实。真诚而平实，是人性中具有永恒价值的善和美。一个真诚的人，一定与虚伪和投机格格不入，机会主义者永远无法与职业精神画等号；一个平实的人，一定摒弃高调、拒绝浮夸，与内地官员"甘当人民公仆"的豪言壮语相对照，香港特首"我会打好这份工"的低调表态，无疑更具有职业精神的魅力。

坚忍。不积跬步，无以至千里；不积小流，无以成江海。任何职业的担当，不仅需要不弃细枝末节的点滴努力，而且还要面对困难的压力和失败的风险。坚忍的品质，是承担责任的意志基础；克尽职守，有时韧力比能力更重要。正如许三多所强调的"不抛弃、不放弃"。

自尊。一个自尊的人必定自重，因为自尊，就必须重视外界的评价，注意自己的言行；一个自重的人必定自律，因为自重，就必须接受自己的角色（职务）约束，履行自己庄严的承诺。自尊的人，不仅看重内心良知上的自我坚守，而且珍惜外界名誉上的社会肯定，所以必然敬事而信、重约守诺，而这正是职业精神的灵魂。

宽容。宽怀而有气度，是人性中最具神性的品格。任何人的职业生涯中，都不免遭遇误解、失落甚至伤害，只有用博大的胸襟去包容、用宽宏的心态去奉献，才能消解无处不在的冲突和隔阂，营造轻松和谐的职场氛围。一个具有职业精神的人，一定不是一个锱铢必较的人，一定有一种善良博爱的悲悯情怀。

追问五：职业精神为什么缺失？

柏杨在论述中国人的丑陋时曾说过："中国人最讲职业道德，不过全部都写在纸上了。"此语虽显夸张,却也道出了国人在职业精神上面临的困窘。当下中国,GDP以每年两位数的速度猛增,超英已成现实,赶美亦非神话,然而物质的繁荣并未带来精神的同步提升,假冒伪劣充斥市场,心浮气躁迷漫职场,急功近利比比皆是,信任危机无处不在……职业精神的缺失已成为层出不穷的社会问题的一个病根。为什么会出现这种现象?我们不能将其完全归咎于传统、信仰、法制和经济等外因,应当更多地从国民性上去寻找内因。几千年的专制集权下,人权的漠视、人格的异化和人性的扭曲,导致了诚实、坚忍、自尊和宽容等优良基因的退化和变异,使得职业精神丧失了赖以生存的人性沃土。

追问六:职业精神的价值何在?

窃以为,在人类庞大的社会机器中,每一个个体都被他的角色所约束,而职业精神正是对不同角色的共同道德规范。任何一个人,即使他目不识丁,即使他一文不名,即使他位卑言轻,只要具备诚实、坚忍、自尊、宽容的人性优点,只要恪守"因职尽责、以责为业"的职业精神,就没有理由不被视为家庭的中坚、机构的骨干、国家的柱石、民族的脊梁。

仅有坚持是不够的

2004年

在与久筑同仁感慨我们走过的十年历程的时候，曾经为公司十年专题纪念文章拟定一个题目：《十年了，我们还活着！》。应该说，这一声叹息，恰如其分地表达了我的百感交集，想必也是许多久筑人所感同身受的。

研究企业发展史的人们做过统计：中国企业的平均寿命为七年，70%的企业都在十年的时间里消失，而只有30%的企业能够存续十年以上。如果以此作为衡量标准，我们有理由为幸免于过早夭折的久筑而暗自庆幸；而如果回首十年间不寻常的际遇周遭，我们甚至有理由为久筑顽强的生命力而萌生自豪。

诚然，中国现阶段市场经济的初级阶段，为企业的生存发展增加了许多不确定的因素，物业管理行业的特殊性，赋予物业管理企业特殊的生命周期。但是，当我们把目光转向久筑物业这样一个鲜活而生动的个体的时候，答案就变得相对简单而且肯定：久筑十年的生存，离不开久筑人十年的坚持。

我们坚持审慎务实的经营策略。企业最大的成败在于决策的成败，基于对久筑物业基础实力薄弱、产品结构单一、专业人才缺乏和外部生存环境恶劣的充分认识，我们本着对客户和员工高度负责的态度，克服许多不切实际、不负责任的盲目扩张冲动，坚持稳健务实的经营策略。我们不仅没有贪大求快，提出超越自身能力的口号目标，同样没有眼高手低，放弃琐碎质朴的基础工作。因为我们不是机会主义者，我们知道，即使并不高远的理想，也应该当扎根于现实的泥土。

我们坚持规范高效的管理创新。十年来，我们努力克服客观存在的不利因素，采取各种措施，逐步建立公司职能部门和小区管理处两级互动的管理服务质量综合监控体系，探索出一套具有鲜明特色的管理模式。同时，在普通居住物业管理普遍存在行业性亏损的情况下，我们不等不靠，通过创新向管理要效益，循序渐进地实行减员增效，力所能及地降低运营成本，想方设法地加大收费力度，科学合理地进行绩效考核，最大限度地增加企业的经济效益。

我们坚持久筑特色的制度文化建设。《久筑物业工作手册》集公司多年管理运作实践经验之大成，作为公司规范化管理服务工作的标准和依据，具有本地化、细节化、实用性和可操作性的特点，在此基础上我们建立了ISO 9001质量保证体系，使得公司制度建设在系统化、标准化和社会化上更进一步。从《小区动态》、《久筑讯息》到《住户通讯》和《久筑人》，我们持之以恒地致力于创建和完善企业内外部沟通的平台，在逐步形成以"常新以立久，见微而知筑"的企业理念为核心的企业文化的同时，还尝试将企业文化和社区文化相结合，力求企业内部管理和客户外部服务的和谐统一。

我们坚持均衡满意的客户关系构建。现阶段普通居住物业尤其是安居小区物业管理的服务对象具有多样性的特点，我们不仅要服务于业主、非业主使用人，还要服务于建设单位、市政公用部门甚至基层政府职能部门。在收费标准低廉和收费障碍繁多的情况下，为了全方位满足不同服务对象的需求，在流程管理上，我们进行了前台式管理、过失单纠正、工作指引、特别提示和特别推荐等一系列改进和完善；在服务手段上，我们尝试了投诉督察整改、事务助理责任制、客户满意度调查和客户联谊会等多种行之有效的方法。充分利用有限条件，均衡地满足利益并不一致的各方面主体的需求，以实现整体利益的最大化和综合满意度的最大化，是我们一以贯之的努力方向。

我们坚持严谨自律的职业操守。对中国缺乏培养现代企业精神土壤的理性认识，并没有停止我们培育宽严并济的企业氛围的尝试。"严谨的作风、严明的纪律、严格的管理、严密的程序"和"宽松的氛围、宽容的精神、宽阔的胸怀、宽广的思维"，是我们追求的理想境界。在严格遵守公司制度的前提下，我们坚持开放透明的决策程序，每次经理办公会和业务例会都可以看作是一次共同决策的过程。在职业道德缺失较为普遍的今天，我们没有忘记勤勉尽职和克己自律，我们坚持定期汇报和重大事项请示，我们不计个人得失地维护公司利益。在不可避免地受到外界压力和误解的时候，为了大局我们可以表现出足够的容忍和克制，但我们绝不拿原则做交易。

所有的坚持，在维系企业生存和保全企业尊严的同时，久筑似乎也因此付出了代价：我们可能因为过于谨慎而成为物业管理行业第一次扩张浪潮的旁观者，错失了领略外界精彩的良机；我们可能因为拙于周旋而得罪于强势群体，丧失了唾手可得的管理规模和经营资源；我们可能因为不识时务而背离人所共知的国企运作潜规则，形单影只地博弈于各色利益群体而难免腹背受敌……以上种种可能，从感性的自慰出发，我们可以视之为必要的丧失，但如果以理性的经验判断，我们可以断言为荒唐的假设。因为十年来诸多的事实证明，假使一开始我们放弃坚持，我们所付出的代价要更加远远大于我们所能够假设的。对于久筑来说，也许丧失的只是锁链，虽然我们从不奢望得到整个世界。

然而，对于久筑人来说，十年来，我们付出的代价却是真实和巨大的。为了解决开发商遗留问题，为了弥补设施功能缺陷，为了应对紧急危机事件，为了协调市政公用部门，为了消除大众误解偏见……久筑人不仅承受了精神上的重压，甚至遭受到身体上的暴力。十年间，我们的薪酬没有进行过重大的调整，我们的福利待遇悬而未决，我们并未与系统内其他单位攀比，我们从来未得到关于未来的承诺。长时间在这种条件下无怨无悔超值付出，久筑人的坚持显得弥足珍贵。

尽管如此，坚持并不是一劳永逸的妙药灵丹，在未来的岁月里，久筑依然无法回避众多生存和发展的现实问题。

在物业管理市场新的竞争规则下，如何把握市场机遇，实现经营规模和经济效益的增长，是我们面临的首要问题。因为企业发展如同逆水行舟，不进则退，只有有质量的增长，才能抵御市场的周期波动和管理经营的不测风险，才能给员工足够的发展空间和经济回报，才能持续地维系员工的信心和忠诚。

过往的审慎避免了决策的失误，但也减少了我们试错的机会，我们对市场机会的敏感程度和商业风险的抵御能力均有待考验。如何在把握物业管理行业发展客观规律的基础上，不失时机进行市场化的探索？如何在继续苦练内功的前提下,有的放矢地推行外部扩展？为增强企业的活力和竞争力，久筑应在风险承受范围内进行大胆的尝试。

经过十年实践，我们虽然累积了一些经验，培养了一支队伍，但是由于起步阶段条件的艰苦，由于疲于应付多于从容筹划，久筑的创业者大都缺乏正规的专业培训，加之人力资源工作的薄弱和培训体系的缺失，我们的管理队伍面临着补员和补课的双重难题。

粗放型向精细型管理模式的过渡，仍是一个漫长而艰难的过程，尽管管理层想方设法地通过亲力亲为增加示范效应和督促效果，但执行力不足的问题仍严重困扰着我们。让规范成为习惯，制度的价值只有通过员工自觉的实践才能得以真正地实现。

面对以上问题，久筑已经准备了多少？这是我们遇到的又一个问题。然而，最为致命的问题，却是一个十年前久筑出世时与生俱来的：在企业定位、基本权益、发展战略、治理结构和激励机制的迷失和混乱中，我们还能坚持多久？

"一个可以自由创造的地方，一个调动起每人身上最优良部分的地方，一个人们身在其中感受到自己的重要性、公开而公平的地方，一个成就感既在腰包里也在灵魂上得到报偿的地方。"杰克•韦尔奇曾经这样预见十年后的GE。

预见未来需要巨大的勇气和超凡的能力，只有无人企及的韦尔奇能够做到。

久筑的下一个十年会怎样？我无力预见，更不敢想象。

知道答案的，只有上帝；关心答案的，只有仍在坚持的久筑人。

外一篇：

做一个不可替代的经理人

2007年

四年前，我首次以"特别推荐"的形式向全体员工推荐了《"报告长官，没有任何借口"》一文，希望大家在面对困难时，与其把时间枉费在寻找借口上，不如主动反思、检讨不足，勇于承担排难化险的应尽职责。四年后的今天，久筑物业在大家的共同努力下，依然高扬着务实的理想主义的企业精神，继续创造着局限条件下最佳生存模式的传奇。

尽管如此，有一些现象和问题应当引起我们全体员工特别是骨干的关注和反思：在薪酬福利不断提高的情况下，我们的经营业绩、管理水平和服务质量是不是同步提升？在强调公司职能部门的服务意识的同时，是不是使个别管理处忘却了服从监管和自我约束的责任？在公司一贯营造的尊重个性、表达自由的宽松氛围中，我们的个别员工是不是高估了自我、迷失了定位……

《没有人不可替代》一文无疑有助于我们回答以上问题。"世上只有不可替代的职位，没有不可替代的职员！"这一断言或许不足以振聋发聩，却足以促使每一个具有自知之明的人更加清醒地反躬自省。

阅读此文，我们不难注意到以下两个表述：一是高达60%~90%比例的跨国公司的员工被认为是"无用"的；二是斤斤计较型员工会因不受信赖而被淘汰。尽管我们可以对相关比例和界定存疑，但相关信息足以反映当下社会的职场现实。推荐此文，目的无非是希望大家重新审视自我，摆正自身位置，居安思危，珍惜全体员工十几年不懈努力形成的团队精神与和谐局面。

在面对工作压力和困难时，我们的每一位骨干员工，应该更多地想到"我如何创造条件减轻公司的负担？"而不是"公司如何创造条件减轻我的负担？"只有这样的员工，才是不可替代的员工；只有拥有这样不可替代员工的企业，才是不可替代的企业。这应当成为所有久筑人的共同体认。

态度决定一切

2002年

——从米卢的用人之道谈起

真理往往是朴实无华的。"态度决定一切"（"Attitude is everything"），米卢蒂舍维奇帽子上的"六字真言"，便是对朴素真理的最好诠释。

在神奇的国度里，神奇教练再次演绎了他的神奇；在全新的世纪里，常胜将军再次续写他的辉煌。是一个南斯拉夫籍的国际公民，帮助中国人实现了期盼近半个世纪的世界杯梦想。

中国国家足球队的世界杯外围赛之旅，并非一帆风顺。单是在组建国家队的问题上，米卢就面临着巨大的压力，在一个12亿人口的泱泱大国，如何选择22名国脚并确定11名主力，足协、同仁、媒体、俱乐部、球迷甚至于个别大腕球星，都有各自的目标和影响力。面对似乎这永远众说纷纭、莫衷一是的难题，机智的米卢给出了简单的答案："态度决定一切。"

正是"态度论"，使得李铁、杨晨、李霄鹏等兢兢业业的球员成为国家队中坚，个别自恃才高、疏于自律的明星则冷板凳高坐，而一旦这些"座上客"转变了态度，则又重新成为米家军的阵前主力。在米卢祭起的"态度决定一切"这杆大旗下，国家队表现出了平稳的心态、超常的忍耐、旺盛的斗志和空前的团结，并出人意料地提前两轮获得了世界杯出线权。

世界杯出线权，于国家足球队而言，是多方合力的结果，米卢作为领军人物居功至伟；于米卢而言，是综合能力的体现，用人之道作为能力之首功不可没。在某种程度上，国家队的出线，取决于选择米卢的英明；米卢的成功，取决于其用人之道的正确。

　　"态度"是什么呢？在不同的时间和场合，米卢有不同的表述，大体可归纳为以下词汇：努力、勤奋、服从、守纪、诚实、团队精神、竞争意识、职业品格等，似乎总离不开我们所说的"德"的范畴，而与"态度"相对应的"能力"，如球技、体能、战术素养、实践经验等，则属于"才"的领域。在球员选拔和使用上，如何处理好"态度"和"能力"的德才关系，米卢在一针见血地洞悉中国足球的"死穴"之后，旗帜鲜明地指出：态度决定一切。正是毫不动摇地坚持这种"以德为重"、"德主才辅"的用人标准，使得米卢展示了与众不同的领导风格，中国足球也取得了前所未有的成功。

　　其实，在博大精深的中华文化面前，南斯拉夫人米卢的用人哲学既非首创，更谈不上高深。品德和才能始终是我们祖先考察和使用人才的两个根本要素。人才的最佳素质，公认的标准是德才均备。关于德才关系，宋代历史学家司马光有过精辟的论述："聪察强毅之谓才、正直中和之谓德"，"才者，德之资也；德者，才之帅也。"司马光对人才的品德极为推崇，主张在考察和选拔人才时，德应该是第一位的、首要的，如果得不到德才均备的"圣人"，宁要德胜于才的"君子"，也不能用才大于德的"小人"。纵观几千年的文明史，历代有作为的政治家在用人实践中处理德才关系时，大多坚持"品德至上"的标准。即使是推行"唯才是举"政策的曹操，也仅是出于改变当时任人唯亲、弄虚作假社会风气的需要，基于特殊时代背景才提出的针锋相对的政治口号。如同今天的米卢在提出"态度决定一切"的同时而不可能不考虑国脚们的球艺一样，当年的曹操在实际用人过程中从来就没有降低过德的标准，可以这么说，历史上从来不曾有过抛弃了德的唯才是举。

　　德，吾所爱也，才，亦吾所爱也，二者不可得兼，何以定夺？司马光断言："急功近利者取才，深谋远虑者取德"；米卢声明："态度决定一切"。

依照马克思世界普遍联系的观点，在寻找司马光和米卢的相互联系的路途上，我几乎掉进了绝望的山谷，最终使我迷途知返的，是一颗希望的宝石，这颗宝石，司马光谓之以"德"，米卢称之为"态度"。上下五千年、相隔上万里，语言不同、职业各异的两个人，殊途同归地遵循着同一种用人标准，这也许就是哲学中的所说的"真理的绝对性"吧！

谋事欲成，重在用人。用人标准，重在品德。治国如此，治球如此，治企同样如此。现代企业的资本构成发生了很大的变化，与传统的以所有者和经营者关系界定为中心的企业治理结构相比，现代企业治理结构是以货币资本与人力资本的相互关系界定为主要内容的。人才作为一种资本存在，导致企业的存在形态发生巨大变化，人力资本日益占据重要地位。在这种形势下，司马光和米卢的德才观似乎已经过时，但是"木桶理论"告诉我们：一个木桶装水多少，并不取决于最长的那块木板，而是取决于最短的那块木板。如果把我们企业中人才的综合素质比作一个木桶，那么"德"（或称"态度"）就是最短的那块木板，人才对企业贡献的大小，不仅取决于其专业技能（最长的木板），更受其道德水平（最短的木板）的制约。从这个意义上说，在现代企业考察和任用人才时，人才的品德依然是管理者必须审慎对待的不可或缺的要素。

"态度决定一切"的德才观，更是现阶段物业管理行业的现实选择。劳动密集型的行业特征在短时间内无法改变的现实，使得物业管理企业的核心竞争力必然体现为劳动者的基本素质，而劳动者基本素质的重心在于职业道德，职业道德的核心则是敬业精神，在物业管理企业的人力资源战略中，必须贯彻这样一条人才价值观——敬业决定一切！

提倡"敬业决定一切"，是基于我们对物业管理规范化服务特性的认识。物业管理讲究规范化服务，强调细节管理，要求对服务环节进行全过程控制

（ISO 9000体系的精髓），以保证服务产品的高质量。所以，在物业管理活动中，与职业技能相比，服务者的敬业精神更为重要，只有持之以恒地数年乃至数十年致力于满足客户不断增长的服务需求的从业者，只有脚踏实地地将最简单的工作千万次地做好的有心人，才是物业管理企业的中流砥柱。

提倡"敬业决定一切"，也是基于我们对物业管理现状的忧思。在全社会信用危机的大背景下，物业管理行业同样面临着公信力低下的困境，改变这种局面，虽然不是一日之功，也不能凭物业管理企业一己之力，但是，作为从业者，如何坚守道德底线，勤勉尽责，恪尽职守？如何发挥人格魅力，以身作则，排忧解难？如何在特殊时期树立行业形象，维护公众信任？是每一个有责任感的物业管理人无法回避的问题。

司马光早已离开了人世，米卢不久也要离开中国，但他们的人才价值观，将给我们以长久的启迪。

随 感 篇

也许理想终将幻灭，但我依然对自己
的执著无怨无悔，不为别的，只为了
纳尔逊上将那句质朴的表白：我尽了
自己的职责！

作者在佛罗伦萨但丁故居前

摄政公园的玫瑰

2006年

论名气、论人气、论规模、论区位，摄政公园（Regents Park）都无法与海德公园（Hyde Park）比肩。然而，正是在这个地方，我接受了一次生动的职业教育，从中深切感受到盎格鲁－萨克逊民族尊重专业精神的传统，而且似乎找到了破解联合王国兴盛称雄的文化密码。

2001年初夏，我与几位香港同行前往约克郡的哈罗盖特（Hallogate）参加英国皇家特许屋宇经理学会的年会，途中在伦敦作短暂的逗留。从希思罗机场到下榻的酒店，安顿完毕，伦敦的夜色尚未完全褪去，我们顾不上长途飞行的疲惫，迫不及待地开始了忙里偷闲的伦敦之游。初到异乡，却没有两眼一抹黑的窘境，只因同行中有了李百翰。李先生是个英国通，长年服务于香港房屋署，穿梭于港英两地，因身居高位、功绩卓著而获英女王授予的"太平绅士"称号（后来的事实证明，李先生是无愧于"绅士"这个称号的），他虽年过花甲，却依然精神矍铄，古道热肠，主动为我们当起了义务导游，毗邻住店的摄政公园自然成了首选之地。

摄政公园是一个皇家公园，里面不仅有如茵的草坪、茂密的森林、曲折的水系、放养的飞禽和圈养的走兽，还有清真寺、基督教堂、露天剧院和摄政学院。与国内多数城市公园相比，由于缺少游人如织的喧嚣和随处收费的功利，其观赏性和休闲性都略胜一筹。李先生对英国的政治、经济和文化滔滔不绝的宏观在手，似乎毫不影响他对摄政公园一草一木如数家珍的微观在握。公园里有一个并不起眼的玫瑰园，正是李先生的介绍使我们刮目相看，原来园中的五百多种玫瑰均以英国历史上的名人冠名，真正应验了"名花有主"这句老话。让我们惊讶的是，在茫茫花海中，李先生很快地找到几乎所有中国人都熟悉的命名为"Princess Of Wales"（威尔士公主，即戴安娜王妃）的玫瑰，那是一种冰清玉洁的白玫瑰（标牌编号62）。在离它不远处的51号玫瑰前，李先生又一次驻足，神情自豪地对我们说："你们应当知道这个人是谁。她是我们物业管理行业的鼻祖！"我们睁大眼睛盯着黑色标牌——"Octavia Hill"（奥克维娅·希尔），是的，就是她，标牌旁灿烂地绽放着的是一朵粉红色的玫瑰！

一个是倾城倾国的王妃，堪称天底下最优秀女人优点精华的浓缩，虽香消玉殒十余载，念念不忘的崇佩者仍如过江之鲫，魂断巴黎处至今终日烛火长明、鲜花簇拥、人潮涌动；一个是地地道道的布衣，没有显赫的地位、骄人的财富和美丽的容貌，甚至她从事的职业在今天依然为大多数国人视为简单劳动的范例，除了物业管理业内人士，闻其名者可谓门可罗雀。让人惊叹的是，在摄政公园里，两人不期而遇，一同扮演英国名人堂里的主角，共同接受着所有市民和游客的缅怀和尊崇。一个妇孺皆知的明星般的贵族王妃，与一个鲜为人知的杂役般的平民妇人相提并论、等量齐观，除了英国，世界上我们恐怕很难找到第二个地方。这不禁使我想起曾经看过的一篇短文，作者认为英国民主传统和宪政制度发轫于贵族绅士和平民工人同场竞技足球的观点，或许在摄政公园里得到最好的佐证。于细微处见精神，盎格鲁-萨克逊固有的贵族平民化倾向、对不同职业平等尊重的习惯以及对专业人员的善待推崇，都展示了一种海纳百川的博大胸襟，也因此成就了昔日不列颠帝国的辉煌和今日英联邦宗主国的余威。

正是这位奥克维娅·希尔，在骑着自行车挨家挨户修理房屋、处理租务的同时，撰写了第一部关于物业管理的论著——《伦敦穷人的家》，书中关于督促房客养成良好生活习惯的观点，关于强调培养房客社区意识和责任感的理论，在一个半世纪后的今天，对从事物业管理的人们依然不无启迪。正是这位奥克维娅·希尔，她所独创的物业管理制度的雏形，逐渐地为业主、租客和政府有关部门所重视并广为推行，随后英国诞生了世界上第一个物业管理的行业组织——皇家特许屋宇经理学会。

摄政公园的玫瑰，带来的不只是皇家园林的气息，更多的是职业精神的芬芳。英国人对奥克维娅·希尔的定位，足以令每一个从业者在四面楚歌的行业生态环境中保持一种信念：**物业管理不仅需要他信，更需要自信！**

珍珠 · 金线 · 项链

——物业管理行业协会的定位与转型

2012年

从1993年深圳市诞生第一家地方物业管理行业协会至今，前后已有二十个年头。二十年时间里，物业管理行业的点滴进步和成就，都离不开物业管理行业协会的努力和贡献。一定意义上，物业管理行业协会的发展和进步，不仅是物业管理行业发展和进步的重要组成部分，同样也是物业管理行业发展和进步的重要标志。

物业服务业是改革的产物，物业服务业要实现永续发展，依然要依靠改革。要推进物业服务业改革，中心工作是转变物业服务的发展方式。只有加快转变物业服务的发展方式，才能从根本上破解当前一系列制约物业服务业发展的现实问题，才能从实质上促进物业服务业的转型升级和有质量的增长，才能最大限度地保证物业服务业发展总体要求和基本目标的实现，这是行业的共识。

传统物业服务业向现代物业服务业的转型，客观上必然对物业管理行业协会的转型提出要求。一方面，物业管理行业协会作为行业服务组织，如何不断加强自身能力的建设，以满足会员企业的需求，适应行业转型升级的环境变化？另一方面，物业管理行业协会作为行业自律组织，如何发挥引领和示范作用，引导和推动传统物业服务业向现代物业服务业转型？行业协会要与行业实现同步发展，同样面临着从传统行业协会向现代行业协会转型的课题，这就自然延伸出行业协会改革和发展的命题。我们在总结和肯定物业管理改革发展三十年的同时，也有必要对物业管理行业协会改革和发展二十年的历程进行梳理和总结，为新时期行业协会的发展探索新路。

行业协会应当如何定位？

公认和官方的说法都是行业的自律性组织，其作用的经典表述至少有两条，一是"提供服务、反映诉求、规范行为"；二是"企业和政府的纽带和桥梁"。根据国际通行的分类，行业协会属于"NGO"，即非政府组织，是社会组织的一种。在西方市场经济发展史中，行业协会的地位举足轻重。只要去过欧洲的人，都会发现，城市中心区中行业协会大楼的比例和体量毫不逊色于政府部门（在波兰克拉克夫市的古城广城，最核心、最醒目的建筑就是纺织行业公会）。西方市场经济的发展史，某种程度上也是行业协会的发展史。我们现在走市场经济的发展道路，在市场经济国家，政府、市场和社会构成人们开展公共生产和生活三种不可或缺的机制。在解决公共生产和生活中问题的时候，政府可能显得事不关己和高高在上，市场可能显得过于无情和冷冰冰，而社会则介于两者之间，代表着温暖和亲近，它的价值是政府和市场都无法替代的，行业协会就具有这样一种独特的社会价值。

在物业服务行业管理中，政府监管主要是为了保障公共利益，平衡公共利益和物业管理行业利益之间的冲突；协会自律主要是维护行业的整体利益，平衡行业内市场主体之间的利益冲突。从近期看，政府的行政监管和协会的自律管理应相互结合，缺一不可；从长远看，应当借鉴美、英、新加坡和我国香港等发达国家和地区的经验，逐步加强行业协会的自律管理，形成以行业协会为主导的行业管理模式。行业协会要发挥作用，必须充分行使其"规范行业行为，建立职业操守，维护行业权益，宣传行业形象，提高行业素质和加强行业交流"等六个方面的社会职能，这与国家当前倡导的社会组织积极参与社会建设和社会管理的方针政策是相吻合的。

现代物业管理行业协会的基本特征是什么?

我认为,应当体现在以下几个方面:

一是代表性。行业协会不仅代表行业的形象,同样代表行业的利益,代表行业的文化;不仅代表行业中的强者,也代表行业中的弱者(这里涉及是否将协会办成"富人俱乐部"的争论)。行业协会应当是行业内最大多数群体利益的代表,这涉及会员覆盖面的问题,对于大多数地方协会来说,虽然未必都能够做到业必归会,但覆盖面应当更广泛一些。协会的广泛性和代表性,是行业利益表达和维权的依据,是行业政策促动的基础,也是行业影响力和凝聚力的源泉。

二是公正性。对外要有代表性,对内要有公正性。行业协会应当是市场秩序的维护者和协调者,应当是商业伦理道德的倡导者和实践者。这里至少涉及两个公正:一是对会员企业的公正,协会应当营造公平竞争的氛围和环境,及时调处会员企业之间的矛盾和纠纷;二是对客户(业主)的公正,行业协会应当是行业道德的守夜人,督促企业坚守职业道德的底线,严禁会员企业为了商业利益而丧失基本的商业道德。

三是专业性。行业协会的专业性,不仅表现为协会对物业管理专业的了解和把握,而且表现为对行业协会工作特点和规律的了解和把握。如何加强行业协会的自身管理和建设,打造具有物业管理专业特征的协会工作平台,是摆在所有协会面前的一个难题。

四是服务性。现代社会政府职能的转变,使得政府成为服务型政府,行业协会更应当强调其服务性。协会对待会员应当像企业对待业主一样,协会与会员企业之间的关系和企业与业主之间关系也具有相类似之处,只有服务好会员，会员才会觉得会费物有所值，才会真心支持和拥戴协会。

五是自律性。必须承认，由于几千年以来的专制传统和习惯思维，我国的各行各业普遍缺乏自律的文化根基，加上行业自律管理缺乏必要的强制性措施作后盾，许多行业的自律管理更多体现为一种口号和宣言。如何建立具有行业特点的自律机制？当前，可以考虑从行业的诚信体系建设抓起，从信用评定、同业禁止、竞争限制、媒体曝光、公开谴责到开除会籍等，真正做到奖优罚劣。

六是先进性。物业管理行业协会的作用应当从传统的"四协"（协商、协作、协同、协力）向"三引"（引领、引导和引线）转变，才能体现其先进性。首先，协会应当以独特的行业核心价值理念和深厚的行业理论根基去引领行业的发展方向；其次，协会应当以卓越的市场判断和高尚的商业伦理去引导会员企业的市场活动；最后，协会应当以桥梁和纽带的特殊身份在政府和企业之间穿针引线，促进政府、行业和企业的互动和多赢。

协会是什么？我认为，**如果把物业服务企业比作一颗颗散落的珍珠的话，那么物业管理行业协会就是那一根串起珍珠的金线，如果没有这根金线，散落的珍珠就无法串成完整的项链，行业就无法向社会展示自己的美丽风采。**

只有一个奋发向上的行业，才能催生出一个奋发向上的行业协会；只有一个充满朝气活力的行业协会，才能引领行业奔向更加美好的未来。衷心期盼物业管理行业协会与物业管理行业，在共同奔向行业美好未来的征程中，同呼吸，共命运，齐发展！

唯利的地产与唯美的北大　　　　　　　　　2013年
——在北京大学房地产法研究中心十周年庆典上的发言

之所以用"唯利的地产与唯美的北大"作为今天北大房地产法研究中心十周年庆典的发言题目，主要基于两个原因：一个原因是，房地产在人们眼中是功利的代名词，北大在人们心中是唯美的同义语，而北大房地产法研究中心正是二者的结合：一边是唯利，一边是唯美；一半是海水，一半是火焰，这是一种多么奇异的融合啊！另一个原因与今天的发言内容有关，我主要想跟大家交流两个主题，一个是房地产的法制建设，一个是北大的思维方式，这又是一种多么怪异的混搭啊！

虽然陈冰洁和汪兵兵同学在邮件里专门要求我讲房地产方面的问题，虽然我的工作单位是住房和城乡建设部房地产市场监管司，但是我多年来关注和研究的重心一直在物业管理领域。今年是北大房地产法研究中心成立十周年，恰巧也是《物业管理条例》实施十周年。来之前有一个想法，借机会向大家汇报一下物业管理十年法制建设的情况，既合乎身份，又可以驾轻就熟地偷点懒。但转念一想，在多数人眼中，与房地产业的"大"相比，物业服务业显然"小"得不太入流，因此在今天这样的盛典上，我还是选择了识大体、随大流。

听了上午几位嘉宾的发言，似乎有这样一种趋向，大家讨论的范围先是从房地产法扩展到房地产市场，后又从房地产市场缩小到房地产业，最后关注的重心则聚焦到房价上。这并不奇怪，几年来房价从来就是上至达官贵人、下至贩夫走卒们茶余饭后热议的时尚话题，但至今从官方到民间，从未有过一个能够让大家安静的权威声音。今天我借这个机会谈这个话题，也算是捧个场，凑个热闹吧。

依我浅见，这几年来房价持续快速上涨，主要有以下四个原因：

第一个原因是流动性过剩。大家观察一下，从2002年到2012年，我国M2货币发行量从16万亿增加到100万亿，10年间涨了5倍多，房价在10年间也涨了5倍，两者的涨幅基本相同。我们人民币这几年超发得这么厉害，这些超发的货币都沉淀到哪儿去了？很大的一块是房地产，房地产是吸纳流动性最好的工具。一方面，充足的流动性为旺盛的房地产需求提供了强大的货币支撑；另一方面，房地产在吸纳过剩的流动性中功不可没，一定程度上抑制了通货膨胀。这或许是高房价的正能量（正面作用）之一吧？试想，如果没有房地产吸纳过剩的流动性，这几年中国的通货膨胀率可能是很可怕的。

第二个原因是供求关系失衡。以北上广深等一线城市最为突出，受土地资源有限、征收拆迁困难、融资政策收紧以及开发周期影响等因素的制约，近几年许多一二线城市的土地供应计划的完成率仅为50%左右，与没有明显增加的房地产项目开工量和竣工量相比，购房需求却一直非常旺盛，在供不应求的环境下，房价的上涨是符合市场逻辑的。

第三个原因是地方财政压力。目前我国地方政府财政收入的40%~60%依靠与房地产相关的产业，如果没有土地出让金，没有房地产相关税费收入，地方政府的城市建设速度就会大大降低，政绩工程、形象工程的资金来源就会断流。因此，以控制房价为目标和出发点的宏观调控，中央的决心远远大于地方，房价的持续上涨，一定程度上是地方利益与中央利益博弈和妥协的结果。

第四个原因是通货膨胀预期。为什么沿海地区特别是江浙一带的人炒房的比内地人要多，而且时间更早，我观察，除了有钱以外，还因为他们对人民币贬值的预期更加强烈。既然银行存款利率低，其他投资不仅渠道少，而且风险大，那么对于一向具有"有土斯有财"观念的国人来说，其不动产投资的偏好，也刺激了需求并追涨了房价。

但是，不管怎样，我始终持有这样一个观点：改革开放三十年来，中国经济的最大奇迹之一就是房地产业的崛起，2003年——2013年，北大房地产法研究中心所走过的这十年，也正是中国房地产的黄金十年！

那么，黄金十年的房地产业又是靠什么力量来推动的呢？我认为主要有两个推手：一个是市场化，另一个是法制化。应当承认，过去十年里，与充满活力与动力的市场推手相比，法制化这一推手是相对软弱无力的，这里我想到了一个词——"法制失灵"。一定意义上，房地产的黄金十年正是房地产"法制失灵"的十年！大家都在说：宏观调控，十年九调，越调越涨。单从房价来看，似乎有这样一种现象：中央不出政策还好，一出台政策反而涨得更快了。因此，我甚至可以推导出这样一个吊诡的悖论：中国房地产黄金十年的出现，正是基于政府宏观调控的失败；没有宏观调控的失败，就没有中国房地产的黄金十年！从这个角度说，"法制失灵"对于房地产来讲也不完全是件坏事。

目前在中国，房地产还摆脱不了工具的命运。相对于宏观调控而言，房地产是一种工具；而相对于房地产而言，法制也是一种工具。按照这种逻辑关系，法制是宏观调控工具的工具，这就是改革开放三十年来房地产法制的宿命！那么，未来十年甚至三十年，中国房地产法制的命运又该如何呢？张维迎曾有过这样的论断：前三十年的中国，以改革开放为特征；后三十年的中国，以民主法制为特征。个人认为，经历了黄金十年之后，中国房地产将不可能永远的一帆风顺、高歌猛进，而一旦房地产遭遇挫折和振荡，法制的作用将会逐渐显现出来，我们有必要未雨绸缪，为将来的房地产法制建设的顶层设计建言献策。

　　房地产法制建设的核心价值在哪里？我认为，不能停留在过去的"一元论"认识，而应当构建法制的"二元价值体系"。一方面，传统意义上的法的价值，就是实现公平正义，在房地产法领域，主要通过民商法体系来体现，主要由物权法、合同法和侵权责任法三个基本部分构成，通过这三大基本法，来保障房地产交易主体的三大自由（财产自由、契约自由和商业自由），进而实现房地产市场的公平正义。另一方面，在传统的公平正义价值之外，伴随着现代政府职能（可以概括为十六个字："经济调节、社会管理、公共服务、市场监管"）的转变，法律的另一个功能——促进民生经济的价值不断彰显。在房地产法领域，主要通过行政法体系来体现，由行政调控法、公平竞争法和产业促进法三个部分构成，政府通过行政调控法来实现其经济调节的职能（当前的主要手段是限购、限贷、限价和增税），通过公平竞争法来维护市场秩序和保护消费者权益，通过产业促进法来提升产业实力和发展国民经济。因此，从当前来看，民商法和行政法混合交融、并行不悖，现阶段混合式的立法模式是与中国房地产的国情分不开的。从长远来看，驱动民商法和行政法两驾马车，将房地产市场行为和调控手段纳入法制的轨道，分别承载着公平正义和民生经济的两大使命，共同推进中国房地产业的健康发展，是房地产法制的理想和追求。

　　今天是北大房地产法研究中心十周岁的生日，看着在座的同学们一张张朝气蓬勃的脸庞，追忆研究中心的美方创始人鲁道夫先生，不免心生感慨。早在1994年，我就认识鲁道夫先生，当时他就到北大办系列讲座，传授美国的不动产法律制度，是一个真正的启蒙者。我曾到他的宿舍拜会，有幸得到他赠予的一本专著，某种程度上，正是那本书，开启了我个人房地产法知识的大门。如今斯人已逝，留给我们的是长久的追忆。吴校长《怀念鲁道夫教授》的文章平实而感人，大家看，文章的结尾多好——"不管社会怎么变化，这个不能变。"不能变的是什么呢？是师道！一个美国人之所以让我们追忆，是因为他的所作所为展现给我们的师道！我赞同吴校长的观点。现在许多大学偏离了正确的方向，不以教学为本位、不以学生为本位，而是更多地以科研为本位。只有以教学为本位，以学生为本位，师道才会得到尊崇，大学的根基才会牢固。

作为研究中心的兼职导师，我认为，以学生为本位，最重要的是培养学生正确的思维方式。不同的社会角色，看问题的角度不同、出发点不同，思维方式的差异很大。我曾经当过律师、企业经理、行业协会秘书长，现在当公务员，发现这个几个角色考虑问题的思维方式虽然各有不同，却有一个共同的特点：无论是基于价值理性还是工具理性，当事人做出选择和取舍的判断时，其思考问题的关注重心，是依主观偏好不同，区分先后不同顺序（层次）的。这种思维模式上先来后到的顺序（层次）排列，我们可以借用继承法或破产法上的"顺位"的概念，将其形象地描绘为"思维顺位"。

学生的思维顺位，大体分为三个层次：**唯书→唯师→唯心**。我们在学生时代遇到问题时，首先想到的是书本上怎样说的，因为在学生心目中，书本是最权威的，"唯书"似乎天经地义。如果书本上没有答案，就会去问老师，"唯师"退而求其次。如果老师处也无法求证，那只能回归自我、遵从内心，靠自己去苦思冥想，"唯心"不得已而为之。

企业家的思维顺位，则大相径庭，三个层次分别为：**唯利→唯恐→唯实**。当企业老总遇到一个商机时，考虑的首要问题是能否给企业带来效益，无利不起早，之所以"唯利"是图，是因为"利"是企业生存和发展的基础。但是，任何商业活动都存在风险，这里既有经营风险，还有法律风险，企业在追求利润的同时，也要担心万一赔本怎么办，"唯恐"风险太大最终得不偿失。最后，所有的商业决策都是务实的，都是在效益和风险之间找出一个平衡点，最大限度地趋利避害，"唯实"，你可以理解为实事求是，也可以理解为实用主义。

律师又是怎样思考的呢？我们老说，律师应当"以事实为依据，以法律为准绳"，充满了理想主义的色彩。现实中思维顺位的常态却是：**唯他→唯我→唯法**。"受人之托，忠人之事"，律师接受一个案件，首先应当站在当事人的角度，分析他遇到什么难题，希望得到什么样的结果，一定程度上，"唯他"是当事人信任并委托律师的前提。但是，"唯他"并不意味着律师"毫不利己，专门利人"，因为绝大多数律师毕竟不是白求恩大夫，律师分析完当事人的需求之后，一定会反躬自问，从这个案子中我要付出多少劳动，又能赚到多少律师费，"客观为他人，主观为自己"，"唯我"虽然不是那么高尚，似乎也在情理之中。通常情况下，只有在充分考量当事人的诉求和自身的需求之后，律师才会研究法律的规定和适用问题，"唯法"之所以名列第三，不为别的，只因为相对于能言善辩的"他"和"我"，只有"法"是沉默的。

官员（法官）是怎么想的呢？（在中国，法官是在"官"之前加上个"法"的定语，其工作性质和社会定位也与"官"相差无几，因此可以合并同类）据我这几年的观察，他们的思维顺位也可以概括为三个层次：**唯上→唯情→唯理**（对于法官来说，唯理可以用唯法替代）。官场讲究等级，崇尚威权、强调服从，所以下属对上级必须唯命是从。官员遇事，第一时间应该揣摩上级是怎么想，官大一级压死人，"唯上"似乎无可厚非。但是，光"唯上"还不行，因为宦海沉浮，官场凶险，世事洞明皆学问，人情练达即文章，官员行事还必须懂得人情世故，尽量施恩取悦，避免得罪冒犯，"唯情"亦属顺理成章。而事情本身所蕴含的道理，只能屈尊末位了，这也是难怪，真理本身就是相对的，不"唯上"得罪领导，不"唯情"得罪同仁，不"唯理"，不会得罪真理，即使得罪了真理，官员也毫发无伤。

上面我讲了那么多，整整列举了12个"唯"，唯独缺少一个词"唯美"。仔细观察上面的四个思维顺位，你会发现一个有趣的规律：越是顺位靠前的，例如唯书、唯利、唯他、唯上，越是充满功利和世俗；越是顺位靠后的，例如唯心、唯实、唯法、唯理，越是靠近真理和审美。作为一个老北大人，我认为，北大给我们最大的收获，就是学会唯美的思维和唯美的追求，唯美的思维方式，最能体现北大精神的独特性和唯一性。

同学们，如果你们当学生的时候，能够做到不唯书、不唯师，只唯心（遵从内心的判断）；如果你做企业的时候，不唯利、不唯恐，只唯实（遵从诚实的原则）；如果你做律师的时候，不唯他、不唯我，只唯法（遵从法律的精神）；如果你做官员的时候，不唯上、不唯情，只唯理（遵从事物的真理），那么，你们的思维方式就能更加趋近唯美的境界。**唯美的思维方式，也许因为不入主流而特立独行，可能因为不容于世俗而举步维艰，但它是百年北大传统积淀留给我们的最有价值的礼物，也是北大房地产法研究中心十年庆典给予我的最有价值的启示。**

坚守唯美的思维方式吧。没有办法，因为你是北大人。

企业的精神

2000年

——献给年轻的《久筑人》

十年前，一个偶然的机缘使我进了一家企业。这家企业办了一份很不错的内部刊物，我也曾经是一名热情的撰稿人。现在的我,重翻那些发黄的稿纸，依然能够唤起对往日曼妙梦想的温馨回忆,依然能够萌发对当年青春岁月的难舍眷念……

也许竟是夙缘。四年前，又一个偶然的机缘使我落脚于另一家企业——久筑物业。这又是一次决定一生命运的契机，一个激情而有些漂浮的青年人，终于在这里开始了实在的人生。

而今,耳边的新世纪钟声尚未逝去，眼前的《久筑人》文稿已然显现，依稀散发着的油墨清香唤醒了我似乎久已麻木的神经，畅想着久筑的昨天、今天和明天，飞扬的思绪里包含着几多的感慨，几多的欣慰，几多的憧憬！

我为久筑的昨天而感慨。五年多时间里，年轻的久筑走过了不平凡的历程，面对崭新的行业领域，面对全新的管理模式，面对烦心的难题困境，我们经历了创业的蹒跚学步，成长的艰难曲折，改革的阵痛困惑，收获的喜悦欢欣。我们自豪，因为我们未曾辜负这五年！

我为久筑的今天而欣慰。今天,我们有70万平方米的管理面积，6个井然有序的小区，几百名任劳任怨的员工；我们有分级化的管理机制，前台式的窗口模式，事务助理的责任制度……尽管我们距离富足还很遥远，尽管我们还有这样那样的遗憾，但是我们依然感受到一种由衷的满足，毕竟我们已不再一无所有！

我为久筑的明天而憧憬。不是吗？我们的行业方兴未艾，我们的队伍朝气蓬勃，我们的信念从未改变，现代经营管理理念指引我们的发展方向，无数友人关切的目光催促我们奋进。拥有这一切，我们就会拥有前进的动力；拥有这一切，我们就会拥有美好的明天！

而这，也正是《久筑人》的一个使命。作为所有久筑人的情感、信念和思想的载体，我们应当能够从中时刻感受到久筑脉搏的律动。《久筑人》，将是我们久筑历史的积淀，现实的展现，未来的见证。

一位伟人说过，人，总是要有点精神的。同样，作为人群组织的一种形式，企业又何尝不需要一种精神呢？如同一个自然人的成长过程，五年的时间里，随着骨骼的强壮和肢体的健全，久筑的机体已日臻成熟。此时，一些无法回避的问题摆在我们面前，什么是企业的精神？如何培育和塑造久筑的精神？而对这些问题的回答并付诸恒久的实践，是每个关心久筑物业命运的人们必须正视的现实。

物质不灭，精神不死。物质和精神，是所有理性企业不懈追求的两大永恒主题。现代企业与传统企业最重要的区别，是从以人为成本的管理向以人为本的管理的转变，这就决定了企业不仅要给人物质，还要给人精神的东西，企业必须有精神、有信仰，才能显示其旺盛的生命活力。难以想象一个精神匮乏的企业能够带领一支生机勃勃的胜利之师，也难以想象一个没有信仰的企业能够在激烈的市场竞争中立于不败之地。

那么，什么是企业的精神呢？我想，它可以理解为一种信仰、一种理念、一种意识、一种追求、一种气氛……它是企业最优秀的性格或特征，反映了企业的内在特质，这种精神使一个企业有别于其他的任何企业，是企业永葆青春和活力的奥秘。我们也许永远无法用语言或文字精确地描绘它、界定它，但任何生活在其中的人们都会体会到这种强大而又无形的存在，都会感受到自身与这个企业之间无法割舍的精神维系，而这也正是企业精神的巨大魅力之所在。

所以，决意离开万科的林少洲感叹：我喜欢万科，在精神上，我一生都和万科在一起；所以，一位立志奋斗终生的一汽人坦言：我愿意将一汽作为自己一生的事业，这里独特的文化、氛围和精神面貌没有理由让我离开它！

当然，我并没有忘记我们的久筑。

久筑的精神是什么呢？我想说，是团结、是进取、是诚信、是求实、是创新，是一切美好理想的集萃；但我更想说，对于年轻的久筑来说，企业的精神如同一张尚未染墨的白纸，只有你们——久筑人，才能用智慧揭示久筑精神的真正内涵；只有你们——久筑人，才能用实践证明久筑精神的真正价值；也只有你们——久筑人，才能用成就展示久筑精神的真正魅力。

这正是《久筑人》的另一个使命。作为培育企业文化的摇篮，在这里我们挥洒着青春、喷涌着才华。《久筑人》，她寄托着所有久筑人的希望和梦想，她是我们精神的家园。

我深深地知道，刚刚诞生的《久筑人》还很稚嫩，还需要细心的培植、精心的雕琢、倾心的呵护。也许你是刚刚跨进久筑大门的新人，也许你已经伴随久筑度过五年的风风雨雨，也许你正为众多的问题而发愁，也许你正沉浸在成功的喜悦中……无论如何，所有的久筑人，都请你拿起笔来，写下你的体验，写下你的思考，写下你的动议，写下你的梦想。时代需要你们以更高的热情、更多的理性、更新的观念、更实的行动投入到我们共同为之奋斗的事业中去。

这就是我——一个久筑人至诚的期盼。

孑然一身反垄断　锱铢必较为哪般 2003年

如果要对久筑物业近十年的外部生存环境进行画龙点睛式的描述的话，对于其中的一个"龙睛"，我最有可能选择这样的表达方式：在久筑不长的对外关系史中，始终贯穿着一条主旋律——反垄断。

困境似乎与生俱来。自久筑接管的第一个项目南新园开始，我们就感受到了供电部门的霸气和权势。在报装用电之前，开发商必须与供电局签署一份《电费协议》，保证无条件无限期地承担向供电局全额支付小区电费的义务，否则不予装表供电。为了小区的正式通电，开发商必须满足供电局的条件，并指令物业公司与供电局签订没有任何讨价协商余地的《电费协议》。从在这份"霸王合同"上签字画押的那一刻起，无偿代供电局收取住户电费并承担垫付欠费风险的枷锁就无情地套在了久筑物业身上。在此后的日子里，供电局可以根据协议，采取无承付托收方式，从物业公司的账户上将小区用户应付电费总额如数划拨，而不顾小区住户是否按时如数向物业公司交付电费的事实（而现阶段普通居住小区居民因种种原因拒交、欠交电费是一种普遍现象）。由于不堪忍受长期无偿代收代垫电费的经济负担，我们也曾更换了账户，拒绝垫付，但这种权宜的抵抗，招致的是更大的报复，供电部门先是停止了管理处办公和小区公共路灯用电，继而停止开发商在施工程用电，在业主、供电局、开发商三重压力之下，我们能做的只有屈从和妥协……

随之而来的是供水、供气、有线电视等公用大鳄，凭借着他们无法撼动的优势地位，均如愿以偿地从久筑这里得到他们炮制的一个个所谓双方意思表示一致的"收费合同"。更有甚者，在要求无偿代收费的同时，燃气部门还强令物业公司签署《燃气安全使用维护协议》，无偿转嫁所管区域的燃气使用安全和设施设备维修养护的责任，垄断性公用部门对物管企业的权益侵占到了无以复加的地步！

最令人寝食难安的是供暖。每年冬季到来前，久筑的头等大事是"请求"各供热单位向五个小区供暖，供热单位开出的条件是物业公司替所有住户一次性交清当年供暖费及以前年度欠费。在全社会供暖费收缴率普遍偏低的情况下，久筑物业的收费结果同样不尽如人意，为了保证向交费业主及时供暖，为了履行供热方作为供热附加条件而强加给开发商的《供热协议书》，我们往往只得同意不计收费成本地将所代收供暖费全部转交供热方，但这与供热方全额支付的要求依然相距甚远，随着气温的一天天降低，居民要求供暖的呼声一天天高涨，久筑人所承受的压力也在一天天增大。

于是乎，我们开始了永不停息地奔走呼号，我们竭尽全力地四处收费，我们不厌其烦地解释，我们忍气吞声地恳求，我们小心翼翼地陈情，我们锱铢必较地争执，我们委曲求全地退让，我们引经据典地论证，我们义正词严地反驳……我们成了审判庭上的被告、排查会上的常客。我们领教了不分青红皂白的专横粗暴，我们见识了无所畏惧的无知者，我们同样也对直面冷酷的务实求真有了更多的感悟。

不懈抗争的结果是，强加于我们的"不平等条约"并未发挥应有的效力，迄今为止我们并没有用有限的物业管理费去填补永无止境的代收费"黑洞"，更重要的是，我们的努力为今后的谈判赢得了时间和空间。当然，我们也因此付出了巨大的代价，一次次的妥协，一次次的抗争，一次次的停暖停电，一次次的责问辱骂，一次次的偏见误解……所有的都在无时无刻地刺激着我们无法安宁的中枢神经，在今后的岁月里，这些都将成为缠绕在敬业的久筑人心头上挥之不去的梦魇。

冷静地分析这种困境，或许我们可以将其归结于在计划向市场转型时期公用部门改革滞后的结果，但这不能成为无辜的物业管理企业承受痛苦的理由。公用部门在市场机制尚未完善之际，利用垄断地位制造不平等的强制收费模式，显然出于其趋利避害的主体本能，但身兼市场经济的教练员和裁判员两职的政府，理应出面废除这种显而易见的不平等的游戏规则，重塑市场经济的平等法则（因为反垄断是世界各国政府的一项基本的经济调控职能）。令人遗憾的是，可能基于种种考虑，在缘于水、电、热、气等公用资源供应而发生的诸多矛盾和利益冲突面前，政府显得无所适从，相关改革步伐踟蹰不前，有时甚至由于短见和苟且，常有削足适履、饮鸩止渴之举。长此以往，势必积重难返，贻误良机，因为行政命令只能解一时之急，而市场机制才是长治久安的妙药良方。（必须提到的是，即将出台的《物业管理条例》也许预示着这方面改革的启动。）

路漫漫其修远兮，行进在这条反垄断的艰难旅途中，我们时常感受到的是一种孤立无援的绝望。制度的阙如，公用部门的强势，政府部门的袒护，媒体舆论的帮腔，同业的沉默，业主的误解，开发商的自利，还有弥漫在绝大多数民众中不加分析的"欠债还钱，天经地义"的思维定式和偏见，都使我们体会到了腹背受敌、四面楚歌的滋味。毫无疑问，这是一场以小对大、以少对多、以弱对强的博弈，在这场力量对比悬殊的博弈中，物业管理企业作为一种尚不具备自由缔约和竞价地位的准市场主体，久筑作为一个产权机制和治理结构远未成熟的非独立机构，其悲剧的命运也许是注定的。然而，作为这场悲剧的主人公——久筑人，不得不面对这样的质问或自问：悲剧的序幕早已拉开，谁能告诉我们它的尽头？在这场不识时务、不计付出的无力抗争中，我们得到了什么？

好在先哲黑格尔早有答案：激情在前面冲冲杀杀，理性在背后沉默地收获着。在这场与垄断巨人无止无休无规则的博弈游戏中，久筑人的角色无疑是在前面冲冲杀杀的激情，谁是真正的理性收获者？我们不得而知。但是，至少有一点是可以肯定的：

久筑人有着自己的收获，因为我们激情的背后也不缺少理性，这个理性的名字叫责任，它的收获是良知。

为了理想的告别 2009年

所有的人看到这个标题，也许都会作出这样的判断：陈伟是为了实现他的理想而告别久筑的。事实恰恰相反。

作为我过往人生旅程中最重要的驿站，作为我有限生命中无法挣脱的构成，作为我倾注了无数热血、汗水和艰辛的事业，久筑就是我的理想。当又一次的人生抉择需要面对时，尽管情感竭力挽留我，因为这里有太多的东西令我恋恋不舍：相濡以沫的同事、耳熟能详的物业、务实高效的体系、兼容并包的文化、无愧于己的业绩……但是理智却坚决地劝慰我：既然除了时空人世间没有永恒，那么不让理想破灭的唯一方法，也许就是在适当的时候远离她，好让她的美好永远存留在我的心底里，定格在我的记忆中。

花儿应该在最鲜艳的时候亮相，才不冤枉她的美丽；姑娘应该在最靓俏的时候出嫁，才不辜负她的青春……这种比喻也许不很恰当，却道出我此时此刻的真实心境。

从1996年到2009年，从29岁到42岁，从1个小区到5个管理处，从《工作手册》到《员工必读》，从《企业的精神》到《职业精神的六个追问》，从理念创意到文化塑造，从捉襟见肘到丰衣足食，从企业讲堂到国际论坛……每一个拨动我记忆之弦的数字和文字，都能使我思绪万千、心潮澎湃，却远不足以道尽我的久筑生涯。不是吗？十三载岁月，五千个日夜，一个个体和一个群体的相依为命、荣辱与共，如此长时间的厮守之后，他们已经不分彼此地融为一个新的生命体，在鲜活的生命和多彩的历史面前，任何语言文字都显得那么苍白无力。

然而，这并不意味着生活只能靠记忆去回味，更不能否认我们记录历史的价值。

　　和所有热爱久筑的同仁一样，在我走上岗位之初，曾经满怀激情地设计出一个理想化的久筑并为之忘我地努力。几年以后，当意识到在体制、环境和资源制约之下，久筑不可能简单模仿教科书和宣传片中的标杆企业之时，我忍痛选择放弃理想化，但我并没有放弃理想，而是转向对久筑物业独特生存之路的重新思考和探索。在充分剖析行业生存状况和企业内外部环境的基础上，我认为，在条件不具备情况下的盲目扩张，不仅不可能实现快速发展的初衷，甚至可能导致生存基础的丧失，所以我们不应为管理面积、营业收入和品牌扩张等诱惑所动而贪大求快，而应审慎务实地专注于企业内部资源的挖掘而整合，向管理要效益是久筑物业的最佳生存模式。于是，局限条件之下的综合效益最大化，便成为久筑物业的现实选择和理想追求。

　　通往理想的道路是艰辛而漫长的。对于像我这样受诸多现实条件制约的管理者来说，如同一个戴着镣铐的行者，走上了一条荆棘遍布的不归之路，需要付出超人的代价和心力。在此后的日子里，我清楚地知道：不积跬步，无以至千里，高远的理想必须付诸以脚踏实地的行动，所以从开始直到离开，我从未放弃过细致入微的管理和引导；身教重于言行，卓越的判断力需要身体力行的率先垂范，所以在与垄断等强势部门的抗争中，我永远是身先士卒、冲锋陷阵的排头兵；公开是最大的民主，公正是最好的激励，在治理结构天然缺失的限制之下，我或许不能有效惩罚所有后进，却抓住一切机会鼓励先进，我或许不能让所有善行得其所偿，却让许多劣行无以为继；制度创造价值，人性的光辉胜过制度的权威，在不厌其烦效力于制度构建的同时，我更信奉人性的力量，营造简单和谐的人际关系，挖掘弘扬人性中的真、善、美，成为我持之以恒的不懈追求，而由此形成的人文关怀的核心价值观，是久筑基业长青的文化基因。

十三载岁月，五千个日夜，如履薄冰的战战兢兢，如临深渊的危机压力，舍我其谁的未雨绸缪，一息尚存、永不松劲的坚持，无数不合时宜的抗争，多少不计回报的付出……所有的一切，都是为了增强久筑赖以生存的体力，提高久筑抵御风险的免疫力，积累久筑持续发展的动力；所有的一切，都是以久筑利益为依归，都是为了久筑美好的未来。也许理想终将幻灭，但我依然对自己的执着无怨无悔，不为别的，只为了纳尔逊上将的那句质朴的表白：我尽了自己的职责！

此时此刻，我没有忘记你们——久筑人。在漫长的岁月里，我并不感到孤独，因为一路上有你们；在艰难的日子里，我并不感到无助，因为你们和我在一起。正如那首歌所唱的，我是你们的绿叶，我的根在你们的土地上。**久筑是久筑人的久筑，没有你们的关爱和支持，我不可能坚持到今天；没有你们的努力和奉献，久筑不可能坚持到今天。久筑人，正是你们创造了久筑局限条件下的最佳生存奇迹，你们以自己的尊严赢得了他人的尊重。**

久筑，你会永远留在我的生命里。

将物业管理工作当作一项事业来追求

2011年

——在首届中国物业管理长江论坛上的讲话

在物业管理改革发展三十周年之际，作为系列庆祝活动之一，武汉市举办了首届中国物业管理长江论坛，长江中下游各省市的同行汇聚江城，纵论物业管理这一共同的话题，论坛时机的把握和意义的重大是不言而喻的。

我国内地物业管理从上世纪80年代的创业到90年代的创优，从新世纪与时俱进的创新到当前时不我待的创富，走过了艰难和光荣的三十年历程。三十年的筚路蓝缕，我们所付出的艰辛和取得的成就，无论采取何种方式肯定和歌颂都不为过；三十年的栉风沐雨，我们所遇到的问题和取得的经验，无论采取何种方式回顾和总结都是必须的。一代物业管理人艰苦奋斗所铸造的前三十年的辉煌，将成为我们实现物业管理下一个三十年梦想的物质基础和精神财富。

今年是"十二五"规划开局之年，在谋划"十二五"期间我国物业管理的发展战略时，在设计我国物业管理的美好蓝图时，我们必须清醒而理性地看到当前我国物业管理行业面临的六个基本问题：一是优质物业服务供应不足，整体管理水平有待提高；二是行业平均利润不断下降，行业生存状况不容乐观；三是从业人员素质亟待提高，行业专业地位尚未确立；四是质价相符价格机制缺失，市场竞争环境仍需改善；五是公共权利义务意识淡薄，业主大会制度尚未成熟；六是相关主体矛盾错综复杂，行业社会公信依然缺乏。这些问题将在今后较长一段时期里困扰着我们，是我们行业科学发展无法回避和必须破解的难题。

破解这些难题，需要我们举全行业之力，循序渐进、攻坚克难；破解这些难题，需要我们发挥全行业的智慧，内外兼修、自强不息。概括地说，我们可以从两个方面着手，优化我们的生存环境：一是重塑外形，二是苦练内功。所谓重塑外形，就是重新塑造行业的"外部形象"，具体地说，我们应该从社会管理、民生幸福和经济发展等三个维度挖掘物业管理的丰富内涵，敏锐把握时代脉搏，特别是要抓住当前政府的工作重心，强调和发挥物业管理在社会管理中的重要补充作用，进而让全社会认识到物业管理的社会价值，进一步提升行业的公众形象；所谓苦练内功，就是艰苦磨炼行业的"内在功力"，具体地说，我们应该从人员素质、管理流程和商业模式等三个环节提升物业管理的专业能力，遵循和强调物业管理为客户创造价值进而实现自身价值的市场逻辑，逐渐形成物业管理行业的差别优势，进一步提升行业的竞争能力。物业管理的对象是物，核心始终是人。要做到这一切，都离不开我们物业管理人的努力，都需要我们全体物业管理人脚踏实地地去思考、去行动、去奋斗、去实现。

在物业管理发展的新的历史时期，物业管理从业人员如何建构正确的执业观呢？我想，正确的执业观可以分为四个境界，应该把握四个"业"字：**第一个境界是职业**。此时物业管理仅仅是一个就业谋生的手段，从业者通过职业活动获得生存和发展的经济基础；**第二个境界是专业**。物业管理能够提供不可替代的专业产品，从业者通过专业活动展示特殊的专业优势，为客户创造独特的专业价值；**第三个境界是行业**。物业管理是一批企业整体性的商业活动，从业者通过执业活动来展示和体现行业的形象，逐步形成共同的行业伦理和行业文化；**第四个境界是事业**。这是最高的境界，物业管理人应当将物业管理当作一项事业来坚守，将物业管理当作一项终生追求的事业！

从职业到专业、从专业到行业、从行业到事业。我们相信，正是因为物业管理这一共同的事业，我们大家才从东南西北汇聚江城武汉！我们更加相信，正是因为武汉之夏的辛勤耕耘，必将带来物业管理中部崛起的秋天收获！

与企业共忧患　　与行业共命运

2008年

——在《中国物业管理》杂志第七届协办会上的讲话

　　杂志协办会到今年已经是第七届了，虽然我是首次参加，但依然感受到了大家对杂志工作的支持。我想，协办单位对协会和杂志的支持不仅仅是物质方面的，更多的是精神上和专业上的。在刚才的"我和你"会议主题宣传片当中，我发现协办单位都是行业当中的骨干企业，代表了行业的实力和形象。杂志的发展离不开各位行业精英一如既往的认同和支持，你们是杂志发展的一个基本支撑。

　　《中国物业管理》杂志的作用，我认为，至少应当体现在以下六个方面：一是树立行业形象；二是培育企业品牌；三是解决行业问题；**四是加强行业交流**；五是总结行业经验；六是宣传法规政策。在这六个方面，杂志作**为行业的主流纸质媒体**，具有不可替代的作用。相信在座的很多人都有体会，在首**批**物业管理师资格认定时，由于物业管理师资格认定的条件比较严格，要求参加认定考试的人员在国家正式出版物上发表两篇论文，为了帮助部分从业人员的发表论文，杂志社做了很多的工作，费了很多的心力，最大限度地满足了很多中物协会员单位和非会员单位的需求。因为杂志社的工作，许多从业人员顺利参加了物业管理师认定考试，取得了首批物业管理师资格。杂志发展到现在已经八年了，作为杂志的读者，同时也是一名作者，我感受到了杂志社在办刊思想和思路上持续不断的尝试和创新，其中"专题聚焦"栏目就是一个明显的例子，这一栏目主要针对行业面临的热点和难点问题展开讨论，为解决行业的现实问题献计献策。杂志以对行业发展的推动作用而展示其旺盛的生命力，这是我对《中国物业管理》杂志存在价值的一个基本判断。

杂志下一步如何办得更好更有特色呢？这里简要谈谈我的粗浅看法。

首先，就像刚才上海物业管理行业协会会长讲的，杂志要有一个定位。你们强调比较多的是，中华人民共和国住房和城乡建设部主管、中国物业管理协会主办，这个定位比较官方，一会儿沈建忠司长将会从政府主管部门的高度，给大家进行指导。但杂志自身还应当有一个定位，就是基于杂志特殊性的自我定位。《中国物业管理》杂志是一个以行业宣传为基础的专业杂志，这个专业定位就决定了杂志发展的空间和方向。在国外，把这种以行业、专业为基础的杂志叫定向出版物，这类定向出版物很厉害，国外称其为第八媒体。以美国为例，现在发行量最大的刊物就是定向出版物，有一本杂志发行量达2100万份，叫《全美退休教师协会和全美退休人员联合会公报》，这个公报和我们国家的政府公报不一样，它属于面向特定人群的定向出版物。在英国，杂志发行量前十名中，有七个是定向出版物，其中前六名全是定向出版物。这两个例子给我们的启发是：从某个角度，《中国物业管理》杂志可以定位为物业管理行业的定向出版物，无论是从发行数量还是行业影响，要发挥《中国物业管理》杂志的发展潜力，都要借鉴和学习国内外定向出版物的经验。

其次，杂志还要借鉴企业的办刊经验。据我所知，业界有很多企业都有自己的企业内刊，而且办得有声有色。刚才说到国外的定向出版物，就是起源于企业内刊的。美国第一个企业内刊是一个从事农机具销售的商人于1895年创办的，杂志的名字叫《犁》（Furrow），现在依然在全世界45个国家用11种语言发行，数量达到160多万册。企业内刊是企业文化重要的组成部分，我认为，《中国物业管理》杂志也应该从中吸取精华，丰富自身，将自己的生存和发展深深地扎根在物业服务企业文化的沃土之中。在国内，还有不少杂志，如深圳的《住宅与房地产·物业管理》、昆明的《现代物业》，以及上海等各地行业协会所举办的行业期刊，这些都应该成为《中国物业管理》杂志学习和借鉴的榜样。我们常说，尺有所短，寸有所长，杂志应该博采众长。

最后，杂志还要为营造行业文化发挥独特的作用。杂志是同行之间思想交流和汇聚的平台，同行之间具有什么样的共性呢？共同的从业经验，形成共同的价值认同，产生共同的职业归属感。如何发挥杂志在营造行业文化、培育职业共同体和凝聚行业力量方面的作用，是《中国物业管理》杂志今后面临的一个重要课题。

总之，杂志要生存，要发展，应当与企业共忧患，与行业共命运，扬长避短，凝心聚力，共创伟业。这也是我对《中国物业管理》杂志的一个基本建议。

以上谈了一个"基本支撑"、一个"基本判断"和一个"基本建议"。最后，我想说，今天的会，是杂志社对大家的感谢会，也是一个交流会，相会老朋友，结识新朋友；还是一个讨论会，一起讨论大家普遍关心的行业话题；更是一个展望会，共同谋划行业未来的发展。现在虽然是冬天，但有如此众多的领导和同行相聚在四季如春的昆明，为物业管理事业运筹帷幄，决胜千里，我已经提前感受到了春天的温暖。

我们不能停止思考和放弃行动

2008年

——在物业服务品牌价值和商业模式论坛上的点评

今天论坛的主题是物业服务的品牌价值和商业模式，中物协行业发展研究中心成立之后准备开展十几个课题研究的工作，其中包括今天论坛的两个主题。

品牌（Brand）来源于古挪威语，中文意思是"烙印"。早期西方的游牧部落在马背上打上烙印，以区分不同部落之间的财产，烙印上写着一句话："不许动，它是我的！"并附有各部落的标记，这就是最初的品牌标志和口号。由此我们可以推断，最初品牌的含义，首先是区分商品，其次是通过特定的标识在他人心中留下印象。现代意义的品牌，已经演变成消费者对产品的全部体验，品牌不仅包括物质的体验，更包括精神的体验，它向消费者传递一种生活方式、一种价值取向。

推行品牌战略，符合经济学的"马太效应"原理，是物业管理行业发展的必然趋势。一方面，具有品牌的物业服务企业，会得到多数消费者的认同，多数消费者认同的直接结果，就是产生目标客户的锁定效应，使物业服务企业始终拥有稳定的客户群体；另一方面，物业服务企业的品牌形成以后，必然会扩张管理规模，降低管理成本，形成规模效益，增强竞争实力。这两方面都有利于品牌物业服务企业在竞争中处于优势地位，成为"马太效应"的胜者。

品牌建设分为四个不同的阶段：知名度、美誉度、忠诚度和认同度。知名度是品牌竞争的最初表象，认同度是品牌发展的最高阶段。目前我国物业服务行业的品牌建设尚处于初级阶段，大多数企业仍以知名度和美誉度作为企业品牌建设的核心。

物业服务企业的品牌建设，需要关注以下几个难点：第一，物业服务品牌塑造的综合性。物业服务品质是由开发商、服务对象（客户）和服务企业三方共同决定的，没有开发商的优质产品和服务对象的良好配合，服务质量是无法保证的，物业服务产品也难以形成品牌，所以物业服务企业的市场选择应当具有针对性，应当充分考虑开发商和客户对品牌塑造的影响因素。第二，物业服务品牌评价具有很强的主观性。客户的主观感受难以量化，缺乏科学的评价标准，所以建立物业管理品牌的衡量标准是行业一个重要任务，需要尽快着手进行。第三，物业服务品牌缺乏独立性。多数物业服务企业的品牌是依附于开发企业或母体企业品牌的，这与建管分离的大趋势不相适应。第四，物业服务品牌与企业成本的关联性。物业服务品牌建设要和企业成本挂钩，要强化"品牌成本"的概念，目前多数物业服务企业并未走出"高档就是品牌"的误区，"最优性价比"的品牌观尚未形成。

生存是肚皮，品牌是脸皮。虽然推行品牌战略的工作任重道远，但这是业主、企业、行业和政府共同关注且迫在眉睫的大事，物业管理行业协会有责任也有义务，通过促动行业政策、重塑竞争规则、改善行业形象和提升行业公信等系统工程，切实推动此项工作的开展。

商业模式实际上是一个生存之本的问题，是企业如何为客户创造价值，并通过为客户创造价值实现自身价值的问题。商业活动客观上为别人，主观上是为自己，可以断言，同时满足企业目标和客户需求的商业活动，其模式一定是科学的。

物业管理的行业本质，是物业服务企业从事的以物业（不动产）为基础、以客户（业主）需求为导向、以管理为手段、以服务为核心产品的商业活动。物业服务竞争应当是基于对行业本质深刻认识基础上的企业发展战略的竞争。从这个角度讲，只有制定了符合自身条件的、科学的发展战略，企业才能具有差别优势，才能在市场竞争中占据先机。

　　行业本质决定专业价值，专业价值决定商业模式。物业管理的专业价值在于两个方面：一是客户关系管理能力。物业管理产生的基础是多业主区分所有建筑物的出现，建筑物共有部分需要统一的专业化管理，业主既有普遍的共同需求，也有各自的个性需求，如何协调全体业主共同利益与单个业主个别利益之间的矛盾是我们的专业难点。二是物业设施管理能力。现代建筑物功能的日益复杂化和高科技的广泛应用，使得设施设备的综合管理难度不断加大，如何保证建筑物安全、节能、高效的管理和使用同样是我们的专业难点。现在大家都推崇物业服务集成商模式，虽然这是一种国际上通行的模式，但需要注意的是，集成商模式风险较小，其利润空间也相应较小。从国外的实践来看，物业服务行业的发展方向是做物业资源的综合开发商，例如美国的Service master公司和荷兰的Intech公司，其模式并非我们今天所说的物业服务集成商，而是物业资源的综合开发商，这可能是我们将来发展的方向。

　　当前，不论是物业服务提供商（业界大多数企业就是这一角色）、物业服务集成商，还是物业资产经营商，都有其存在的价值。而商业模式的选择，一定是基于对内外因素综合考量之后做出的最切合实际的判断。现阶段的商业模式应该是多元化的，各种模式都有其存在的合理性。主要原因在于：一是我国幅员广阔，各地物业管理的发展极不平衡；二是物业管理行业尚未成熟，专业人才缺乏，从业人员素质亟待提高；三是物业类型的多元化以及与此相对应的经营方式的多元化；四是不同物业服务企业的定位和优势不同，企业文化也存在着差异。

　　狄更斯曾说过，这是一个最好的时代，也是一个最坏的时代。物业管理行业似乎正处于这样的一个时代，机遇和挑战永远是一对孪生兄弟。《劳动合同法》曾带给行业极大的压力，而今天的金融危机似乎却未给行业造成什么影响。其实，我认为，什么时代不是最重要的，重要的是物业管理行业还在生存着和发展着，只要生存着和发展着，我们就不能停止思考，我们就不能放弃行动。

从朝阳行业向永续行业跨越

2011年

——在第四届中国西部物业管理发展论坛上的讲话

作为一个涵盖我国西部12个省、自治区、直辖市的物业管理行业的区域性论坛，西部物业管理发展论坛至今已连续成功举办了四届，无论从地域辐射、参与城市、参会人员、会议主题和会议成果等方面研判，西部论坛在全国同类论坛中都是首屈一指的。本次论坛在千年古都西安召开，恰逢中国内地物业管理的三十年华诞，并以"关注员工、关注未来、关注可持续发展"为主题，汇聚东西南北中的行业同仁，共同探索和总结物业管理的昨天、今天和明天，必将对推动西部乃至全国物业管理的发展起到积极的作用。

在此，以本次论坛的主题为主线，结合物业管理行业"十二五"规划以及本人的一些思考，简谈四个要点，与大家分享。

理性务实，关注西部发展

西部物业管理市场是全国物业管理市场不可或缺的组成部分，经过十几年的发展，西部物业管理的覆盖率不断提高，物业服务水平大幅提升，品牌服务企业不断涌现，行业生存状态不断改善，物业管理意识不断增强，西部物业管理所取得的进步和成就有目共睹。

研究探讨西部地区物业管理的现状，我们必须理性地看到，由于受到经济发展水平差距、物业消费观念薄弱、专业人才队伍缺乏和科学技术运用滞后等因素的制约，西部地区物业管理的发展面临着基础条件不足和发展压力较大的问题。同时，我们更应当清醒地看到西部物业管理发展的潜力和优势：一是国家西部大开发的战略优势；二是城乡经济一体化的政策优势；三是借鉴东部先进经验的学习优势。因此，只要努力克服发展的制约因素，充分挖掘发展的潜能和后劲，西部地区物业管理一定能变被动为主动，转先行劣势为后发优势，适时把握行业发展的历史机遇期，缩小差距，后来居上。

选择设计西部物业管理发展的道路，我们要防止两种趋向：一种是拿来主义的路径依赖，过分强调物业管理的普适性，认为西部地区物业管理的发展应以照搬东部地区先进做法和经验为主线；另一种是自我中心的闭门造车，过分强调西部地区的特殊性，认为东西部的经济和文化差距决定了西部物业管理的独特路径。我认为，西部物业管理的科学发展，要做到"公转"和"自转"的结合和统一。所谓"公转"，就是要尊重物业管理的普世价值，遵循物业管理的行业规律，遵守物业管理的行业规则，吸取先行地区的经验和教训，这样才能做到少走弯路，事半功倍。所谓"自转"，就是要在分析西部地区市场环境和把握西部地区地域特点的基础上，克服既有的思维定式，理性认识西部地区行业发展所处的阶段，设计与当地社会经济和文化习俗相适应的、具有西部特色的行业发展模式，这样才能做到因地制宜、循序渐进。

固本培元，关注队伍建设

劳动力是物业管理行业的基本生产要素，与其他行业相比，物业管理行业对资金、土地两大生产要素的需求和依赖程度相对较低。从本质上看，从事常规业务的物业服务企业是人合公司，而非资合公司，企业的核心竞争力是人力资本，员工是企业的第一生产力，这就决定了物业管理行业必须站在生存和发展的战略高度去关注员工队伍的建设。关注员工，是物业管理行业固本培元之举，只有巩固员工之根本，才能培育企业之元气。

没有满意的员工，就没有满意的服务；没有满意的服务，就没有满意的客户。在全行业普遍关注客户、全面推行客户关系战略和客户满意战略的今天，我们应当追本溯源地去关注我们的员工，正是无数默默无闻、任劳任怨的员工，才是满意服务和满意客户的创造者。在物业管理发展三十年后的今天，我们应当有足够的理由去重新评估员工的存在价值，有足够的精力去重新关注员工的生存状况，有足够的能力去重新改善员工的生存条件。一个优秀的物业服务企业，不仅应当是客户的最佳"雇员"，同样也应当是员工的最佳"雇主"。一个成功的物业服务企业，在处理好企业和客户关系的同时，还应当处理好员工和企业的关系、员工与客户的关系、员工和员工的关系，以及员工和合作伙伴的关系。

物业管理的对象是物，核心是人。科学发展观的第一要义是以人为本，物业管理行业的"以人为本"，不仅是以客户为根本，同样也是以员工为根本。以员工为根本，就应当关注员工的未来。关注员工的未来，其核心价值在于提升员工的素质，根本举措在于强化员工的培训工作，塑造学习型的员工队伍。如果说没有培训好的员工是企业最大成本的话，那么培训好的员工则是企业最大的财富；塑造学习型的员工队伍，以员工为根本，就应当坚定不移地推进物业管理师制度，提升行业的专业素质，改善行业的专业形象。

志存高远，谋划行业未来

今年是"十二五"规划的开局之年，也是物业管理行业发展的三十周年，在这一关键的历史节点上，如何总结过去、谋划未来，事关物业管理行业可持续健康发展。

回顾过去的三十年，物业管理经历了从无到有、从小到大的发展，经历了从"香港模式"向"中国特色"的演变，经历了从"企业时代"向"业主时代"的转变，经历了从"拓荒淘金时代"向"减法经营时代"的蜕变，经历了起步阶段向初级阶段的进化，这是我们对行业发展现状的基本判断。展望未来的三十年，物业管理的法制环境将日趋完善，市场机制将逐步健全，客户细分将日益优化，科学技术将广泛应用，专业分工将势在必行，服务领域将向纵深发展，这是我们对行业发展趋势的基本预判！

谋划行业的未来，我们应当以行业发展的基本判断为基础，以行业发展的基本趋势为导向；谋划行业的未来，应当力争实现物业管理行业目标与政府目标的统一，为物业管理行业营造良好的社会环境。经多方努力和呼吁，温家宝总理在两年的政府工作报告中强调"发展物业服务业"便是最好的明证。当前，我们应该紧紧围绕社会管理创新、民生幸福指数、社会和谐稳定的政府工作重心，彰显物业管理的重要作用，提升物业管理的社会形象；谋划行业的未来，应当力争实现物业管理的行业价值与客户价值的统一，为物业管理行业营造良好的市场环境，以市场为导向，以客户需求为导向，挖掘物业管理的专业价值，通过最大限度地实现客户价值，进而实现行业的自身价值；谋划行业的未来，应当力争实现物业管理的行业方向与宏观经济发展方向的统一，为物业管理创造良好的经济环境，顺应国家转变发展方式、调整产业结构的改革方向，顺应国家加快现代服务业发展的产业导向，最大限度地发挥宏观经济对物业管理行业的引导和带动作用。

在这种认识基础上，我们认为，从行政监管的角度，"十二五"期间物业管理行业发展的总体目标可以概括为五个方面：一是转变行业发展方式，增强行业竞争能力；二是完善市场机制环境，探索物业管理保障模式；三是扩大物业管理覆盖面，缩小东西部物业管理差距；四是提高物业服务水平，改善人居工作环境；五是减少物业管理纠纷，促进和谐社会建设。只要我们紧紧围绕这一目标，扎实开展工作，"十二五"期间的物业管理工作一定会迈上新的台阶。

脚踏实地，坚守行业底线

经过三十年的积淀，物业管理行业逐步形成一些普世价值和核心概念，它们是行业生存和发展的基本底线，是衡量行业成熟度的重要标志。

新的历史时期，物业管理行业无论是高歌猛进，还是艰难前行，无论是面临利益的诱惑，还是面临发展的困惑，我们都必须牢牢坚守法律政策的行业底线，做遵纪守法的企业公民；我们必须坚守合同契约的行业底线，做诚实信用的市场主体；我们必须坚守职业道德的行业底线，做业主共同利益的捍卫者；我们必须坚守专业价值的行业底线，做物业价值的挖掘者；我们必须坚守商业规律的行业底线，做公平竞争的参与者；我们必须坚守行业信心的底线，做永不言败的挑战者。

如同短板决定了木桶的容量，行业底线决定了物业管理生存和发展的空间。只有坚守底线，物业管理行业才能在现代服务业激烈竞争中立于不败之地；只有坚守底线，物业管理才能实现从朝阳行业向永续行业的跨越！

我们祝愿，乘着物业管理三十年的东风，在500万物业管理人的共同努力下，西部物业管理与全国物业管理一起，必将实现从朝阳行业向永续行业的跨越！

致　谢

感谢物业管理大发展的时代。从1997年至今，本人从事物业管理工作已整整17个春秋，本书所汇集的50篇文章的时间跨度也整整17个年头。17年时光里，我经历了企业、协会、机关三种不同岗位的角色变换，行业也经历起步、发展和规范三个不同阶段的时代变迁。在一定意义上，《物业管理的本质》不仅是我个人从业生涯的真实记录，同样也是我国物业管理发展历程的形象解读。

感谢曾经支持帮助我的同仁。感谢住建部房地产市场监管司的同仁，是你们告诉我什么是"严谨"，让我重新审视市场主导下的政府职能；感谢中国物业管理协会的同仁，是你们告诉我什么是"兼容"，让我真实体会行业自律中的协会功能；感谢久筑物业管理公司的同仁，是你们告诉我什么是"务实"，让我切实感受生存压力下的企业潜能。

感谢长期关爱体谅我的家人。谋生的庸碌和自由的天性，或许仅仅是一种辩白的托词，是你们无私和宽容的谅解，给了我坚持写作的时空；感谢我长眠地下的母亲，是您正直和敏锐的基因，给了我专注于创作的灵感。

感谢所有为本书付出辛劳的朋友……

二〇一四年春

生活在邊緣

——我的非典型文集

陈伟

久筑

作者的部分作品与成果

《物业管理条例》实施
经验交流材料

全国物业管理师资格考试参考教材

管理市场监管
流材料汇编

物业管理基本制度与政策

中国物业管理协会 编写

住房和城乡建设部房地...
二〇一三年...

建设部房地产市场监管司
二〇一一年十月

中国市场出版社
China Market Press

物业管理政策法规汇编